上海出版资金项目
Shanghai Publishing Funds

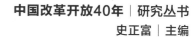

中国改革开放40年｜研究丛书

史正富｜主编

改革年代的经济增长与结构变迁

刘霞辉 张鹏 张平 ◎ 著

格致出版社 上海人民出版社

前　言

　　按照 2017 年《中国统计年鉴》的公开数据，从 1979 年至 2016 年，中国年平均实际国内生产总值（GDP）增长率为 9.6%；人均 GDP 从 1978 年的 385 元增加到 2016 年的 53 980 元，增长了 140 余倍，按实际汇率计算超过 8 000 美元，接近中等偏上收入国家的平均水平。2015 年在世界银行公布的 219 个国家（地区）中，中国人均国民总收入（GNI）排名第 96 位，中国经济占世界经济总量的比重由 20 世纪 70 年代末的不足 1% 提高到近 15%。不论人们是否同意用"奇迹"来概括中国改革开放近 40 年的高速经济增长，我们应该看到，对于一个有着世界 1/5 人口的大国，能在短短几十年时间内，从近乎一穷二白的状态，发展到接近中等发达国家的水平，这是一项不易实现的目标。从这个层面上讲，回顾和研究这一时期中国经济增长的特征、驱动力及结构变迁等问题，有着特殊的重要意义。

　　本前言将从中国经济高增长的事实入手，简要概述中国经济高增长的内在逻辑，同时展示本书的基本内容和结构，以使读者把握全书概要。

探索中国式发展之路

　　图 1 为中华人民共和国成立以来，人均国内生产总值增长的对数值图，

该图的直观结果是，20 世纪 80 年代以来，中国人均国内生产总值基本上呈加速增长趋势，而且该趋势在近几年有加快的迹象。是什么因素在推动着中国经济的快速增长？理论界有多种解释，本书的大部分内容也将从不同角度讨论该问题。这里我们只揭示一个事实，即高增长与中国的改革开放相关。

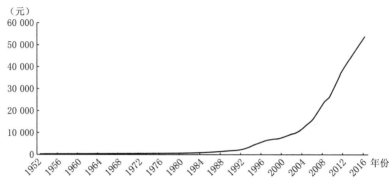

图 1　中国人均 GDP 演化路径

资料来源：历年《中国统计年鉴》。

　　中华人民共和国的成立，标志着一个新政权和一套新的国家发展方式的确立，社会主义体制的先行者给中国演示了计划经济体制在经济落后国家实现赶超的可能性，而赶超正是近代中国所追求的梦想。如此环境，自然很快使中国经济驶入了计划经济体制之轨。到 20 世纪 70 年代中期的实践表明，这种经济发展模式确实促进了中国经济增长，从 1952 年至 1977 年，人均GDP 从 100 元左右增长到 340 元，这也是一个了不起的成就。但是，计划经济体制下的赶超是以牺牲个人福利及扭曲经济运行机制为代价的，赶超后劲不足是当时几乎所有社会主义国家都面临的紧迫问题，实现可持续的高增长就成为改革的主要目标。中国的改革起步于 20 世纪 70 年代中后期，要远晚于早在 20 世纪 50 年代就已进行改革的一些东欧国家。但从几十年的经济发展情况看，无疑中国的改革对社会福利改进效应最明显，取得了改革与发展的双赢，使赶超进程得以延续。

　　对于中国经济增长问题的探讨是国内理论界一个长盛不衰的热门话题。计划经济时期，经济学家和经济工作者集中讨论的是两大部类和农轻重的相互关系问题，一个强调"优先发展重工业"，另一个要求平衡发展，但二者的思维模式是一样的，即计划安排和综合平衡。改革从国民经济结构调整入手，自 1981 年 2 月始，北京的部分理论工作者每两个月举行一次战略座谈会，直到 1989 年 3 月共举办了 49 次，这对中国经济战略制定产生了重大影响。理论界也出现了"战略热"，但战略热没有引入更多新的经济学方法，而是从现实出发，对经济增长方式转变给出更为完善的反思和探索。随着中国经济的进一步发展、更多实证研究和经济增长理论的引入，现代经济增长的研究范式被逐步引入，人们开始从结构分析的静态研究转向动态路径分析的轨道，包括发展经济学中的"结构模型""比较优势""干中学"等理论。随着早年张培刚先生的论著再版、国际文献的引入、《中国的奇迹》（林毅夫、蔡昉、李周，1994）的出版，新的经济学研究范式开始为中国现实经济增长与结构调整服务。

为了探索中国长期经济增长的规律，中国社会科学院经济研究所中国经济增长前沿课题组近年来对经济发展的事实和理论进行了梳理。在总结发达国家、不发达国家及若干新兴经济体经济发展史并进行理论分析的基础上，课题组提出了一个贫困落后国家经济赶超中产出增长的变动规律，其结果如图 2。图中纵轴为人均 GDP，横轴为时间，中间的曲线为产出线，大致呈 S 状。我们认为，一国从贫困走向富裕的路径有规律存在［为了本书各章分析的需要，我们在图 2 中将 S 形增长曲线又细分为"马尔萨斯均衡"（贫困陷阱）、"工业革命理论"（或经济赶超）、"卡尔多典型事实下的经济增长理论"（新古典理论）、"新经济分叉"（新增长理论）等若干与相关理论对应的阶段；同时，针对有些国家经济赶超失败的事实，给出了一个中等收入陷阱阶段］。

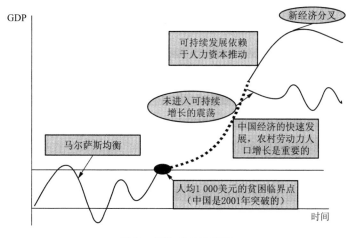

图 2 经济成长的路径

第一，对一经济体来说，经济从贫困走向富裕的过程并非伴随着人均资本存量的增加而使人均产量呈递减的增长趋势，而是可将人均产量增长分为明显的两个阶段。在人均资本存量处于较低水平的增长阶段，图形凸向原点，这表明在经济增长的该阶段中，随着人均资本的增加，人均产值也呈加速增长之势，具有规模收益递增的特征，这时的经济增长处于超越常规的快速成长期（俗称经济起飞阶段）。这一阶段发生在人均资本存量较少、大量人力资本有待开发且经济已进入快速资本积累的时期。出现该结果的原因是，虽然从每个劳动者个体看，遵从产出随资本存量增加而递减的基本经济规律，但从一个经济体的总体来看，过去没有资本的潜在劳动力不断进入真正的劳动过程，导致资本存量增加与产出同步增长的结果，将这一结果平均到每个劳动者则得到人均产出随资本存量增加而递增的结论。

第二，一个经济体的加速增长并不是永远持续的，而是有一定的时间限度，即，当人均资本存量达到某一水平时，在该处存在一拐点（也就是增长速度的极大值）。一个经济体高速增长到该点后，随着人均资本存量的进一步增加，人均产出将在越过该点后呈递减的增长趋势（遵循新古典增长的足迹）。为什么会出现这种转折，经济学解释是标准化的，因为尚未利用的人力资源基本开发完后，则每个劳动者都遵从个人产出的增长速度随资本存量增加而降低的规律，自然人均产量增长也依这一趋势变化。由此可见，一个经济体的快速发展时期在整个经济增长时期中必然是非常短暂的，这一过程的持续时间长短取决于待开发劳动力资源的多少及开发的速度。一般情况下，早期劳动力闲置较多，该经济体会维持相对较长的加速经济增长过程。

第三，S形增长曲线的另一重要特征是，增长不是无限可持续的，而是会达到极限状态，而且也存在经济起飞前期的停滞期。我们看起飞前的可能波动：这时，经济的内在增长机制并未形成，人均资本存量可能会增加，但因为制度性障碍等因素的制约，经济增长表现为投资和各种内耗的相互作用（两者对增长的作用力此消彼长），导致经济在低水平循环，且这种起飞前的增长波动会反复出现（可能维持的时期会非常长）。这种状况只有在人均资本存量出现稳定的持续增长，而经济损耗与资本存量增加比相对力度较小时才可能出现；此外，如果有某项经济创新的输入，如产业革命、新制度的出现或外部需求的变化等，也会导致经济增长路径变化，有可能使一个经济体走向起飞过程。所以，在经济增长没有进入起飞轨道前，给人均资本存量的增加创造条件比资本存量增长本身更重要。其中，制度变革和政府推动必然成为重要因素，只有这样才能形成资本的稳定增长路径，使经济走出波动无序的怪圈。即使在一个经济体进入加速增长轨道后，进一步的制度变革仍然重要，因为提高投资效率、推进城市化和扩大出口等都与体制和政策相关，如果这些因素不适合增长的需要，必然使经济体的增长潜力发挥不出来，严重者会扭曲增长路径，导致增长的夭折。

中国改革开放以来的持续高增基本上应验了上述规律。为了保证生产要素的有效供给，使资本得以快速积累，同时消除传统计划体制下政府过度集中和使用资源的弊端，改革以来，采取的战略是对相对价格体系的逐步调整。也就是先适当放开部分最终产品价格，形成局部较高收益的市场，吸引各类资源投入来扩大供给，同时以低劳动力成本、低土地价格以及实际低税收来降低成本，为企业创造竞争力。这种通过相对价格体系的逐步调整来促进资本积累的策略，使产业资本收益较高，经济增长潜力得到了有效释放，而且在不同时期能形成具有带动力的优势经济，如改革初期价格双轨制促进农村乡镇企业兴起、东部地带对外开放形成的高增长、住房市场化后城市化的快速推进等。以上策略的特点是集中了中国的优势资源，从工业化入手，使资本积累快速增长；同时，保证了经济改革和经济发展进程的有序性，使经济增长相对平稳。

中国经济增长前沿课题组（2015）指出，中国从中等收入向高收入阶段跨越的过程将面临三方面的不确定性：（1）可能出现工业比重下降同时伴随工业萧条，服务业比重增加伴随着人口漂移和鲍莫尔成本病，使长期效率改进被替换为短期随机波动。（2）服务业作为工业化分工结果的从属态势不能得到根本扭转，以知识过程为核心的服务业要素化趋势不能得到强化，导致以知识生产配置为核心的服务业转型升级路径无法达成。（3）作为门槛跨越基石的消费效率补偿环节缺失，知识生产配置和人力资本结构升级路径受阻。以知识要素和人力资本要素积累为核心的效率模式重塑，是跨越中等收入阶段的核心任务。面对转型时期门槛跨越的困难，中国应顺应服务业的要素化趋势，在制度规则和创新体系上进行完善。

本书安排

本书在确定写作提纲后，各章主要写作素材由汪红驹研究员、常欣研究员、仲继银研究员、黄志钢博士、陈昌兵研究员、袁富华研究员、张磊研究员、吴延兵研究员、王宏淼研究员、付敏杰副研究员、林跃勤副研究员、汤铎铎副研究员提供，初稿由刘霞辉、张平撰写，文中主要数据更新和计算由张鹏博士完成。初稿完成后，本书得到了三位评审专家的指点，史正富提出了中肯的修改建议，在此基础上，由刘霞辉修改成书。

关于中国经济改革的书籍与论文非常多，关于中国经济增长的文献也不少。怎样按要求完成本书写作，我们确实经过了一番思量。我们认为，从经济学逻辑来考察中国经济增长更能发挥作者的学术思考，也区别于依部门、分条块来研究中国经济增长的通例。全书的内容是依据经济增长理论的基本框架设计的，按照本课题组提出的相对价格调整理论与 S 形增长曲线模型来展开分析，主题是要回答两个问题：一是改革开放 40 年来中国经济总量与结构变动规律及福利效果；二是增长要素的变动及对总量产出的影响。全书计 12 章，按内容分为三篇，第一篇是第 1—4 章，主题为中国经济增长特征及福利效应；第二篇是第 5—11 章，主题为增长动力分析；第三篇是第 12 章，主题为对中国未来经济增长的展望。各章具体内容如下：

第 1 章"中国经济增长奇迹"。我们认为中国奇迹是存在的。本章从中国经济的内部变化及与相关国家的比较两个角度来分析中国奇迹的表现，揭示中国 40 年高速增长的特征。全章内容为：大国崛起、国际比较中的增长奇迹。

第 2 章"结构变迁"。本章回顾了中国经济 40 年的发展历程与结构变迁，认为与中国经济增长奇迹相伴随的是经济结构的剧烈变动，其突出特征是由一个传统的农业国不断演化为工业国；由较典型的以计划经济为主的国家演化为市场经济国家，结构变迁是经济增长和改革开放（特别是相对价格体系调整）的结果。全章分 8 个部分：结构变迁的历程；农业发展；工业化和城市化；区域经济发展分化；企业所有制结构变化；市场体系初步完善；结构优化；转变经济发展方式，加快结构转换步伐。

第3章"福利改进与社会发展"。改革开放以来，随着中国经济的增长，居民收入有了很大的提高，各项社会事业全面发展，全体居民福利不断改进。与国际比较，中国的初级教育入学率、成人和青年识字率、人口平均预期寿命、婴幼儿和孕产妇死亡率等主要教育、健康指标都好于发展中国家的平均水平，甚至与中等收入国家的平均水平相当。尽管如此，相对于经济的高速增长，社会发展还表现出一定的相对滞后性，特别是城乡、区域之间社会发展不平衡问题比较突出。未来，中国既要使经济发展，同时又要使全体居民福利不断改进，以达到社会和谐发展。本章内容为：社会事业发展；城乡居民收入及消费增长；加快社会发展，实现经济增长与社会发展协调平衡。

第4章"宏观稳定"。无论从经济理论来看，还是从中国和国际的历史经验来看，宏观稳定都会对经济增长产生重大影响，也是影响社会福利增长的重要因素；由于中国的转型经济特征，宏观稳定又是体制改革能够顺利进行的一个条件。本章对改革开放以来中国的经济波动及宏观稳定政策进行回顾，对周期波动情况做一个概览，讨论改革开放以来发生的四次通货膨胀，然后讨论中国经济周期波动的几个特征事实，最后总结改革开放以来进行的五次宏观调控的经验和教训。

第5章"经济体制改革"。1978年12月，中共十一届三中全会的召开，开启了中国改革开放的历史新时期。经过40年的经济体制改革，中国实现了由传统计划经济向社会主义市场经济的重大转变。在此过程中，中国不但创造了人类经济增长史上的奇迹，也实现了经济结构的历史性变迁。中国的高速增长期正好与改革进程一致，这不是巧合，而是有着逻辑上的因果关系。中国经济高增长，是巨大的制度变革推动的。本章对中国经济体制改革的背景、历程及进展进行概要分析，旨在对40年来中国经济增长和结构变迁的时代背景作一刻划，也试图为中国的增长奇迹和结构巨变提供某种注脚。全章内容为：经济体制改革的背景、改革的主要方式——渐进改革、以市场配置资源为目标的价格改革、小结。

第6章"对外开放"。本章通过对中国近40年开放过程的回顾，讨论和梳理了1978年以来中国对外开放的历史与逻辑线索。中心论点是中国的对外开放也是一种渐进性改革，它的启动和路径选择，是政府面对一系列限制条件下理性安排的结果，带有强烈的政府干预特征；它取得了巨大成效，但也存在问题。本章的结构为：第 1 节概述中国开放路径的特征、主要成就和经验事实，对中国的对外开放度进行了综合评估；第 2 节分析形成目前开放格局的制度根源；第 3 节讨论中国"双引擎"开放模式对于增长和稳定的宏观机制及存在的挑战；第 4 节是总结性评论。

第 7 章"劳动力资源开发"。中国近 40 年资本形成速度的加快，使过剩的劳动力转变为现实生产力，有力地促进了经济增长。中国劳动力资源开发的"制度变革＋产业导向"模式，为增长动力的重塑创造了条件，比较优势战略在成功将人口负担转化为人口红利的同时，也使中国经济从贫困陷阱中解脱出来。本章将对中国经济增长过程中劳动力资源开发问题进行论述，并对劳动力资源的开发前景进行展望。全章内容为：劳动力资源开发对中国经济增长的贡献、中国劳动力资源的开发机制、劳动力资源的二次开发与增长的可持续性、小结。

第 8 章"技术进步"。按照现代经济理论，从长期看，一国经济的绩效取决于自主技术创新、获取和扩散新技术的能力。本章将从企业技术进步与科技投入的角度来分析中国经济增长背后的动力机制，从自主研发、技术引进对中国创新能力和经济增长的影响来理解改革以来中国经济所获得的成就。基本结论是，自主研发、直接技术引进对中国创新能力和经济增长均有长期的积极推动作用。

第 9 章"资本形成"。资本形成对任何经济来说都是保证经济活力的重要因素，中国近 40 年的高速增长，更是与快速资本形成相关。为创造资本形成的环境，中国采取了低价工业化的策略，通过合理的相对价格体系调整，使工业化进程加速。本章将从中国资本形成的过程、特点入手，分析其对经济增长的作用。主要内容为：资本积累对中国高增长的作用、中国资本形成的路径变化、投资与消费间的关系。

第 10 章"面向高质量发展的财政支持"。在渐进的财政体制改革过程中，财政收入体制、财政支出体制、预算体制等方面的改革逐步推进，财政职能逐步完善。财政体制改革改善了财政在资源配置方面的作用，提高了资源配置效率，促进了经济增长。本章内容为：中国财政体制面临的长期挑战、面向高质量发展的财政体制改革。

　　第 11 章"金融发展"。改革开放以来，中国金融体制成功地进行了渐进式改革，构筑了中央银行—商业银行二级银行体系，形成的政府主导型金融体制不仅有效激励了金融机构（银行）信贷投放和信用扩张，加速了企业投资和经济增长，而且同渐进的外汇改革和金融开放相结合，成功地控制了通货膨胀，实现了经济稳定。本章内容为：货币化和资本化事实、中国金融发展历程、金融发展与经济增长及小结。

　　第 12 章"中国经济增长的未来"。本章在总结中国经济增长经验与不足的基础上，对中国经济未来的增长进行了简要描述。

目　录

第一篇
总量增长、结构变迁及福利改进

第1章　中国经济增长奇迹

不论理论界和有关人士如何看待中国 40 年高速增长的结果，我们坚持将这一结果称为中国经济增长奇迹。一个人口占全球人口 1/5 的贫困国家，在半个世纪左右的时间内实现了经济腾飞，摆脱了贫困，正向现代化国家迈进，这应当算是人类奇迹了。本章我们将从中国经济的内部变化及与相关国家的比较两个角度来分析中国奇迹的表现，揭示中国 40 年高速增长的特征。

1.1　大国崛起

林毅夫、蔡昉、李周（1994）较早提出中国增长的奇迹。随着时间的推移，越来越多的学者开始认同中国增长奇迹的提法，特别是将中国改革开放成就的取得与苏联东欧国家休克疗法的绩效进行比较之后，结论就更有说服力了。诺贝尔经济学奖获得者约瑟夫·斯蒂格利茨认为："世界上还从未出现过如此大规模而又持久的经济增长。在过去 25 年里，中国的年均增长率为 9％，人均收入提高了四倍（从 220 美元到 1 100 美元）。"Shane 和 Gale（2004）也认为："在其他国家几十年乃至上百年获得的发展成就和变化，在中国只用了 20 多年。美国获得今天世界第一经济大国的地位，由于其经济增长速度只有3%，用了超过100年的时间。日本在1971年至1991年的20年黄金发展时期，年经济增长率也只有3.85%。其他'亚洲奇迹'国家或地区也从来没有像中国发展这样快。"[1]

我们认为，中国的经济增长，无论是纵向的历史比较，还是横向的国际比较，都堪称奇迹。从历史比较来看：公元1世纪的时候，中国的汉朝与欧洲的罗马帝国处在同一发展水平。而且直到1820年，中国一直是世界上最大的经济体，GDP总量占世界份额的32.4%（Maddison，1998：40）。但此后，中国经济一直停滞不前，人均GDP在1820—1952年间甚至还下降了。改革开放40年让中国经济又重返世界经济的舞台，并且扮演越来越重要的角色。2007年中国对全球GDP的贡献已经超过美国，成为拉动世界经济增长的重要引擎。中国将成为第一个从鼎盛到衰微再从衰微到鼎盛的主要文明，这不仅是中国增长的奇迹，也是世界文明史上的奇迹。

1.1.1　40年来中国改变了什么？

从总量看，我们虽然不能用一穷二白来描述1978年以前的中国经济，但经济总量和人均产出（收入）低却是事实。高增长的显著效果是人们拥有的各类商品丰富了，产能大幅提高。表1.1为1978年至2016年中国主要工农业产品产量及增长速度，结果显示，在1978年，中国主要工农业产品产量很低；而至2016年，除主要农产品增幅较小及原煤和原油增长幅度不大外，主要工业产品则增长很大（增幅都在10倍以上）。从增长速度看，改革开放以来特别是进入21世纪以来，主要工业品产量增长速度多数在加快，中国创造财富的速度不断提高。

与表1.1相比，表1.2则显示了中国经济发展结构。1978年至2016年，中国经济结构实现了根本变迁。城镇人口比例超越农村人口比例，城镇化进程加速推进。从国内生产总值构成来看，第一产业比例下降明显，服务业超越第二产业成为驱动经济增长的主要动力；最终消费在经济增长中的比例越来越高，经济发展成果越来越多被全体人民共享。从就业人口看，近40年

---

[1]　当然也有不同意见。英国《金融时报》的一位专栏作家指出，东亚经济体二战以来高速增长的记录表明的不是中国在缩小与世界上最发达国家的差距上赶得多么快，而是多么慢。另外，也有学者指出，中国的增长并无奇迹可言，只是赶上了全球化的好运气（陈志武，2008）。

来农业过剩人口不断向外转移，服务业已经超越第二产业成为吸纳就业人口的蓄水池，实现了新常态后经济增长从高速转向中高速增长但就业形势保持良好的态势。

表 1.1　主要工农业产品产量及增长速度（1978—2016 年）

指　　　标	总　量　指　标				平均增长速度（%）	
	1978 年	2000 年	2015 年	2016 年	1979—2016 年	2001—2016 年
主要农产品产量（万吨）						
粮食	30 476.5	46 217.5	62 143.9	61 625.0	1.9	1.8
棉花	216.7	441.7	560.3	529.9	2.4	1.1
油料	521.8	2 954.8	3 537.0	3 629.5	5.2	1.3
肉类	943.0	6 013.9	8 625.0	8 537.8	6.0	2.2
水产品	465.4	3 706.2	6 699.6	6 901.3	7.4	4.0
主要工业产品产量						
原煤（亿吨）	6.2	13.8	37.5	34.1	4.6	5.8
原油（万吨）	10 405.0	16 300.0	21 455.6	19 968.5	1.7	1.3
天然气（亿立方米）	137.3	272.0	1 346.1	1 368.7	6.2	10.6
水泥（万吨）	6 524.0	59 700.0	235 918.8	241 031.0	10.0	9.1
粗钢（万吨）	3 178.0	12 850.0	80 382.5	80 760.9	8.9	12.2
钢材（万吨）	2 208.0	13 146.0	112 349.6	113 460.7	10.9	14.4
汽车（万辆）	14.9	207.0	2 450.4	2 811.9	14.8	17.7
发电机组（万千瓦）	483.8	1 249.0	12 431.4	13 119.8	9.1	15.8
金属切削机床（万台）	18.3	17.7	75.5	67.3	3.5	8.7
发电量（亿千瓦小时）	2 566.0	13 556.0	58 145.7	61 424.9	8.7	9.9

资料来源：《中国统计年鉴》（2017 年）。

表 1.2　中国经济发展结构

年　份	城　镇　化		国内生产总值结构						就　　业		
	城镇人口比例	乡村人口比例	第一产业	第二产业	第三产业	消费支出	固定资本形成	净出口	第一产业	第二产业	第三产业
1978	17.9	82.1	27.7	47.7	24.6	61.4	38.9	−0.3	70.5	17.3	12.2
1990	26.4	73.6	26.6	41.0	32.4	62.9	34.4	2.7	60.1	21.4	18.5
2000	36.2	63.8	14.7	45.5	39.8	63.3	34.3	2.4	50.0	22.5	27.5
2016	57.4	42.7	8.6	39.8	51.6	53.6	44.2	2.2	27.7	28.8	43.5

资料来源：《中国统计年鉴》（2017 年）。

产量扩张的结果是经济的快速增长，人均国内生产总值由 1978 年的 385 元增长到 2016 年的 53 980 元，增长 100 多倍，而且增长呈加速趋势。为直观地显示中国经济增长这一事实，我们将改革开放以来的人均国内生产总值绘为图 1.1。该图表明中国经济增长路径表现为一个下凹型的增长路径，用数学描述的特性就是指数增长。指数经济增长路径有几大特征：（1）要素性投入产生规模收益递增；（2）增长的路径具有明显的不收敛特性，是非典型的经济增长路径（典型增长路径是要素投入—规模收益递减，指数型的经济增长路径仅被视为经济增长过程中的特例）；（3）指数型经济增长是在突破和赶超过程中必须经历的特殊经济增长阶段（这在各国经济增长过程中都有着典型化的刻画，发达国家的工业化过程中长期呈现指数化特征，后发国家在突破贫困陷阱和赶超时多是呈现指数增长）；（4）指数化增长尽管在理论上是一个阶段性的特征，但阶段的长短不确定，成功的经济发展领导者和赶超国都会尽量延长或通过特殊的制度变革、大规模的技术创新等活动创造出国家增长的指数增长阶段。

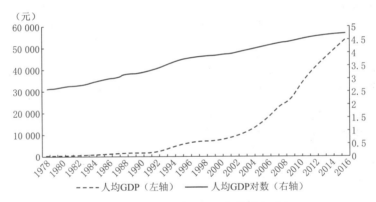

图 1.1　中国人均 GDP 凹型赶超增长路径

资料来源：《中国统计年鉴》（2017 年）。

中国经济的快速增长，带动了数亿人口的收入增长并使消费水平大幅上升（即全社会福利水平的提高）。表 1.3 综合反映了这一变化。可以看到，1978 年的城镇居民人均可支配收入为 343 元，增加到 2015 年的 31 790 元，38 年间增长了近 93 倍。1978 年的农村家庭人均纯收入为 134 元，增加到 2015 年的 10 772 元，38 年间增长了 80 倍。1978 年的城镇居民人均消费为 405 元，增加到 2015 年的 27 088 元，38 年间增长了 27 倍。1978 年的农村家庭人均消费（当年价格）为 138 元（当年价格计），增加到 2015 年的 9 630 元，38 年间增长了 70 倍。

表 1.3　中国的 GDP、人均 GDP 及城乡居民人均收入和人均消费变动

年份	国内生产总值（亿元）	人均国内生产总值（元）	城镇居民人均可支配收入（元）	农村居民人均可支配收入（元）	城镇居民人均年度消费支出（元）	农村居民人均年度消费支出（元）
1978	3 679	385	343	134	405	138
1979	4 101	423	405	160	425	159
1980	4 588	468	478	191	490	178
1981	4 936	497	500	223	517	202
1982	5 373	533	535	270	504	227
1983	6 021	588	565	310	547	252
1984	7 279	702	652	355	621	280
1985	9 099	866	739	398	750	346
1986	10 376	973	901	424	847	385
1987	12 175	1 123	1 002	463	953	427
1988	15 180	1 378	1 180	545	1 200	506
1989	17 180	1 536	1 374	602	1 345	588
1990	18 873	1 663	1 510	686	1 404	627
1991	22 006	1 912	1 701	709	1 619	661
1992	27 195	2 334	2 027	784	2 009	701
1993	35 673	3 027	2 577	922	2 661	822
1994	48 638	4 081	3 496	1 221	3 645	1 073
1995	61 340	5 091	4 283	1 578	4 769	1 344
1996	71 814	5 898	4 839	1 926	5 382	1 655
1997	79 715	6 481	5 160	2 090	5 645	1 768
1998	85 196	6 860	5 425	2 162	5 909	1 778
1999	90 564	7 229	5 854	2 210	6 351	1 793
2000	100 280	7 942	6 280	2 253	6 999	1 917
2001	110 863	8 717	6 860	2 366	7 324	2 032
2002	121 717	9 506	7 703	2 476	7 745	2 157
2003	137 422	10 666	8 472	2 622	8 104	2 292
2004	161 840	12 487	9 422	2 936	8 880	2 521
2005	187 319	14 368	10 493	3 255	9 832	2 784
2006	219 439	16 738	11 760	3 587	10 739	3 066
2007	270 232	20 505	13 786	4 140	12 480	3 538
2008	319 516	24 121	15 781	4 761	14 061	4 065
2009	349 081	26 222	17 175	5 153	15 127	4 402
2010	413 030	30 876	19 109	5 919	17 104	4 941
2011	489 301	36 403	21 810	6 977	19 912	6 187
2012	540 367	40 007	24 565	7 917	21 861	6 964
2013	595 244	43 852	26 955	8 896	23 609	7 773
2014	643 974	47 203	29 381	9 892	25 424	8 711
2015	689 052	50 251	31 790	10 772	27 088	9 630
2016	744 127	53 980				

　　资料来源：1978—2015 年 GDP、人均 GDP 和城乡居民收入数据来自 Wind 金融资讯终端。从 2016 年起，《中国统计年鉴》不再统计城市居民可支配收入和农村居民人均纯收入。

与表 1.3 的结果相适应, 图 1.2 是城乡居民恩格尔系数变动状况。该系数近 40 年来总体上呈不断下降趋势, 城镇居民恩格尔系数从近 60% 下降到 30% 以下, 农村居民恩格尔系数从近 70% 下降到 40% 以下。根据联合国粮农组织的标准, 恩格尔系数在 59% 以上为贫困; 50%—59% 为温饱, 40%—50% 为小康, 30%—40% 为富裕。2016 年, 中国城镇居民恩格尔系数降到 29.3%, 农村恩格尔系数则降到 32.3%, 全国居民恩格尔系数为 30.1%, 总体已接近富裕水平。

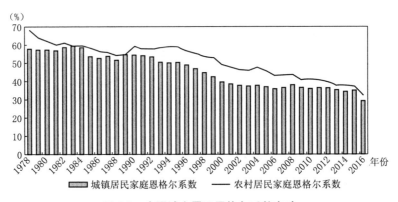

图 1.2　中国城乡居民恩格尔系数变动

资料来源: Wind 金融资讯终端。

以上结果表明, 中国已经摆脱了贫困面貌, 国家现代化了、个人更富裕了, 这就是中国近 40 年来发生的变化。

1.1.2　从农业国到工业国

从结构上看, 1978 年中国的农业人口占总人口的 80% 以上, 城市化水平低, 是一个典型的农业国, 到 2016 年城镇人口达 57.35% (图 1.3), 有数亿过去祖祖辈辈生活和劳作在乡村的人进入了城市, 开始了他们新的生活。世界银行对全球 133 个国家的统计表明, 当人均国内生产总值从 700 美元提高到 1 000—1 500 美元、经济步入中等发展中国家行列时, 城镇化进程将加快, 城镇人口占总人口比重将达到 40%—60%, 中国已进入该阶段的尾声, 城镇化水平持续提高将推动中国经济迈向更高级阶段。

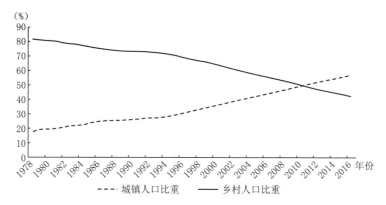

图 1.3　中国城乡人口的变动趋势

资料来源：Wind 金融资讯终端。

　　与此同时，在第一产业就业的劳动力，从 1978 年占就业总量的 80％以上快速下降，至 2016 年降为 27.7％；第二、第三产业的就业比重则快速上升，尤其是第三产业，其就业比重于 1995 年已超出第二产业，并保持不断上升态势，目前已成为吸纳就业人口的主要力量（图 1.4）。

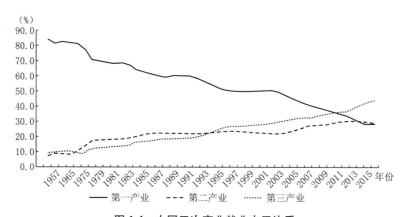

图 1.4　中国三次产业就业人口比重

资料来源：《中国统计年鉴》（2017 年）。

　　人口与劳动力的城乡变动，原因是第一、第二、第三产业占 GDP 的比重发生了巨大变化。从三产增加值看，第一产业增加值从 1978 年占国内生产总值总量的近 30％以上快速下降，至 2016 年降为 8.6％；第二、三产业增加值比重则快速上升，尤其是第三产业，其增加值比重于 2013 年已超出第二产业，并保持不断上升态势，从发展趋势可以发现第三产业已经超越第二产业成为驱动经济增长的主要来源。三产结构比例变化，表明中国从一个农业为主的国家，转变为工业化国家，并向着后工业化即服务业化阶段迈进。当然，与世界其他国家相比，中国产业结构特征类似中等收入和中等偏上收入国家特征，未来产业结构向着高收入国家特征调整存在巨大空间（图 1.6）。

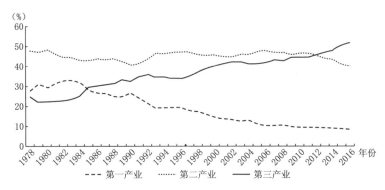

图 1.5　中国三次产业比重的变化

资料来源：《中国统计年鉴》（2017 年）。

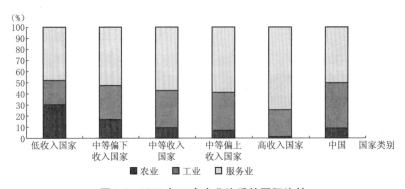

图 1.6　2015 年三次产业比重的国际比较

资料来源：Wind 金融资讯终端。

1.1.3　总体实现准现代化

世界银行每年发布一份世界发展报告，其中包括上百个衡量一国发展水平的发展性指标。为简明起见，这里我们仅采用 20 世纪 70 年代美国社会学家英克尔斯提出的 10 项国家现代化标准来综合衡量中国通过改革开放而实现的经济发展水平。英克尔斯的 10 项国家现代化标准如下：（1）人均国民生产总值 3 000 美元以上；（2）农业产值占国民生产总值比例低于 12%—15%；

表 1.4 中国的 10 项英克尔斯现代化发展指标

年份	人均GDP（美元）	第一产业比重（%）	第三产业比重（%）	第一产业就业人口比重（%）	城镇人口比重（%）	人口自然增长率（%）	平均预期寿命（岁）	文盲率（%）	每十万人大专及以上受教育程度人口（%）	每千人医生数
标准目标	>3 000	12%—15%	>45%	<30%	50%	1%	>70	<20%	10%—15%	>1
1978	156.4	27.69	24.60	70.50	17.92	12.00				1.08
1979	184.0	30.70	22.34	69.80	18.96	11.61				
1980	194.8	29.63	22.31	68.70	19.39	11.87				1.17
1981	197.1	31.32	22.71	68.10	20.16	14.55				
1982	203.3	32.79	22.59	68.10	21.10	15.68	67.80	22.82	0.615	
1983	225.4	32.57	23.20	67.10	21.62	13.29				
1984	250.7	31.54	25.53	64.00	23.01	13.08				
1985	294.5	27.93	29.35	62.40	23.71	14.26				1.36
1986	281.9	26.64	29.85	60.90	24.52	15.57				
1987	251.8	26.32	30.36	60.00	25.32	16.61				
1988	283.5	25.24	31.24	59.30	25.81	15.73				
1989	310.9	24.61	32.89	60.10	26.21	15.04				
1990	317.9	26.58	32.38	60.10	26.41	14.39	68.55	15.88	1.422	1.56
1991	333.1	24.03	34.48	59.70	26.94	12.98				
1992	366.5	21.33	35.55	58.50	27.46	11.60				
1993	377.4	19.31	34.51	56.40	27.99	11.45				
1994	473.5	19.47	34.36	54.30	28.51	11.21				
1995	609.7	19.60	33.65	52.20	29.04	10.55				1.62
1996	709.4	19.33	33.57	50.50	30.48	10.42				
1997	781.7	17.90	35.00	49.90	31.91	10.06				
1998	828.6	17.16	37.04	49.80	33.35	9.14				1.65

续表

年份	人均GDP（美元）	第一产业（%）比重	第三产业（%）比重	第一产业就业人口比重（%）	城镇人口比重（%）	人口自然增长率（‰）	平均预期寿命（岁）	文盲率（%）	每十万人大专及以上受教育程度人口（%）	每千人医生数
标准目标	>3 000	12%—15%	>45%	<30%	50%	1‰	>70	<20%	10%—15%	>1
1999	873.3	16.06	38.57	50.10	34.78	8.18				1.67
2000	959.4	14.68	39.79	50.00	36.22	7.58	71.40	6.72	3.611	1.68
2001	1 053.1	13.98	41.22	50.00	37.66	6.95				1.69
2002	1 148.5	13.30	42.25	50.00	39.09	6.45				1.47
2003	1 288.6	12.35	42.03	49.10	40.53	6.01				1.54
2004	1 508.7	12.92	41.18	46.90	41.76	5.87				1.57
2005	1 753.4	11.64	41.33	44.80	42.99	5.89				1.56
2006	2 099.2	10.63	41.82	42.60	44.34	5.28				1.60
2007	2 695.4	10.28	42.86	40.80	45.89	5.17				1.61
2008	3 471.2	10.25	42.82	39.60	46.99	5.08				1.66
2009	3 838.4	9.79	44.33	38.10	48.34	5.05				1.75
2010	4 560.5	9.53	44.07	36.70	49.95	4.79	74.83	4.08	8.93	1.80
2011	5 633.8	9.43	44.16	34.80	51.27	4.79				1.83
2012	6 337.9	9.42	45.31	33.60	52.57	4.95				1.94
2013	7 077.8	9.30	46.70	31.40	53.73	4.92				2.04
2014	7 683.5	9.06	47.84	29.50	54.77	5.21				2.12
2015	8 069.2	8.83	50.24	28.30	56.10	4.96				2.12
2016	8 123.2	8.56	51.63	27.70	57.35	5.86				2.20

资料来源：人均GDP数据来源于世界银行WDI数据库，其余各项数据来源于Wind金融资讯终端。

（3）服务业产值占国民生产总值的比例在 45％以上；（4）非农业劳动力占总劳动力的比重在 70％以上；（5）识字人口的比例在 80％以上；（6）大学入学率在 10％—15％以上；（7）每名医生服务人数在 1 000 人以下；（8）平均寿命在 70 岁以上；（9）城市人口占总人口的比例在 50％以上；（10）人口自然增长率在 1‰以下。表 1.4 是中国改革开放近 40 年来这 10 项英克尔斯国家现代化指标值。总的来看，在英克尔斯的 10 项指标中，中国已有 5 项指标超过了设定的标准，另外 5 项指标正在接近设定的标准。可以说，如果按照英克尔斯的现代化标准来衡量，经过 40 年的改革开放，中国已在多数方面实现了现代化，或者说中国已实现了准现代化。

1.2　国际比较中的中国奇迹

上节我们从中国纵向的发展角度展示了 40 年来的变化。以下通过横向的国际比较可以发现，即便与那些快速增长的经济体相比，中国也毫不逊色，同样体现出中国奇迹。

1.2.1　中国对世界增长的贡献

随着中国经济的快速增长，其在全球经济体系中的重要性不断上升。以市场汇率计算，2016 年中国经济增长对世界 GDP 增长的贡献度达到 30％以上，并且超过美国经济增长的贡献度（图 1.7）。

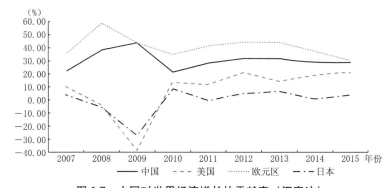

图 1.7　中国对世界经济增长的贡献率（汇率法）

资料来源：Wind 金融资讯终端。

　　根据购买力平价计算的国内生产总值，2007 年中国 GDP 占世界的份额为 11.3%，全面超过欧洲主要国家和日本；而到 2014 年，中国占世界 GDP 的份额为 16.6%，超越美国位居世界第一位；截至 2016 年，中国占世界 GDP 份额已经达到 17.8%，而欧美日 GDP 占世界的份额从 2007 年以来逐年下降（表 1.5）。从市场汇率看，中国仍是世界第二大经济体，2017 年中国经济占世界经济的比重提高到了 15.3% 左右，对世界经济增长的贡献率为 34% 左右。

表 1.5　根据购买力平价计算的六国占世界 GDP 比重（2005 年价格）

国家	2007 年	2008 年	2009 年	2010 年	2011 年	2012 年	2013 年	2014 年	2015 年	2016 年
中国	0.113	0.121	0.133	0.140	0.147	0.154	0.160	0.166	0.172	0.178
日本	0.056	0.053	0.051	0.050	0.048	0.047	0.047	0.045	0.044	0.043
美国	0.182	0.176	0.172	0.167	0.163	0.162	0.159	0.157	0.156	0.154
法国	0.029	0.028	0.027	0.026	0.026	0.025	0.024	0.024	0.023	0.023
德国	0.039	0.039	0.037	0.036	0.036	0.035	0.034	0.034	0.033	0.033
英国	0.028	0.027	0.026	0.025	0.024	0.024	0.023	0.023	0.023	0.023

资料来源：Wind 金融资讯终端。

1.2.2　金砖四国比较

　　最早提出"金砖四国"（BRICs，Brazil、Russia、India、China，即巴西、俄罗斯、印度和中国）这一概念的是高盛证券公司。2003 年 10 月 1 日，高盛公司发表了一份题为"与 BRICs 一起梦想"的全球经济报告。这个颇具想象力的词汇由高盛全球首席经济学家吉姆·奥尼尔于 2001 年 12 月 20 日推出之后，很快便风行全球，成为对 21 世纪全球经济走向的最大预言。本书之所以选择金砖四国进行比较，主要是基于：（1）它们都是大的经济体；（2）都在快速增长；（3）增长潜力都非常巨大。

　　从 GDP 增长率比较来看（图 1.8），中国基本一直处在首位，印度近几年经济增长率超越中国，而巴西和俄罗斯近几年经济增长率为负。就人均 GDP（现价美元）而言，中国只强于印度，但追赶势头猛，目前与巴西和俄罗斯仅一步之遥（图 1.9）。如果以高新技术产品出口占制造业比重来象征产业特征，可以发现中国自 2001 年加入世贸组织之后就远远超越其他三国，中国经济增长附加值不断提高（图 1.10）。尽管在人均 GDP 上，中国还相对落后，但增长势头迅猛。如果以 GDP 总量来衡量，中国在金砖四国中就遥遥领先了。2016 年，以 PPP 衡量的中国 GDP 占全球份额为 17.8%，比其他三个金砖国家的总和还要大。

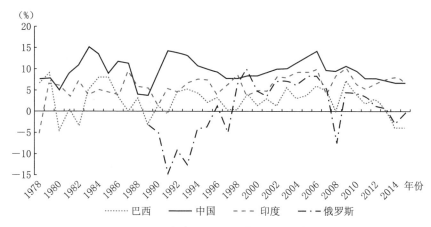

图 1.8　金砖四国 GDP 增长率的比较

资料来源：世界银行 WDI 数据库。

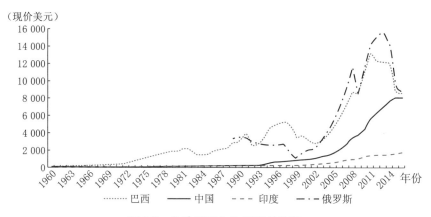

图 1.9　金砖四国人均 GDP 的比较

资料来源：世界银行 WDI 数据库。

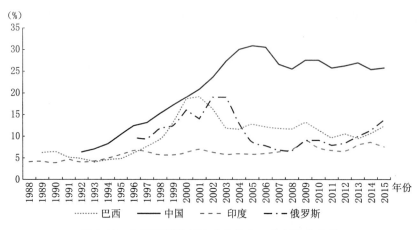

图 1.10　金砖四国高新技术产品出口占制造业比重

资料来源：世界银行 WDI 数据库。

　　通过上述纵横两方面的比较分析，我们认为改革开放 40 年中国经济堪
称奇迹。

第 2 章　结构变迁

本章回顾了中国经济 40 年的发展历程与结构变迁，认为与中国经济增长奇迹相伴随的是经济结构的剧烈变动，其突出特征是由一个传统的农业国不断演化为工业国；由较典型的以计划经济为主的国家演化为市场经济国家，结构变迁是经济增长和改革开放（特别是相对价格体系调整）的结果。

2.1　结构变迁的历程

改革开放以来，中国经济的结构性变化呈现较大的两次飞跃，表现为农村—工业（城市工业和乡镇工业）—城市的一个发展主动力推动过程。20 世纪 80 年代农业部门是发展的主要动力，以农业和乡镇工业发展为主，因为中国的农村不仅有农业，也包括了大量的乡镇企业；第二阶段是 20 世纪 90 年代，这时，工业部门的崛起也不是单纯城市工业发展，有大量工业仍在乡镇，但开始向城市（开发区）集中了；2003 年后城市化成为发展的主导力量，在城市化和工业化的带动下，经济增长呈现加速态势，经济增长超过了两位数。城镇化主要指人口从农村向城市移民，同时扩展了城镇，这一扩展将工业部门基本集中到了城市体系化过程中，农村只存在小型工业了。

上述结构变迁与改革开放相关。中国成功的改革从农村开始。在有些地方实行自主改革实践的基础上，1980年9月中共中央发布的《关于进一步加强完善农业生产责任制的几个问题》，允许农民自愿实行家庭承包制，在此基础上，以农村集体所有制为主的乡镇企业也快速发展起来了，体制外的探索改革道路取得了重大进展，改革的大幕在中国正式拉开。我们可以将迄今为止的中国经济体制改革划分为五个阶段：（1）第一阶段：从农村开始的经济体制改革起步阶段（1978年中共十一届三中全会—1984年10月中共十二届三中全会），主要改革举措是农村联产承包责任制；（2）第二阶段：以城市为重点整个经济体制改革的全面展开阶段（1984年10月—1992年党的十四大），改革的中心环节是增强企业活力，改革的关键是价格体系的改革；（3）第三阶段：初步建立社会主义经济体制阶段（1992年党的十四大—2001年党的十六大），1994年宏观五项整体配套改革取得突破性进展，1997—1999年进行基本制度改革，调整所有制结构，全面对外开放，2001年加入WTO；（4）第四阶段：完善社会主义经济体制阶段（2002年党的十六大到2012年党的十八大），在经济可持续发展与社会和谐方面积极推进改革和建设，如取消农业税、大力建设社会保障体系，全面开展节能减排等，很多重大工作仍在推进中；（5）第五阶段：党的十八大至今，全面深化改革新阶段，经济进入新常态，经济由高速增长转向高质量发展阶段。

与改革的阶段性一致，中国经济增长与结构变迁也有四个阶段。

第一阶段（1978—1984年），产业结构变动的显著特点是第一产业占国民生产总值的比重迅速上升。1984年，第一产业的比重达到32%，比1978年的28%提高了4个百分点。同期第二产业下降了5个百分点，第三产业只上升了1个百分点。这说明中国农村和农业改革极大解放了农业生产力，推动了第一产业的发展，资源配置向第一产业倾斜。这个时期，按当年价格计算的增加值的年均增长率，第一产业达到14.5%，超过第二产业的10%和第三产业的12.7%的速度。但是，由于这种结构变动具有补偿性和暂时性，从1985年开始，第一产业的比重就逐步下降。在这个时期，纺织轻工等消费品工业也取得很大发展，满足了市场需要，但重工业处于调整之中，因此，第二产业的比重下降较多。

第二阶段（1985—1992年），是中国非农产业较快发展的时期。第三产业的比重，从28%左右上升到34%左右。同时，第二产业比重保持在43%

左右，而第一产业下降 6 个百分点。这个时期资源配置的最大特点，是劳动力大量转移到第三产业，推动了第三产业的发展。从总体上看，这个时期第三产业的发展，也带有补偿发展不足、调整比例关系的特征。20 世纪 80 年代中期，农业和消费品工业的发展，使人民生活基本解决了温饱问题。这时，就业压力和第三产业发展不足的矛盾日益突出，由此社会资源的配置逐步转向第三产业。按当年价格计算的增加值年均增长率第三产业为 20%，第二产业为 17%，第一产业为 14.5%。在这个时期，第三产业的就业人数增加 3 400 万人，而第二产业只增加 2 500 万人。到 1994 年，第三产业就业人数在总量上也超过第二产业。

第三阶段（1993—2001 年），是中国重化工业主导的时期。这个时期的特点是基础设施（包括能源、交通和通信设施）的建设加强，使第二产业的比重迅速上升。这个时期，重工业改变了 20 世纪 80 年代以来始终低于轻工业增长的局面，经济增长明显具有重化工业为主导的特征，电力、钢铁、机械设备、汽车、造船、化工、电子、建材等工业成为国民经济成长的主要动力。随着能源、交通、通信基础设施建设的进展，带动了电力、运输车辆、建筑材料、钢铁、有色、石油化工和机械电子等产品和建筑业的需求，推动了第二产业的发展。这一阶段的另一特点是从 1992 年十四个沿海开放城市试点到 2001 年中国加入 WTO，中国经济国际化水平不断提高，在承接国际分工转移中中国获取了工业化的大发展，农村劳动力大转移，中国比较优势的战略开始显现，在外贸方面中国一改过去的逆差转为连年顺差，外贸依存度不断提高。开放也促进了市场化的进程，宏观管理体制实现了综合配套改革，中国经济结构从内需发展转向了外向型经济，"九五"期间净出口带动了经济 18.87 个百分点，直接推动了经济的第二次大发展。

第四阶段（2002 年党的十六大到 2012 年党的十八大），中国开始了城市化、工业化双引擎带动的新局面，城市化率快速提高，城市人口比重在 2011 年首次超过农村人口比重，2012 年城市化率为 52.57%，年均增长 1.35 个百分点。这十年的城市化率增长速度大大超过了 20 世纪八九十年代的增长速度，城市化和工业化的双引擎加速了中国经济的发展速度，中国从工业化进程转入了城市化进程，从以产品生产配置为中心的经济结构全面转向以人为配置中心的现代经济结构。

第五阶段（党的十八大至今），中国经济进入新常态，人均收入突破8 000美元，传统增长模式式微，新旧动能转换加快。以新经济、新业态和新模式为特征的现代服务业逐步成为经济增长的主要驱动力，服务业取代工业成为驱动中国经济增长的特征越来越明显。第三产业增加值比重在2013年首次超过第二产业，第三产业对经济增长贡献率在2014年达到3.5个百分点，与第二产业持平，而从2015年起第三产业对经济增长的贡献率就超越第二产业，且对经济增长的贡献愈来愈大。同时，从城镇化进程看，城镇化依然处于快速推进阶段，城镇人口比重由2012年的52.57%上升至2016年的57.35%，年均增长1.2个百分点，较第四阶段增长速度下降。未来随着城市公共服务提升和各地对外来人口开放程度越来越高，城镇化将会由数量快速扩张转向质量和服务同步提升阶段。

从目前发展情况看，中国经济社会已从典型的农业国（1978年农村人口占82.1%）不断进入以城市为主的现代社会国家，国家城镇化和人口市民化是经济高质量发展和社会治理现代化的必然要求。

2.2 农业发展

中国农村改革带来了农业生产和农产品贸易的迅速增长，特别是20世纪80年代头五年的迅速增长。经过40年的改革，中国农业和农村经济的运行机制和管理体制已发生深刻变化：（1）实行以家庭承包为主的责任制和统分结合的双层经营体制，激励了农民生产经营的积极性。（2）发展多种经济成分和多种经营方式，形成以公有制为主体，各种经济成分并存和共同发展的格局。（3）改革农产品流通体制，使农产品市场有较大的发展。土地、劳动力、资金、技术等要素市场正在形成，农民由计划经济体制下单纯的生产者变成相对独立的经营者。（4）逐步减少指令性生产计划，越来越多地运用经济、法律和信息手段，引导、支持、保护和调控农业。

2.2.1 改革前的农业体制和农业政策

中华人民共和国成立后，农村从互助组到合作社，再到人民公社，直到

1979 年以前，最后定型为"三级所有，队为基础"的经营管理体制。这种体制有五个基本特征：第一，所有的生产资料都归公社、大队或生产队所有。第二，实行高度集中的集体统一经营制度和劳动管理制度，所有乡村劳动力都要实行集中统一管理。第三，单纯的计划管理体制，在生产上，国家指令性计划要层层落实到生产队（有的地方甚至什么地块种什么、种多少、何时种，都要由上级指示），各级干部的主要任务是落实计划，催种催收（县在落实种植计划中作用最大，所以一县之长就成了大生产队长）；在产品流通上，是完全的统购统销制度，几乎所有的农、副、林、畜产品都要按指令性计划由国营部门统一收购，统一销售。第四，种植业为主的单一经营，"以粮为纲"是农业的基本原则，甚至林区、牧区也要求实现"粮食自给"，多数地方出现了毁林、毁草、开荒种粮的情形。第五，过度平均化的分配制度。工分制是主要的分配形式，同时辅之以按人口多少来平均分配基本口粮。国家通过行政手段，把农业和农村创造的国民收入转向工业和城市分配。据测算，1950—1990 年，全国工农产品价格剪刀差 10 039 亿元，农业税 1 359 亿元；除去国家的农业投资、支农资金、价格补贴等 5 497 亿元，农业向工业提供了 5 451 亿元的资金积累。

改革前基本的农村组织结构是农村人民公社制。它由四部分组成，即公社单位、生产大队、生产小队和农户。政治的、行政管理的、社会的、经济的和军事职能都集于人民公社。国家通过公社制管理着农产品的生产和分配，国家也向生产队分派耕种指标和全国的生产指标。在人民公社体制下，生产小队是基本的生产单位，它平均由 20 到 30 个农户组成。生产队队委会组织劳动力和其他生产工人从事生产，完成生产计划。生产成果在完成了征购义务定额和补偿了集体生产费用后在社员之间按工分分配。单个农户只允许在工余时间耕种其自留地（大约占集体耕地的 5％到 7％），以及从事家庭副业。

在中国，水稻、小麦、玉米和大豆等粮食作物是主要食品类的大宗农产品，同时油料作物和棉花也是满足基本需要的重要产品。维持主要农产品的自给自足是中国农业政策最优先考虑的事。因此，国家紧紧抓住粮食、油料和棉花的生产和分配。国家以较低的固定价格将征购来的农产品出售给城市居民。统一征购体制始于 1953 年，有两种征购类型，即定额征购和超定额征购，并且对粮食和油料而言，不同征购所规定的价格也不同。在人民公社制下，对那些被规定为有剩余的生产队（如果生产队在 1955 年的粮食产量大于它的全部使用量，包括社员食物、动物喂料的种子，就被规定为有剩余的生产队），国家对实际产量超过计划产量的差额征购一定比例，同时国家有义务购买有剩余的农民要销售给国家的农产品。1965 年以前，对超定额征购部分所支付的价格与定额征购价格相同。1966 年国家规定了一个刺激制度以鼓励生产队增加超定额征购，对超定额部分给予较高价格（对超定额征购的 50％支付等值的食糖、植物油和工业品等，另一半是支付比定额征购价格高出 30％到 50％的价格）。在 1966 年价格增加以后，粮食的征购价格在 1966 年到 1978 年间一直未动（唯一例外的是，大豆价格在 1971 年提高了 9％，在 1978 年提高了 23.4％），到 1978 年，粮食生产的成本超过了它们的征购价格的 7％以上。

上述体制的弊端是显而易见的，重要的缺陷有：第一，生产者与生产资料相分离，农民家庭作为生产经营的基本单位被彻底否定，所有的基本生产资料都归集体所有，使农民变成了单纯为挣工分的劳动者，缺乏主动性和积极性，生产效率无法提高。第二，生产者的劳动成果与经济利益相分开，收入分配的平均化，集体经营的成果如何，与农民的收入多少脱钩，使农民感到为集体劳动不值得。第三，集体经营管理权和自主权相脱节。公社、大队、生产队名义上有经营管理权，但经营什么、如何管理、收入如何分配、产品如何销售、生产资料如何供应，都要听从上级的指令性计划和统一指挥。第四，农民被限制在耕地上，以粮为纲、单一经营的政策，把农民围于有限的耕地上，限制了农村经济的全面发展，使劳动生产率和所得均偏低。第五，实行城乡壁垒和偏重（倾斜）城市的政策。农民只能一辈子住在农村务农，按地域的僵化分工和以出生地定终身，几乎成了不可更改的铁律。这种政策阻隔了城乡之间生产要素的合理流动，是造成城乡分割和城市先进、农村落后的一个重要原因。这种体制严重束缚了农村生产力的发展。

2.2.2 农村经济改革的历程

自 1979 年起，中国农村改革启动。随着承包责任制的迅速推行，开始进行以市场为导向的改革，改革农副产品的价格体制，调整农村产业结构，发展乡镇企业，农业进入一个全面发展的时期。农业政策的主要变化可以大致包括以下几个方面：农业组织和生产政策、农产品征购和价格政策、农产品贸易政策（表2.1）。

表 2.1 家庭联产承包责任制与公社制的比较

项 目	公 社 制	联产承包制
生产单位	生产队	家庭
目标	a. 完成生产指标 b. 保持政府稳定	a. 完成征购定额 b. 完成国家定额后取得最大利润
经济决策： 生产什么及如何生产 收入分配	国家计划 根据劳动分配（即劳动工分制）	完成国家定额，由利润最大化目标决定产品组合 根据生产成果的价值
土地使用	国家控制	家庭有转让土地使用权的有限权力
劳动力	国家限制劳动力流动	家庭被允许配置其劳动力资源，能自由决定何时何地去工作，劳动力在城市流动受到限制
资本	资本流动由国家控制	家庭拥有自主投资权，可用于购买拖拉机，兴建住宅，购买耐用消费品，以及投资于农村工业
专业化	国家计划强调自给自足	部分专业化，可使用比较利益原则
市场	集贸市场关闭	允许集贸市场开放，国家是粮食植物油的主要收购者

中国农村经济改革可以分为四个时期。

第一个时期：1979—1984 年，农户经营主体地位确立与农业超速增长阶段，集中于农村经济的重建和改组，以提高农业生产水平。实行家庭承包为主的责任制，使农户的经济利益与经营成果直接结合，1979—1984 年，"包产到户"的社队已占到99.1％。"包产到户"意味着原来"三级所有，队为基础"的人民公社体制解体，农户成为农业生产经营的基本单位和农村经济的微观基础。

为了使农民生产的农产品获得合理价格，1979 年大幅提高了 18 种主要农副产品的收购价格，平均提高幅度达 24.8％。在此基础上，又逐步缩小了农产品统派统购的范围和数量。到 1984 年底，农产品统派统购的种类由原来的 113 种减少到 38 种。

农户经营主体地位的确立，以及农产品贸易条件的改善，使农民被压抑多年的生产积极性得到充分提升。1979—1984 年，中国农业产值平均增长 7.3%；粮食产量由 3 亿吨增加至 4 亿吨，年平均增长 6.2%；棉花、油料产量年平均增长分别高达 19.3% 和 14.7%。农民收入年平均提高 13.4%，城乡居民收入差距由 2.1：1 缩小到 1.7：1，消费差距由 2.8：1 缩小到 2.3：1。

这一阶段主要的改革措施有三条：一是在坚持土地等主要生产资料集体所有制的前提下，土地所有权与经营权分离，即在全国普遍推广家庭承包责任制；二是取消不适应农村生产力水平的人民公社制度，实行农村政权组织和经济组织的分离；三是一方面降低粮食征购基数、增加粮食进口，使农民得以休养生息、恢复元气；另一方面又连续大幅度提高农副产品收购价格，并保持主要农业生产资料价格的稳定。

第二个时期：1985—1988 年，农产品统购统销制度改革与农村产业结构快速变动阶段。因为前几年农产品连续增产，1985 年农产品出现结构性过剩（主要是局部性"出售难"），政府对粮油等大宗农产品的财政补贴已成为仅次于国营工业企业亏损补贴的第二大财政包袱。因此决定取消农产品统购统销制度，对粮油大宗产品实行合同定购与市场收购的双轨制，对其他农产品完全放开，实行市场调节。

从实施结果来看，放开其他农产品市场的改革，获得了显著成效，如水果和水产品的生产，保持连续递增的趋势。对大宗农产品实行双轨制改革，却没有取得预期效果，其原因是改革只涉及收购体制，而没有触动销售体制。购销价格和购销数量两个倒挂，使政府财政补贴比 1984 年以前增长更快。与政府减轻财政负担的需要相对应，再加上 1984 年以后城市工业改革的激活，政府放松了对农业生产资料价格的控制，并逐步取消对农用工业的补贴，农业生产资料价格出现大幅度上涨的趋势。其上涨率在 1984 年为 8.9%，1988 年高达 16.2%。由此，农业生产的比较利益急剧下降，一度缩小的粮肥比价又趋扩大。

由于畜牧业、渔业的快速增长，农业产值仍以年平均 4.1% 的速度平稳递增（但低于前一阶段的 7.3%）。这一期间乡镇企业异军突起，产值增长速度达到年平均近 50%，产值占农村社会总产值的比重由 1/5 猛增到一半以上。由于占农民收入权数很大的粮棉生产出现起伏不定，农民人均纯收入虽仍有年平均 2%—3% 的增长，但与前一阶段相比，已低了 11.1 个百分点。

第三个时期：1989—1991 年，国民经济调整与农民所得停滞阶段，在此期间，国家采取了严厉的措施以对付螺旋式的通货膨胀，并对国民经济重新实行控制。例如，在 1989 年，政府重新强调行政手段增加粮食生产。

从 1988 年下半年开始，为抑制通货膨胀，控制过热的经济增长，政府决定对国民经济实行治理整顿。在宏观经济政策紧缩的背景下，农业仍得到相当程度的加强。主要农产品产量都大幅度提高，粮食产量创历史最高纪录。但粮棉等主要农产品的定购价格低于市场价格，各地收购问题严重。于是政府在 1988 年对大米实行专营，1990 年将合同定购改为国家定购，对棉花则由供销社统一经营。这期间的农村改革以粮食购销体制的区域性突破为主要特征。从 1988 年粮食年度开始，许多粮食购销区开始实施以市场为取向的减购（减少合同定购数量）、压销（压缩平价粮销售数量）、提价（既提高合同定购价，又提高统销价）、放开（放开购销价格）的粮食购销体制改革，并取得成效。由此促成了 1991 年在全国实行购销同价的改革。在治理整顿经济的后期，政府也采取了一些具有制度建设意义的改革措施，如对粮食实行最低保护收购、建立规范化的中央和区域粮食批发市场、建立粮食专项储备等。

乡镇企业发展速度明显放慢，吸纳农业剩余劳动力的能力也趋于减弱。农民受此影响，收入增长出现了改革开放以来的首次停滞，3 年平均增长仅 1.2%，其中 1991 年农民实际收入呈负增长。城乡居民收入差距和消费差距均恢复到 1978 年改革开放以前的水准。

以上情况表明，第一，治理整顿虽然使主要农产品产量增加，但却没有相应增加农民收入；第二，农民对非农产业收入的依赖程度越来越高，农业增产与农民增收存在着一些矛盾。

第四个时期：1992 年以后，建立农村市场经济体制阶段。1992 年春邓小平南方谈话和党的十四大召开，明确提出建立社会主义市场经济体制的目标。此一时期，经济向市场经济体制迈进，国民经济发展呈高速增长。政府也提出多项农村改革措施，如在基本经营制度和产权制度方面，第一次提出了土地制度发展的基本架构（在土地承包延长 30 年的基础上建立农地使用权的流转机制）；沿海地区和中西部地区分别推进适度规模经营和"四荒"（荒山、荒坡、荒沟、荒滩）使用权拍卖；对乡镇集体企业进行了股份制和租赁、拍卖等多种产权组织形式的改革；新农村建设；取消农业税等。在粮食购销体制上，1993 年底全国 98％的县（市）开放粮食价格和购销。2004—2018 年，中央连续十五年发布以"三农"（农业、农村、农民）为主题的中央一号文件，强调了"三农"问题在中国社会主义现代化时期"重中之重"的地位，政策的支持使得农业发展速度加快，农民收入也有较大幅度增加。

　　表 2.2 显示农林牧渔业总产值从 1978 年的 1 397 亿元增加到 2016 年的 112 091 亿元，增长 30 多倍，年均增长率 12％左右，而在此期间第一产业劳动力却在不断减少（图 1.4）。表 2.3 显示农民的收入有了可观的增长，消费结构也发生了较大变化。

表 2.2　农、林、牧、渔业总产值及指数

年份	绝对数（亿元）					指　数　（上年为 100）				
	农林牧渔					农林牧渔				
	总产值	农业	林业	牧业	渔业	总产值	农业	林业	牧业	渔业
1978	1 397.0	1 117.5	48.1	209.3	22.1					
1980	1 922.6	1 454.1	81.4	354.2	32.9	101.4	99.7	112.2	107.0	107.7
1985	3 619.5	2 506.4	188.7	798.3	126.1	103.4	99.8	104.5	117.2	118.9
1990	7 662.1	4 954.3	330.3	1 967.0	410.6	107.6	108.0	103.1	107.0	110.0
1995	20 340.9	11 884.6	709.9	6 045.0	1 701.3	110.9	107.9	105.0	114.8	119.4
2000	24 915.8	13 873.6	936.5	7 393.1	2 712.6	103.6	101.4	105.4	106.3	106.5
2005	39 450.9	19 613.4	1 425.5	13 310.8	4 016.1	105.7	104.1	103.2	107.8	106.5
2006	40 810.8	21 522.3	1 610.8	12 083.9	3 970.5	105.4	105.4	105.6	105.0	106.0
2007	48 893.0	24 658.1	1 861.6	16 124.9	4 457.5	103.9	104.0	106.9	102.3	104.8
2008	58 002.2	28 044.2	2 152.9	20 583.6	5 203.4	105.7	104.8	108.1	106.8	106.0
2009	60 361.0	30 777.5	2 193.0	19 468.4	5 626.5	104.6	103.8	107.1	105.8	105.8
2010	69 319.8	36 941.1	2 595.5	20 825.7	6 422.4	104.4	104.1	106.5	104.1	105.5
2011	81 303.9	41 988.6	3 120.7	25 770.7	7 568.0	104.5	105.6	107.6	101.7	104.5
2012	89 453.0	46 940.5	3 447.1	27 189.4	8 706.0	104.0	104.9	106.7	105.2	105.1
2013	96 995.3	51 497.4	3 902.4	28 435.5	9 634.6	104.0	104.4	107.3	102.0	105.2
2014	102 226.1	54 771.5	4 256.0	28 956.3	10 334.3	104.2	104.4	106.1	103.0	104.4
2015	107 056.4	57 635.8	4 436.4	29 780.4	10 880.6	103.9	105.0	105.5	101.1	103.8
2016	112 091.3	59 287.8	4 631.6	31 703.2	11 602.9	103.5	104.2	106.0	100.7	104.2

　　资料来源：《中国统计年鉴》（2017 年）。

表 2.3　农村居民收支基本情况（元）

指　　标	2013 年	2014 年	2015 年	2016 年
农村居民人均收入				
可支配收入	9 429.6	10 488.9	11 421.7	12 363.4
工资性收入	3 652.5	4 152.2	4 600.3	5 021.8
经营净收入	3 934.9	4 237.4	4 503.6	4 741.3
财产净收入	194.7	222.1	251.5	272.1
转移净收入	1 647.5	1 877.2	2 066.3	2 328.2
现金可支配收入	8 747.1	9 698.2	10 577.8	11 600.6
工资性收入	3 639.7	4 137.5	4 583.9	5 000.8
经营净收入	3 378.0	3 620.1	3 861.3	4 203.9
财产净收入	194.2	224.7	251.5	272.1
转移净收入	1 535.2	1 715.9	1 881.2	2 123.8
农村居民人均支出				
消费支出	7 485.1	8 382.6	9 222.6	10 129.8
食品烟酒	2 554.4	2 814.0	3 048.0	3 266.1
衣着	453.8	510.4	550.5	575.4
居住	1 579.8	1 762.7	1 926.2	2 147.1
生活用品及服务	455.1	506.5	545.6	595.7
交通通信	874.9	1 012.6	1 163.1	1 359.9
教育文化娱乐	754.6	859.5	969.3	1 070.3
医疗保健	668.2	753.9	846.0	929.2
其他用品及服务	144.2	163.0	174.0	186.0
现金消费支出	5 978.7	6 716.7	7 392.1	8 127.3
食品烟酒	2 038.8	2 301.3	2 540.0	2 763.4
衣着	453.1	509.7	549.9	575.0
居住	692.4	758.5	779.0	832.8
生活用品及服务	451.0	500.1	538.3	589.7
交通通信	874.7	1 012.5	1 162.6	1 357.8
教育文化娱乐	754.4	859.2	969.0	1 069.9
医疗保健	573.2	614.9	681.4	755.8
其他用品及服务	141.2	160.5	172.0	183.0

资料来源：《中国统计年鉴》（2017 年）。

2.3　工业化和城市化

对于任何后发国家而言，工业化（最高形式是重化工）都是追求的目标，重化工业道路成为任何赶超国家必选的一条道路。纵观英、法、德、美、日等发达资本主义国家的经济发展史，其经济发展方式从工业革命早期的粗放型至后工业时代集约型的转变，经历了一个较长的演化过程。这两个多世纪，前一个 100 年是哈罗德-多马形态的古典经济增长时期；后一个 100 年则是索洛等模型描述的现代经济增长时期。其间发达国家的经济增长方式也发生了重大变化：（1）经济增长的动力表现为"要素积累—集约管理—知识创新"的演化路径；（2）主导的产业结构经历了"农业—工业—服务业"的变化过程；（3）与不同阶段相适应的，是政府角色从要素积累阶段的"直接数量型干预"，到集约化增长阶段的"市场化价格调节"，到创新增长阶段的"扩大与人口质量相关的公共支出"的转化。发展的历程都是从"古典增长阶段"转向"现代增长阶段"（张平、刘霞辉，2007）。

2.3.1 生产结构的现代化：工业化

改革开放以来，中国采取了均衡发展战略，均衡结构的发展矫正了传统计划经济片面发展重工业造成的严重结构畸形，开始了中国的第二次工业化。历经 40 年的工业化进程，中国人均 GDP 2018 年预计达到 9 000 美金，离进入高收入国家仅一步之遥。

工业化的主要特征是，随着人均 GDP 的增长，居民消费提高，恩格尔系数持续下降引致第一产业持续下降，制造业为代表的工业化开始发展，非农就业成为了社会最主要的就业方式（取代了传统的农业社会就业方式）。改革开放以来，第一产业产值和就业量占比从 28.2％ 和 70.5％ 分别下降到了 2016 年的 8.6％ 和 27.7％（见图 2.1）。第二产业发展总体平稳，其比重在 2006 年达到峰值 47.6％ 后逐步下降。而第三产业总体保持增长趋势，1997 年以前，其所占 GDP 份额甚至略微下降，1997 年开启增长开关后，服务业在国民经济中的地位越来越重要。从经济增长贡献看，2016 年第一产业对中国经济增长的贡献仅为 4.4％，第二产业贡献为 37.4％，第三产业贡献达到 58.2％。工业化不仅表现在对经济的贡献，而且更表现在它强大的生产规模，如中国的钢铁、煤炭、水泥、化肥、化纤、棉布、耐用消费品等产品产量已居全球第一，而发电量居全球第二，原油居全球第六，近年来，电子等高技术行业发展迅速，很多单项的产能也位列全球之冠。

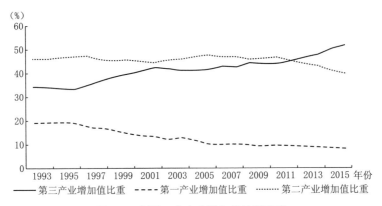

图 2.1　中国三次产业增加值比重变化

资料来源：CEIC 数据库。

在中国工业发展的同时，农村就业也下降迅速，非农就业发展迅速，2007 年达到了 60%，进入了以非农就业为主导的工业化国家。中国经济目前已经进入到"二、三、一"的产业发展阶段，其产出带动则是以农业下降与工业化稳定和第三产业上升为主线的发展道路，这一道路符合国际发展的经验，而中国经济发展的特点是工业部门一直处于超强发展的位置，第二产业，特别是工业始终保持高位，主导着经济增长。随着第三产业的贡献持续上升，进入 21 世纪其带动贡献逐步接近工业部门，这说明城市化快速发展对第三产业的发展有了极大的促进作用，也使中国经济结构更趋于平衡。具体看，农业就业比重下降，第二产业就业比重呈现稳定状态，从 20 世纪 80 年代中期到 21 世纪始终保持在 22% 上下的水平，2006 年开始突破了 25%，非农就业的主要任务靠第三产业，20 世纪 90 年代第三产业就业比重超过了第二产业，2007 年其占比为 32.4%。但从产值占比和其对经济增长贡献比重看，就业比重仍非常不对称，到 2007 年就业人口比重最大的行业仍是农业（高达 40%），未来人口资源分配是中国实现现代化的关键。

从国际比较看（表 2.4），2015 年中国人均 GDP 年按年底汇率计算约为 8 070 美元，正处在由中等收入向高收入国家迈进的阶段，经济结构和就业基本符合一般发展的均衡标准；从产业结构看，农业产值和就业水平刚刚跨入中等收入国家的下限，而工业化水平超过了中等收入国家，就业水平甚至超过中高收入国家，但服务业的产值和就业水平则远远低于中高收入国家。

表 2.4　中国生产和就业结构的国际比较

国家类别 年份	低收入国家		低中收入国家		中等收入国家		中等偏上收入国家		中国		OECD 国家		高收入国家	
	1997	2015	1997	2015	1997	2015	1997	2015	1997	2015	1997	2015	1997	2015
人均 GDP(美元)	247.36	625.62	580.31	2 031.87	1 280.20	4 831.53	1 979.00	8 076.65	781.74	8 069.21	22 287.06	36 280.54	24 396.64	40 078.05
农业增加值占 GDP 比重(%)	41.74	30.23	23.50	16.58	14.54	9.23	12.02	7.08	17.90	8.83	2.38	1.51	2.15	1.36
农业就业人口 比重(%)				44.78		36.62	41.50	23.47	49.90	28.30	8.07	4.80	5.29	3.18
工业就业人口 比重(%)				20.72		24.59	23.83	27.53	23.70	29.30	27.36	22.54	27.91	22.33
工业增加值占 GDP 比重(%)	17.94	21.63	33.73	30.35	37.87	33.36	39.03	34.24	47.10	40.93	28.18	24.27	28.40	24.45
服务业就业 人口比重(%)				34.24		40.56	34.59	50.04	26.40	42.40	64.72	72.18	67.09	73.99
服务业增加值占 GDP 比重(%)	40.32	48.13	42.77	52.60	47.60	57.07	48.95	58.38	35.00	50.24	69.44	74.22	69.45	74.20

注：按照世界银行 2013 年分组标准，高收入国家指按图表集计算的人均国民总收入 12 746 美元及以上的国家，中等偏上收入国家指人均国民收入 4 126—12 745 美元的国家，中等偏下收入国家指人均国民总收入 1 046—4 125 美元的国家，低收入国家指人均国民总收入 1 045 美元及以下的国家。

资料来源：世界银行 WDI 数据库。

中国正从一个中低收入国家向中高收入国家转变，面临的核心问题仍然是继续加快农村劳动力转移，积极发展服务业，用服务业发展来承载非农化过程，提高服务业的产值和就业比重，这将直接关系到中国现代化的步伐。

表 2.5 的国际比较表明，中国产业结构升级步伐加快。从工业增加值和服务业增加值占国内生产总值的比重来看，工业增加值/GDP 从 2000 年的 45.5% 下降到 48.4%；服务业增加值/GDP 从 2000 年的 39.8% 上升到 2016 年的 51.6%。同期，发达国家的下降幅度比较大，英、美、德、日分别从 25.3%、23.2%、30.9% 和 30.0% 下降到 19.2%、20.0%、30.5% 和 28.9%；就服务业增加值/GDP 而言，英国从 73.8% 上升到 80.2%，美国从 75.7% 上升到 78.9%，德国从 68% 上升到 68.9%，日本从 68.5% 上升到 70%。可以看出，虽然中国产业结构升级速度较快，但离主要发达国家还有一定距离。

表 2.5　中国与主要经济体的产业结构比较（%）

国　家	农业增加值占国内生产总值比重		工业增加值占国内生产总值比重		服务业增加值占国内生产总值比重	
	2000 年	2016 年	2000 年	2016 年	2000 年	2016 年
中　国	14.7	8.6	45.5	39.8	39.8	51.6
日　本	1.5	1.1*	30.0	28.9*	68.5	70.0*
韩　国	4.4	2.2	38.1	38.6	57.5	59.2
加拿大	2.3	1.8**	32.5	28.9**	64.5	69.3**
美　国	1.2	1.1*	23.2	20.0*	75.7	78.9*
巴　西	5.5	5.5	26.8	21.2	67.7	73.3
法　国	2.3	1.5	23.3	19.4	74.3	79.2
德　国	1.1	0.6	30.9	30.5	68.0	68.9
俄罗斯	6.4	4.7	38.0	32.4	55.6	62.8
西班牙	4.1	2.6	30.7	23.4	65.1	74.1
英　国	0.9	0.6	25.3	19.2	73.8	80.2
澳大利亚	3.4	2.6	26.8	24.3	69.8	73.1

注：* 2015 年数据。** 2013 年数据。
资料来源：《中国统计年鉴》（2017 年）。

依据国际经验，当人均 GDP 达到 1 000 美元时，按照库兹涅茨模式，服务业的增加值应该占 GDP 的 40.7%；按钱纳里模式计算，服务业应达到 37.8%，此时服务业和工业的增加值相当。中国当前的产业结构和就业结构与库兹涅茨模式接近，相当于日本 20 世纪 60 年代的工业化特征。这一阶段的基本特征是以重型机械制造业为核心的加工工业，如汽车、造船等大型机械工业发展取代轻工业成为经济增长的主导产业，由于规模性的需求也带动了城市化的发展，加速中国进入后工业化，经济逐步进入服务业带动的时代。

2.3.2　经济结构的现代化：城市化

从国际经验看，工业化和城市化呈现明显的两阶段：第一阶段工业化带动城市化，体现在大量农村剩余劳动力进入现代化部门，工业在城市及城市周围的全面发展推动了城市开发区，工业园迅速建立，城市化速度大幅提高，农民身份不断转换为城市人口；第二阶段，工业化增长稳定或下降，城市化率的提高完全是由经济服务化推动非农就业的比重上升所带动。工业化带动了城市化发展，而城市化的发展决定了一个国家经济结构的现代化，它更表现为人口资源配置和人的发展。

从表 2.6 中我们可以看到中国城市化发展也处于快速推进过程中，2015年已经达到 56%，基本达到中等偏上收入国家水平，与中国现阶段经济发展水平相符。从百万以上人口城市占城市总人口的比重看，2015 年中国也基本达到中等偏上收入国家水平。城市化快速发展的同时，城市生活实施方面也取得了比较显著的改善，城市化质量在城市化快速推进过程中并没有太多历史欠账，譬如表 2.6 中反映的城市卫生设施改善情况。

中国进入 21 世纪以来城市化发展速度加快，预计 2020 年就可以实现城市人口占 60% 的城市化目标。但值得指出的是，城市化第一个过程是工业化向城市化的转换，也是城市化建设过程，这一过程是城市化的加速过程，这是一个"建设周期"，这一周期是在工业化积累财富产生城市化巨大需求下开始的，它拉动了房地产、城市建设、税收等的迅速发展，使经济进入一个城市化带动的景气周期。中国从 1997 年启动的消费信贷点燃了城市化浪潮到现在的十年时间里，经济就处于该阶段。未来进入城市化服务业自身发展时，经济增长则需从工业化转向服务业，这就将遇到产业、人口和空间结构转换的挑战。

表 2.7 显示了 20 世纪 90 年代以来，中国城市公用事业的发展情况，建成区面积增长近两倍，城市人口密度增长近 10 倍，其他指标也都显示城市发展速度加快。

表 2.6 城市化比例和速度

	低收入国家		低中收入国家		中等收入国家		中等偏上收入国家		中国		OECD 国家		高收入国家	
	1990	2015	1990	2015	1990	2015	1990	2015	1990	2015	1990	2015	1990	2015
获得经改善卫生设施的城市人口占比（%）	28.66	39.66	60.47	67.91	70.49	79.34	77.06	87.29	67.80	86.60	97.44	98.35	98.96	99.51
生活在最大城市人口占城市人口比重（%）	36.15	31.88	17.05	16.78	15.26	14.23	14.08	12.43	2.61	3.11	18.81	17.77	19.76	19.11
百万人口城市占总人口比重（%）	8.97	11.09	11.93	15.68	14.34	21.04	16.58	27.17	9.94	24.57	33.16	36.38		
城市人口比重（%）	22.62	30.75	29.98	39.19	36.78	50.79	43.20	64.24	26.44	55.61	73.25	80.26	74.55	81.20
城市人口增长率（%）	4.49	4.18	3.70	2.66	3.27	2.33	2.99	2.09	4.31	2.70	1.26	0.95	1.10	0.87

资料来源：世界银行 WDI 数据库。

表 2.7 城市公用事业基本情况

项　目	1990 年	1995 年	2000 年	2010 年	2015 年	2016 年
城市建设						
城区面积（平方公里）	1 165 970	1 171 698	878 015	178 692	191 776	198 179
建成区面积（平方公里）	12 856	19 264	22 439	40 058	52 102	54 331
城市建设用地面积（平方公里）	11 608	22 064	22 114	39 758	51 584	52 761
城市人口密度（人/平方公里）	279	322	442	2 209	2 399	2 408
城市供水、燃气及集中供热						
全年供水总量（亿立方米）	382.3	481.6	469.0	507.9	560.5	580.7
#生活用水（亿立方米）	100.1	158.1	200.0	238.8	287.3	303.1
人均生活用水（吨）	67.9	71.3	95.5	62.6	63.7	64.6
用水普及率（%）	48.0	58.7	63.9	96.7	98.1	98.4
人工煤气供气量（亿立方米）	174.7	126.7	152.4	279.9	47.1	44.1
#家庭用量（亿立方米）	27.4	45.7	63.1	26.9	10.8	10.9

续表

项　　目	1990年	1995年	2000年	2010年	2015年	2016年
天然气供气量（亿立方米）	64.2	67.3	82.1	487.6	1 040.8	1 171.7
＃家庭用量（亿立方米）	11.6	16.4	24.8	117.2	208.0	286.4
液化石油气供气量（万吨）	219.0	488.7	1 053.7	1 268.0	1 039.2	1 078.8
＃家庭用量（万吨）	142.8	370.2	532.3	633.9	587.1	573.9
供气管道长度（万公里）	2.4	4.4	8.9	30.9	52.8	57.8
燃气普及率（%）	19.1	34.3	45.4	92.0	95.3	95.8
集中供热面积（亿平方米）	2.1	6.5	11.1	43.6	67.2	73.9
城市市政设施						
年末实有道路长度（万公里）	9.5	13.0	16.0	29.4	36.5	38.2
每万人拥有道路长度（公里）	3.1	3.8	4.1	7.5	7.9	8.0
年末实有道路面积（亿平方米）	10.2	16.5	23.8	52.1	71.8	75.4
人均拥有道路面积（平方米）	3.1	4.4	6.1	13.2	15.6	15.8
城市排水管道长度（万公里）	5.8	11.0	14.2	37.0	54.0	57.7
城市公共交通						
年末公共交通车辆运营数（万辆）	6.2	13.7	22.6	38.3	50.3	53.9
每万人拥有公交车辆（标台）	2.2	3.6	5.3	11.2	13.3	13.8
出租汽车数（万辆）	11.1	50.4	82.5	98.6	109.2	110.3
城市绿化和园林						
城市绿地面积（万公顷）	47.5	67.8	86.5	213.4	267.0	278.6
人均公园绿地面积（平方米）	1.8	2.5	3.7	11.2	13.3	13.7
公园个数（个）	1 970	3 619	4 455	9 955	13 834	15 370
公园面积（万公顷）	3.9	7.3	8.2	25.8	38.4	41.7
城市环境卫生						
生活垃圾清运量（万吨）	6 767	10 671	11 819	15 805	19 142	20 362
粪便清运量（万吨）	2 385	3 066	2 829	1 951	1 437	1 299
每万人拥有公厕（座）	3.0	3.0	2.7	3.0	2.7	2.7

资料来源：《中国统计年鉴》（2017 年）。

2.4 区域经济发展分化

统计显示，在中国 960 万平方公里国土面积中，山地、高原、盆地和丘陵占近 90%，平原面积只占不到 12%（这些地形多位于中东部）。根据全国第五次人口普查资料，中国有 70% 以上的人口生活在距离海岸线 500 千米以内的中东部地区，这与中国平原面积的分布是一致的。所以，中国区域经济的发展自古以来就不平衡。秦汉时代，全国经济发展轴位于长安—洛阳—开封一线，关中和山东是当时的经济重心，整体上，黄河中下游地区的经济领先于其他地区。在隋唐之交，南方经济逐渐超过了北方成为经济中心，但当时的政治、文化中心仍在开封—洛阳轴线上，呈现政治中心与经济中心相分离的格局。北宋以后，文化中心南移至江南，淮河成为南北文化的分界线，经济重心位于长江下游和南北运河交叉的十字轴线上，并逐步扩展到东南沿海地区。到了近代，东南沿海地区超过了全国其他地区，这里最先出现了近代化的商业、工业、交通运输业、金融业和教育事业，成为中国现代化的发源地。

1949 年以前，中国区域经济具有二元特征：一是工业分布具有"东重西轻"的二元性，二是各区域内轻重工业发展不均衡的二元性。1949—1978 年，中国区域经济发展战略呈平衡模式。依据这种战略，国家在 1949—1978 年期间，把 50% 以上的基本建设资金投入内地，试图强行拉平沿海地区和内地的经济技术发展差距，以求区域经济的平衡发展。1978 年以来，中国区域经济发展经历了不平衡的发展历程。

2.4.1 区域经济发展差距

新中国成立以来中国区域差距总体变化趋势是"三落三起"，第一次起落是从新中国成立初到"大跃进"结束的时期，第二次是从"大饥荒"之后的恢复期到"文革"结束，第三次是改革开放后，中国区域差距呈现先短暂下降，20 世纪 80 年代中后期不平等程度开始大幅度上升，各种衡量不平等程度的指标均在 20 世纪末达到新中国成立以来的历史最高水平。各主客观层面都具有绝对优势的东部沿海地区，其经济增长率显著高于中西部地区，这可从东中西部 GDP 占全国 GDP 的比重变化中明显看出趋势，如图 2.2。

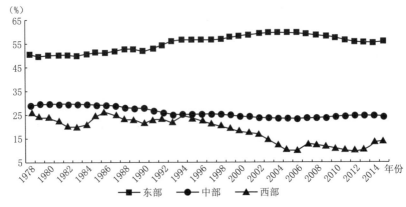

图 2.2　东中西部 GDP 占全国 GDP 比重

资料来源：根据《中国统计年鉴》历年值整理。

总体而言，东部地区经济比重稳中有升，而中部和西部地区经济比重稳中有降。东部地区比重在 2003 年达到最高值后虽然有所下降，但其占全国的比重一直保持在 50％以上；中部地区 GDP 占全国的比重总体经历了下降趋势，但近五年已保持稳定；西部地区改革开放初期 GDP 占全国比重曾经超过25％，但目前已下降至不足 15％，可喜的是近五年来增长趋势明显，其在全国经济中比重回升态势明显。这一趋势也可以从人均 GDP 的变化看出来（图 2.3）。

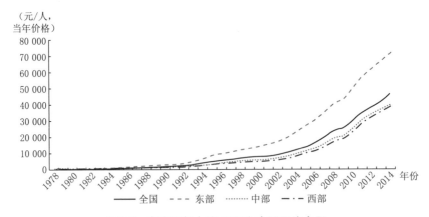

图 2.3　东中西部人均 GDP 和全国平均水平

资料来源：根据《中国统计年鉴》历年值整理。

由图 2.3 可看出，东中西部人均 GDP 差距在 20 世纪 80 年代有所拉大，

90 年代后差距更甚。从实际水平看，东部地区人均 GDP 水平远远超过全国平均水平，东部地区如天津、上海、北京等地人均 GDP 已达到世界银行高收入国家和地区标准，标志着这些地区已经基本实现现代化。但中部和西部地区人均 GDP 水平却低于全国平均水平，因此，加快中西部发展是全面建成小康社会和脱贫攻坚、持续缩小区域收入差距的重点任务。

综上，可基本判定中国区域发展的总体趋势是，20 世纪 80 年代期间各区域内部和各区域之间，差距总体略有扩大；90 年代后东部与中西部之间差距开始加速拉大，缩小地区发展差距任务依然繁重。

2.4.2　区域经济发展历程

中国区域经济发展的不平衡与区域客观条件和政策相关。改革开放后，区域发展动力主要来自两方面，一是中央政府下放了各地区经济管理权限，使得各级地方政府逐渐成为经济管理的主体；二是国家的沿海开放战略，如 1979 年中央确定在广东、福建实行"特殊政策，灵活措施"，1980 年 8 月第五届全国人大常委会第十五次会议批准《广东省经济特区条例》，随即深圳、珠海、厦门、汕头 4 个经济特区的建设全面展开，由此也确立了中国区域不平衡发展的路径选择。此后，在积极利用沿海地区现有基础，带动内地经济发展的思想指导下，国家采取了一系列向沿海地区倾斜的区域发展政策，1984 年初中央决定进一步开放沿海 14 个港口城市：大连、秦皇岛、天津、烟台、青岛、连云港、南通、上海、宁波、温州、福州、广州、湛江、北海。20 世纪 80 年代中期在区域发展梯度推移战略思想推动下，1985 年初至 1987 年底国务院又进一步决定把珠江三角洲、长江三角洲、闽南漳州—泉州—厦门三角地区及山东半岛、辽东半岛等开辟为沿海经济开放区，并与开放城市组成了沿海开放地带和工业城市群，成为了中国经济最发达的地区。1988 年实施了"两头在外，大进大出"的沿海地区经济发展战略，大力发展出口加工型经济，进而又设立海南省和海南经济特区，做出了开发上海浦东的决定，致使全国生产力布局进一步向东部倾斜。与此同时，内地则依赖原有基础，自力更生，惯性发展，如 1981—1985 年间沿海地带 11 个省区市的工业基本建设投资占全国的比重为46.0%，而"三线"建设高潮时四川省占全国的投资由 14.5% 减到 1984 年的 4.4%，广东省则跃居首位。

进入20世纪90年代，在中国确定建立社会主义市场经济改革目标模式后，市场机制开始发挥作用，"马太效应"进一步显现，如东部GDP名义年均增长速度比中、西部分别高2.2％和2.8％，比1980—1990年期间高0.93％和0.5％，此时三大区域的投资水平、收入水平以及文教娱乐和医疗保健支出与科技差距都开始呈逐步扩大之势。为了推动区域经济协调发展，国家开始推动7个跨省区市的经济区域规划，如长三角及沿江地区、环渤海湾地区、东南沿海地区、西南和华南部分省区、东北地区、中部五省地区和西北地区。国务院在资源开发与基础设施建设、矿产资源勘探、财政转移支付、引导外资投向等方面开始优先倾斜中西部。尽管如此，三大区域差距拉大势头仍难以遏制：到2000年，各区域GDP占全国比重，东部地区已接近60％，中西部地区比重分别只占27％和13％；而人均GDP由1990年东部相当于中西部的1.67倍和1.94倍分别扩大到当年的1.91倍和2.42倍。有鉴于此，中央政府在区域协调发展战略上，又进一步明确了重点扶持西部策略，并于1999年底召开的中央经济工作会议上正式提出了西部大开发战略。2002年党的十六大又提出"支持东北地区老工业基地加快调整和改造"，事实上又分别将原东部的辽宁与中部的黑龙江、吉林划分出来；2005年的"十一五"规划除继续指出要推进西部大开发、振兴东北地区老工业基地外，还强调了中部地区的崛起，而此中部地区则仅包括湖北、湖南、河南、安徽、江西与山西6省而非原来的9省。至此，中国区域划分格局实际上已由原来三个地带转而形成了新的东中西与东北四个经济地带。

尽管中央政府在主观上力图使起初沿海优先的不平衡区域发展战略向各区域协调发展战略过渡，但事实上各区域差距拉大的步伐仍难以停止，如东部与中西部的人均GDP差距仍在拉大，由2000年的1.91倍和2.42倍分别扩大到2002年的2.03倍和2.6倍，再分别到2004年的2.40倍和2.96倍；而东部GDP占全国GDP的比重也仍在不断上升，已由1995年的57％上升至2004年的58.5％。

2.5 企业所有制结构变化

企业是经济运行的微观基础。改革开放40年来，中国企业所有制结构发生了很大变化，改革的基本方向是按照坚持基本经济制度的原则，改革国有企业，逐步放松对非国有经济的限制。在国有企业稳步发展的同时，非国有经济的重要领域和关键环节主导作用越来越强，成为国民经济的重要组成部分。

2.5.1　国有企业发展

改革开放初期，城市国有企业改革的主要思路是放权让利，增加企业活力；20 世纪 80 年代中期开始，实行所有权和经营权的"两权分离"，推行承包制，促进企业转换经营机制。1993 年，明确了"建立现代企业制度"的基本方向，这标志着国有企业改革思路由"简政放权"逐步转变为"制度创新"。之后按照"产权清晰、权责明确、政企分开、管理科学"的要求，着手建立现代企业制度。从 20 世纪 90 年代中后期开始，国有经济"抓大放小"，从战略上对国有经济布局进行调整。进入 21 世纪后，随着国有资产管理体制改革的深入，股份制成为公有制的主要表现形式。国有企业改革，大体经历了四个阶段：

第一阶段，1978—1984 年，主要是放权让利阶段。1978 年四川（1979年全国范围内）开始进行国有企业扩权的试点工作（当时的扩权主要是扩大财权）；1981 年各地又陆续实行以承包为主要内容的工业经济责任制；1983年起，国有企业试行"利改税"第一步改革，1984 年转入"利改税"第二步改革。放权让利改革初步打破了计划包揽一切的体制，国有企业有了一定的生产自主权，同时在一定程度上引入了物质激励。

第二阶段，1984—1992 年，主要是两权分离阶段。1984 年中共十二届三中全会通过的《关于经济体制改革的决定》明确提出了所有权与经营权适当分开。此后三年，出现了以两权分离为重点的多种改革模式，租赁制、承包制、资产经营责任制等新的经营机制开始在各地推行，国有企业股份制改革也着手进行试点。与此同时，企业间的联合、兼并陆续展开，企业破产开始实施。国有企业改革由此形成一波小高潮。[1]以承包制为主要内容的两权分

---

[1]　在此之后的 1988 年下半年至 1991 年底，随着形势的变化，国有企业改革除了继续稳定承包经营责任制以外，进展趋缓，但出台了两个比较重要的文件：一是《全民所有制工业企业法》，确立了企业作为商品生产者和经营者的法律地位；二是《全民所有制工业企业转换经营机制条例》，促进了企业经营机制的转换。

离改革进一步提高了企业的经营自主权，建立起更直接的利益激励机制。

第三阶段，1992 年至 2013 年，主要是由"政策调整"型改革逐步转入"制度创新"型改革阶段。政策调整主要体现在 1992 年至 2003 年，按照"抓大放小"的总思路，逐步推动国有企业建立现代企业制度。1993 年中共十四届三中全会通过的《关于建立社会主义市场经济体制若干问题的决定》明确提出了国有企业改革的目标是建立"产权清晰、权责明确、政企分开、管理科学"的现代企业制度。依此目标，1994 年开始实施建立现代企业制度的试点，重点是企业公司制股份制改革，完善公司法人治理结构。1995 年中共十四届五中全会进一步提出"着眼于搞好整个国有经济，调整国有经济布局和结构，抓好大的，放活小的，对国有企业实施战略性改组"。针对长期制约国有企业改革发展的体制性矛盾和问题，党的十六大提出深化国有资产管理体制改革的重大任务，明确提出：国家要制定法律法规，建立中央政府和地方政府分别代表国家履行出资人职责，享有所有者权益，权利、义务和责任相统一，管资产和管人、管事相结合的国有资产管理体制。2003—2013 年，围绕现代企业制度，各项制度不断出台和实施。中共十六届三中全会通过的《关于完善社会主义市场经济体制若干问题的决定》又提出建立"归属清晰、权责明确、保护严格、流转顺畅"的现代产权制度。按此构想，不仅在国有企业层面着手构建现代企业产权制度，并以现代产权制度为基础，发展混合所有制经济；同时还将建立现代产权制度延伸到国家层面，改革国有资产管理体制。党的十七大明确提出，深化国有企业公司制股份制改革，健全现代企业制度，优化国有经济布局和结构，增强国有经济活力、控制力、影响力仍然是国有企业改革的重要任务。党的十八大进一步提出，要推动国有资本更多投向关系国家安全和国民经济命脉的重要行业和关键领域。

第四阶段，2013 年至今，以管资本为主的监管思路引领国资国企改革新方向。中共十八届三中全会通过的《关于全面深化改革若干重大问题的决定》明确提出，完善国有资产管理体制，以管资本为主加强国有资产监管，改革国有资本授权经营体制，组建若干国有资本运营公司，支持有条件的国有企业改组为国有资本投资公司。这为适应经济市场化改革不断深入的新形势，继续完善国有资产管理监管体制指明了方向，是在全面深化改革背景下完善国有资产管理体制、加强国有资产监管的重大战略举措。进一步强化国有资本经营，改变传统的国有资产管理方式，有利于国有经济布局结构调整优化，提高国有资产运营效率，更好发挥国有资本战略导向作用，完善国有企业现代企业制度，进一步增强国有经济的活力、控制力、影响力。

综上，改革开放以来国有企业的改革思路，就是逐步摆脱传统的依靠政策调整和利益再分配的模式，而按照建立社会主义市场经济体制的目标要求，在建设现代企业制度等深层次问题方面不断寻求突破，既让国有企业在激烈的市场竞争中做大做强，更使国有企业控制国民经济关键命脉的作用得到充分发挥。

经过上述四个阶段的改革，国有企业的活力不断增强，效率得到改善，在一些重要行业和关键领域中成为具有一定竞争力的市场主体。图 2.4 显示，在企业数量与就业人员大幅下降的条件下，国有及国有控股占全部规模以上工业企业总资产、利润、工业增加值都保持在较高水平。当然，国有企业改革仍有不少艰巨的问题呕待破解：重点行业（垄断性行业）、重点地区（如东北地区）、重点企业（中央企业）国有经济比重过高的问题依然比较突出；竞争性行业国有企业表现在数量仍然偏多，分布的领域仍然过宽；虽然大多数国有企业已进行公司制改革，但是国有股"一股独大"甚至是"一股独占"的现象还比较严重；虽然企业设立了股东会、董事会和监事会，但与现代市场经济相适应的公司法人治理结构及其运行机制尚未完全建立起来，还需要继续推进现代企业制度建设，深化企业产权制度改革。

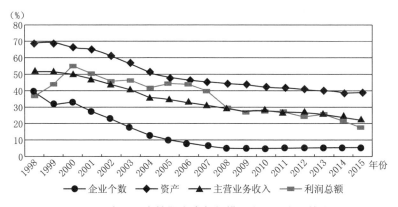

图 2.4　国有及国有控股占全部规模以上工业企业的比重

资料来源：Wind 金融资讯终端。

2.5.2 非国有经济发展

非国有经济先是允许个体经济的存在和发展，之后在政策上开始允许私营经济的存在和发展，并逐渐赋予其平等竞争的身份。改革开放以来非国有制经济的政策发展大体经历了五个阶段：

第一阶段，从 1978 年到 1984 年，主要是允许个体经济的存在和发展。1982 年通过的《中华人民共和国宪法》规定"在法律规定范围内的城乡劳动者个体经济，是社会主义公有制经济的补充。国家保护个体经济的合法的权利和利益。国家通过行政管理，指导、帮助和监督个体经济"，个体经济由此获得了合法的地位。

第二阶段，从 1984 年到 1992 年，主要是允许私营经济的存在和发展。1987 年党的十三大提出"以公有制为主体发展多种所有制经济，以至允许私营经济的存在和发展，都是由社会主义初级阶段生产力的实际状况决定的"。在此基础上，1988 年的《宪法修正案》规定"国家允许私营经济在法律规定的范围内存在和发展。私营经济是社会主义公有制经济的补充。国家保护私营经济的合法的权利和利益，对私营经济实行引导、监督和管理"，由此明确肯定了私营经济存在和发展的合法性。

第三阶段，从 1992 年到 2002 年，主要是逐步赋予非国有制经济平等参与市场竞争的地位，同时明确了各种非国有制经济在社会主义市场经济中的重要地位和作用。1992 年党的十四大再次肯定了建立多种经济成分并存的所有制结构的必要性。1993 年中共十四届三中全会通过的《关于建立社会主义市场经济体制若干问题的决定》明确提出："国家为各种所有制平等参与市场竞争创造条件，对各类企业一视同仁。"1997 年党的十五大总结了过去 20 年在所有制改革方面的经验，指出"以公有制为主体、多种所有制经济共同发展，是中国社会主义初级阶段的一项基本经济制度"；"非国有制经济是社会主义市场经济的重要组成部分。对个体、私营等非国有制经济要继续鼓励、引导，使之健康发展"。之后 1999 年通过的《宪法修正案》规定"国家在社会主义初级阶段，坚持公有制为主体、多种所有制经济共同发展的基本经济制度"，并规定"在法律规定范围内的个体经济、私营经济等非国有制经济，是社会主义市场经济的重要组成部分"，"国家保护个体经济、

私营经济的合法的权利和利益"，这就标志着对非国有制经济的定位已由
"体制外"转入"体制内"。

第四阶段，从 2002 年至 2012 年，不断加强非国有制经济的政策支持。
2004 年通过的《宪法修正案》强化了对非国有制经济的"鼓励"和"支持"。
2005 年发布的首个促进非国有制经济发展的政府文件——《关于鼓励支持
和引导个体私营等非国有制经济发展的若干意见》，标志着对非国有制经济
从分散的政策支持到形成政策体系框架的转变，特别是该文件着眼于创造公
平竞争的体制环境，对非国有制经济进入一些重要领域包括垄断性行业做出
了明确规定。继保护私有财产的精神于 2004 年被写入宪法之后，2007 年通
过的《物权法》又确立了平等保护私人物权的原则，由此对非国有制经济合
法权益的保护进一步得到法律的支撑。2007 年党的十七大明确了中国今后
将坚持和完善公有制为主体、多种所有制经济共同发展的基本经济制度，并
提出毫不动摇地巩固和发展公有制经济，毫不动摇地鼓励、支持、引导非公
有制经济发展，坚持平等保护物权，形成各种所有制经济平等竞争、相互促
进的新格局。

第五阶段，党的十八大至今，逐步明确非公有制经济的市场地位。中共
十八届三中全会明确提出，公有制经济和非公有制经济都是社会主义市场经
济的重要组成部分，都是我国经济社会发展的重要基础。进一步指出混合所
有制是基本经济制度的重要实现形式，通过国有资本与民营资本交叉持股、
相互融合，可以更好地发挥国有资本与民营资本的独特优势，更好地适应现
代市场经济的发展要求，不仅更能巩固国有经济、增强国有经济控制力和影
响力，也更有利于鼓励、支持和引导非公有制经济发展，激发非公有制经济
活力和创造力，使非公有制经济在更深层次更宽广度上参与国民经济建设。
非公有制经济的市场地位越来越重要。

经过 40 年的发展，中国的非国有制经济已成为国民经济的支柱之一。
1978 年，非国有制经济（主要是集体经济）在工业总产值中的比重为
22.4%；而到 2017 年，私营工业企业已发展到 285.9 万家，占全部工业企业
法人单位的 78.4%。其中，规模以上私营工业企业 22.2 万家，吸纳就业人数
3 271 万人，占全部规模以上工业企业的比重分别为 57.7% 和 36.9%；规模
以上私营工业企业资产总计达 25.1 万亿元，主营业务收入为 40 万亿元，占

全部规模以上工业企业比重分别达 22.3% 和 34.4%。民营经济在稳增长、促改革、惠民生、调结构等方面发挥了重要作用，民营企业自主创新能力不断提高，成为国民经济重要的组成部分。

2.6　市场体系初步完善

市场体系的形成和完善是中国经济体制改革的重要方面，也是结构变迁的重要内容。改革开放以来，中国一直把培育市场体系、发挥市场配置资源的积极作用作为重点推进。经过 40 年的努力，目前除垄断性行业和少数重要领域外，市场机制在经济运行中已基本成为基础性调节机制，无论是国民经济的总体市场化程度，还是商品的市场化程度以及部分要素的市场化程度，都有了相当程度的提高。

2.6.1　商品市场

中国国民经济的市场化始于商品生产流通领域，基本上沿着两条路径展开：一是建立各类市场，主要是工业消费品市场、农产品市场和生产资料市场；二是引入并培育市场价格机制、供求机制和竞争机制。经过 40 年的改革，各种类型的商品市场迅速发展起来。更重要的是，价格形成机制发生了根本性的变化，除少数基础产品和生活必需品由政府管理价格外，绝大多数商品的价格都已经由市场来决定。

2.6.2　要素市场

相对于商品市场而言，包括资本市场和劳动力市场在内的要素市场发展相对滞后一些，但也已形成基本框架。

1. 资本市场

自 1981 年恢复发行国库券和 1988 年允许居民持有的国库券进行流通以来，中国的资本市场从单一的政府债券发行市场，发展到以股票、债券为主体的多种证券形式并存、集中交易与场外分散交易相协调的全国性资本市场体系，并且随着 2004 年中小企业板市场的设立，多层次的资本市场体系也初具雏形。以股票市场为例，自 1990 年和 1991 年上交所和深交所相继成立以来，股票市场规模不断扩大。境内上市公司（A 股、B 股）的数量从 1992 年的 53 家增加到 2017 年的 3 500 家，股票市价总值也由 1 084 亿元增加到 56.62 万亿元，股票总市值跻身全球前列。2004 年成立中小板、2009 年开通创业板以及 2013 年新三板成立，标志着覆盖企业不同生命周期的多层次资本市场体系初步建立。

与此同时，20 世纪 90 年代中期以来，中国也在稳步推进资金价格——利率——形成机制的市场化改革进程。1996 年放开了银行间同业拆借利率，1997 年放开银行间债券回购利率，1998 年放开贴现和转贴现利率并推行政策性银行金融债券发行利率市场化，1999 年引入国债发行利率的市场化并进行大额长期存款利率市场化尝试，2004 年放开了商业银行贷款利率上限并首次允许金融机构人民币存款利率下浮，2005 年开始尝试贷款利率下限浮动。在境内外币利率市场化方面，进展更快一些。2013 年 7 月 20 日，中国人民银行决定全面放开金融机构贷款利率管制。2015 年 5 月 11 日，中国人民银行决定金融机构存款利率浮动区间的上限由存款基准利率的 1.3 倍调整为 1.5 倍。2015 年 8 月 26 日，中国人民银行决定放开一年期以上（不含一年期）定期存款的利率浮动上限，标志着中国利率市场化改革又向前迈出了重要一步。2015 年 10 月 24 日，中国人民银行决定对商业银行和农村合作金融机构等不再设置存款利率浮动上限。

2. 劳动力市场

改革开放以来，伴随着所有制结构的调整尤其是非国有制经济的迅猛发展，企业劳动用工制度的改革以及农业剩余劳动力流动就业障碍的逐步减少，中国的劳动力市场得以快速发展，劳动力价格的市场化程度不断提高。特别是传统计划经济体制下城乡人口完全隔绝、禁止迁移与流动的格局被彻底打破，农业剩余劳动力异地就业和非户籍迁移的政策环境逐渐趋于宽松。20 世纪 90 年代之后，农民外出就业者以每年几百万的规模迅速增加，外出务工已成为农业剩余劳动力转移的主要渠道。随着人口红利下降和老龄化问题日趋严重，各地出现的民工荒其实一定程度上反映了劳动力市场从过剩逐步走向平衡甚至短缺。根据 2016 年中国农民工监测调查报告，我国 2016 年农民工总量 2.82 亿人，较 2015 年同比上升 1.53%，连续 3 年低于 2%。随着我国出生率低下的作用进一步凸显，预期到 2021 年，我国人口将首次出现负增长，农民工总量下滑已经可以预见。

市场的形成与完善，使商品和要素的交易成本降低，提高了生产效率。

2.7 结构优化

按国家"五年计划"阶段，我们计算了中国经济增长的需求贡献，依据可变价格计算的贡献率可以发现（见表 2.8）：从增长、消费率和投资比率上能看到大的发展轮廓，1981—1990 年经济增长率平均为 9.74％，"六五"和"七五"消费率为 68.89％ 和 57.86％，消费占绝对的带动地位，投资率为34％ 和 31％，出口贡献为负，消费主导着经济的增长；1991—2000 年的两个五年计划中，"八五"期间投资率上升很快，但依然为消费主导，1993 年的投资过热引起了较大的波动，到"九五"期间，投资加出口已经超过了消费，外资和对外依存度显著提高，为了抵御 1997 年亚洲金融危机，国家的积极财政政策不断提高着投资比率；"十五"期间投资率超过了消费率，高达 51.1％，成为主导经济增长的主要因素。"十一五"期间投资对经济增长的拉动达到顶峰，"十二五"时期一个显著变化就是消费超越投资成为经济增长的主要驱动力。

表 2.8 经济增长贡献的分解（％）

年份	最终消费支出		资本形成总额		货物和服务净出口	
	贡献率	拉动	贡献率	拉动	贡献率	拉动
1978	39.4	4.6	66	7.6	−5.4	−0.6
1979	85.1	6.4	18.1	1.4	−3.2	−0.2
1980	77.5	6.1	20.7	1.6	1.8	0.2
1981	88.7	4.6	−1.1	−0.1	12.4	0.6
1982	56.4	5.1	23	2.1	20.6	1.8
1983	75.6	8.1	32.4	3.5	−8	−0.8
1984	69.4	10.6	41.2	6.3	−10.6	−1.7
1985	71.1	9.6	79.9	10.8	−51	−6.9
1986	50.4	4.5	15.5	1.4	34.1	3
1987	41	4.8	26.4	3.1	32.6	3.8
1988	43.2	4.9	55.9	6.3	0.9	0.1

年份	最终消费支出		资本形成总额		货物和服务净出口	
	贡献率	拉动	贡献率	拉动	贡献率	拉动
1989	94.4	4	−19	−0.8	24.6	1
1990	81	3.2	−54.2	−2.1	73.2	2.8
1991	60.9	5.7	37.4	3.5	1.7	0.1
1992	56.4	8	52.7	7.5	−9.1	−1.2
1993	59.4	8.3	54.1	7.5	−13.5	−1.9
1994	33.8	4.4	36.1	4.7	30.1	4
1995	46.1	5.1	46.7	5.1	7.2	0.8
1996	62	6.2	34.2	3.4	3.8	0.3
1997	42.8	3.9	14.5	1.3	42.7	4
1998	64.9	5.1	28.5	2.2	6.6	0.5
1999	89	6.8	20.8	1.6	−9.8	−0.8
2000	78.9	6.6	21.6	1.8	−0.5	
2001	48.6	4	64.3	5.3	−12.9	−1
2002	57.3	5.2	37.9	3.4	4.8	0.5
2003	35.8	3.6	69.6	7	−5.4	−0.6
2004	43	4.3	61.3	6.2	−4.3	−0.4
2005	55	6.2	32.3	3.7	12.7	1.4
2006	42.4	5.4	42.3	5.4	15.3	1.9
2007	45.8	6.5	43.4	6.2	10.8	1.5
2008	45	4.3	52.3	5	2.7	0.3
2009	56.8	5.2	86	7.9	−42.8	−3.9
2010	46.3	4.9	65.2	6.9	−11.5	−1.2
2011	62.8	6	45.4	4.2	−8.2	−0.7
2012	56.5	4.3	41.8	3.2	1.7	0.2
2013	48.2	3.7	54.2	4.2	−2.4	−0.2
2014	49.6	3.6	45.9	3.4	4.5	0.3
2015	60.9	4.2	41.7	2.9	−2.6	−0.2

资料来源:《中国统计摘要》(2016 年)。

我们再从国际比较上看(表 2.9),2015 年中国消费比重仅有 51.1%,远低于任何可比组,而资本形成比重高达 45.4%,高于任何可比组。外贸进出口量与中等偏上收入组相匹配,中国外贸依存度逐步降低,2012 年我国外贸依存度是 45.2%,2017 年一步降至 33.6%。中国需求结构长期偏离常态,显示出了赶超的特征,即大规模积累和大规模出口,但近年来已有所减弱,需求在经济增长中的贡献越来越大,经济增长的稳定性和质量逐步提高。

表 2.9 中国经济增长贡献的国际比较

	低收入国家		低中收入国家		中等收入国家		中等偏上收入国家		中 国		OECD 国家		高收入国家	
	1990	2015	1990	2015	1990	2015	1990	2015	1990	2015	1990	2015	1990	2015
出口 (%)	16.62	20.55	18.92	23.93	17.59	24.94	17.20	25.24	14.03	21.97	17.99	28.47	20.28	31.21
进口 (%)	29.14	39.64	21.24	27.82	17.18	24.57	16.01	23.61	10.66	18.49	18.61	27.96	20.54	30.28
净出口 (%)	−12.53	−19.08	−2.32	−3.89	0.40	0.37	1.19	1.63	3.37	3.48	−0.62	0.50	−0.26	0.93
最终消费 (%)	98.20	92.24	76.50	76.98	71.74	68.57	70.35	66.10	61.90	51.12	75.53	78.22	75.23	77.66
资本形成 (%)	14.33	26.84	25.82	26.91	27.86	31.06	28.45	32.28	34.73	45.40	25.09	21.28	25.03	21.40

资料来源：世界银行 WDI 数据库。

从中国需求结构的变动看，21 世纪与 20 世纪 90 年代相比，消费减速，投资加速，出口加速明显，这一特征与中等偏上收入国家相仿（表 2.10），只是高增长条件下各要素速度变化与中等偏上收入组不同。

表 2.10 中国需求结构变动的国际比较（1990—2015 年几何平均增长率）

	低收入国家	低中收入国家	中等收入国家	中等偏上收入国家	中 国	OECD 国家	高收入国家
出口（%）	1.09	1.11	1.13	1.14	1.14	1.12	
进口（%）	1.16	1.12	1.13	1.14	1.14	1.15	1.15
净出口（%）				0.95	0.87		
最终消费（%）		0.96				1.23	1.31
资本形成（%）	1.17	1.01	1.08	1.09	1.16		

注：空白说明该项在 1990—2015 年间出现下降。
资料来源：世界银行 WDI 数据库。

2.8 转变经济发展方式，加快结构转换步伐

一国经济结构与其经济增长的阶段高度相关，中国现处在一个下凹形的增长曲线上，必须努力利用好这一赶超时期做好转型，否则会因为原有的赶

超路径的扭曲性制度安排锁定了未来的方向,导致陷入"中等收入陷阱"
(世界银行,2008),即人均 GDP 达到 3 000—5 000 美元条件下进入衰退和
长期停滞,如拉美国家 20 世纪 70 年代后"失去的十年"那样。

　　发达国家正逐步从集约型的增长模式向创新的增长模式过渡,资源配置
的模式也更多地向以人的知识创新获利的模式过渡,即人力资本投资、知识
产权、健康、环保等服务业发展,人成为经济的创新主体。创新获得的"知
识租"成为新的获取利润的核心,并以此展开经济要素配置的创新增长模
式。中国正处在从要素积累的经济增长模式向集约型的增长模式过渡,应强
调要素优化配置的效率,同时由于中国过剩农村劳动力的大规模存在又不可
避免地继续沿着要素积累的方向前行。中国当前优化经济结构的主要任务是
改变经济发展方式,激励中国企业的技术创新和提升国际竞争能力,调整相
对价格体系,加速要素价格的市场化改革,使中国能进入到一个更稳定和持
续的发展路径中。

第3章 福利改进与社会发展

党的十九大报告指出，中国特色社会主义进入新时代，我国社会主要矛盾已经转化为人民日益增长的美好生活需要和不平衡不充分的发展之间的矛盾。经济增长的根本目的是满足全体人民的美好生活需要。改革开放以来，随着中国经济增长，居民收入有了很大的提高，各项社会事业全面发展，全体居民福利不断改进。与国际比较，初级教育入学率、成人和青年识字率、人口平均预期寿命、婴幼儿和孕产妇死亡率等主要教育、健康指标都好于发展中国家的平均水平，甚至与中等收入国家的平均水平相当。尽管如此，相对于经济的高速增长，社会发展仍表现出一定的相对滞后性，特别是城乡、区域之间社会发展不平衡问题比较突出。未来，中国既要促进经济高质量发展，同时又要使全体居民福利不断改进，以达到经济发展和人民群众获得感相统一。本章结构为：社会事业发展；城乡居民收入及消费增长；加快社会发展，实现经济增长与社会发展协调平衡。

3.1 社会事业发展

虽然中国仍处于发展中国家之列，但经过 40 年的改革开放，中国居民福利状况有了较大改进，这是经济高速增长的主要成果之一。表 3.1 为中国最近六次全国人口普查的数据，结果显示，每十万人拥有的各种受教育程度人口都大幅提高，文盲大幅下降；城镇人口与平均预期寿命大幅上升，这从总体上反映了中国的社会发展状况。

表 3.1　六次全国人口普查人口基本情况

指　　标	1953 年	1964 年	1982 年	1990 年	2000 年	2010 年
总人口（万人）	**58 260**	**69 458**	**100 818**	**113 368**	**126 583**	**133 972**
男	30 190	35 652	51 944	58 495	65 355	68 685
女	28 070	33 806	48 874	54 873	61 228	65 287
性别比（以女性为 100）	107.56	105.46	106.30	106.60	106.74	105.20
家庭户规模（人/户）	**4.33**	**4.43**	**4.41**	**3.96**	**3.44**	**3.10**
各年龄组人口（%）						
0—14 岁	36.28	40.69	33.59	27.69	22.89	16.60
15—64 岁	59.31	55.75	61.50	66.74	70.15	74.53
65 岁及以上	4.41	3.56	4.91	5.57	6.96	8.87
民族人口						
汉族（万人）	54 728	65 456	94 088	104 248	115 940	122 593
占总人口比重（%）	93.94	94.24	93.32	91.96	91.59	91.51
少数民族（万人）	3 532	4 002	6 730	9 120	10 643	11 379
占总人口比重（%）	6.06	5.76	6.68	8.04	8.41	8.49
每十万人拥有的各种受教育程度人口（人）						
大专及以上		416	615	1 422	3 611	8 930
高中和中专		1 319	6 779	8 039	11 146	14 032
初中		4 680	17 892	23 344	33 961	38 788
小学		28 330	35 237	37 057	35 701	26 779
文盲人口及文盲率						
文盲人口（万人）		23 327	22 996	18 003	8 507	5 466
文盲率（%）		33.58	22.81	15.88	6.72	4.08
城乡人口						
城镇化率（%）	13.26	18.30	20.91	26.44	36.22	49.68
城镇人口（万人）	7 726	12 710	21 082	29 971	45 844	66 557
乡村人口（万人）	50 534	56 748	79 736	83 397	80 739	67 415
平均预期寿命（岁）			67.77 *	68.55	71.40	
男			66.28 *	66.84	69.63	
女			69.27 *	70.47	73.33	

注：（1）历次普查总人口数据中包括了中国人民解放军现役军人；在城乡人口中，中国人民解放军现役军人列为城镇人口统计；（2）1953 年总人口数据中包括了间接调查人口，而民族人口、城乡人口中未包括；（3）1964 年文盲人口为 13 岁及 13 岁以上不识字人口，1982 年、1990 年、2000 年文盲人口为 15 岁及 15 岁以上不识字或识字很少人口；（4）表中 "＊" 号表示为 1981 年数据。

资料来源：《中国统计年鉴》（2011 年）（本表未包括香港、澳门和台湾的数据）。

社会公共事业发展迅速（见表 3.2）。由于 2006 年财政支出科目大幅调整，我们仅仅观察从 2007 年至今财政支持社会发展的各类支出。无论是一般公共服务支出，还是教育、社会保障和就业、医疗卫生和计划生育及近年

表 3.2　国家财政按功能性质分类的支出（百万元）

项　目	2007 年	2008 年	2009 年	2010 年	2011 年	2012 年	2013 年	2014 年	2015 年	2016 年
一般公共服务	851 424	979 592	916 421	933 716	1 098 778	1 270 046	1 375 513	1 326 750	1 354 779	1 479 052
外交	21 528	24 072	25 094	26 922	30 958	33 383	35 576	36 154	48 032	48 200
国防	355 491	417 876	495 110	533 337	602 791	669 192	741 062	828 954	908 784	976 584
公共安全	348 616	405 976	474 409	551 770	630 427	711 160	778 678	835 723	937 996	1 103 198
教育	712 232	901 021	1 043 754	1 255 002	1 649 733	2 124 210	2 200 176	2 304 171	2 627 188	2 807 278
科学技术	178 304	212 921	274 452	325 018	382 802	445 263	508 430	531 445	586 257	656 396
文教体育与传媒	89 864	109 574	139 307	154 270	189 336	226 835	254 439	269 148	307 664	316 308
社会保障和就业	544 716	680 429	760 668	913 062	1 110 940	1 258 552	1 449 054	1 596 885	1 901 869	2 159 145
医疗卫生与计划生育	198 996	275 704	399 419	480 418	642 951	724 511	827 990	1 017 681	1 195 318	1 315 877
环境保护	99 582	145 136	193 404	244 198	264 098	296 346	343 515	381 564	480 289	473 482
城乡社区事务	324 469	420 614	510 766	598 738	762 055	907 912	1 116 557	1 295 949	1 588 636	1 839 462
农林水事务	340 470	454 401	672 041	812 958	993 755	1 197 388	1 334 955	1 417 383	1 738 049	1 858 736
交通运输	191 538	235 400	464 759	548 847	749 780	819 616	934 882	1 040 042	1 235 627	1 049 871
资源勘探电力信息等事务			287 912	348 503	401 138	440 768	489 906	499 704	600 588	579 133
商业服务业等事务			91 119	141 314	142 172	137 180	136 206	134 398	174 731	172 482
金融监管等事务				63 704	64 928	45 928	37 729	50 224	95 968	130 255
地震灾后恢复重建		79 834	117 445	113 254	17 445	10 381	4 279	4 494		
国土资源气象等事务				133 039	152 135	166 567	190 612	208 303	211 470	178 706
住房保障支出			72 597	237 688	382 069	447 962	448 055	504 372	579 702	677 621
粮油物资储备管理事务			221 863	117 196	126 957	137 629	164 942	193 933	261 309	219 001
预备费	0	0	0	0	0	0	0	0	0	0
国债付息	295 156		149 128	184 424	238 408	263 574	305 621	358 670	354 859	507 494
其他	320 325	294 079	320 325	270 038	291 124	260 894	327 179	325 453	367 055	189 933

注：2007 年财政支出科目进行了调整，与 2006 年不可比。
资料来源：CEIC 数据库。

来居民关心的环境保护等民生支出总额都增长较快，显示了经济快速增长的同时，关系居民福利的社会事业也保持同步增长，居民的获得感、幸福感不断提升。

城乡居民住房福利改善显著（见表 3.3），城市人均住宅建筑面积从 1978 年的 6.7 平方米，提高到 2016 年的 36.6 平方米，增长了 5 倍。农村人均住房面积从 1978 年 8.1 平方米，提高到 2012 年的 37.1 平方米，增长了近 5 倍。

表 3.3　城乡人均住宅面积和居民住房情况（平方米）

年份	城市人均住宅建筑面积	农村人均住房面积	年份	城市人均住宅建筑面积	农村人均住房面积
1978	6.70	8.10	1996	17.03	21.70
1979		8.40	1997	17.80	22.50
1980	7.18	9.40	1998	18.66	23.30
1981		10.20	1999	19.42	24.20
1982		10.70	2000	20.30	24.80
1983		11.60	2001	20.80	25.70
1984		13.60	2002	22.79	26.50
1985	10.02	14.70	2003	23.70	27.20
1986	12.44	15.30	2004	25.00	27.90
1987	12.74	16.00	2005	26.11	29.70
1988	13.00	16.60	2006	27.10	30.70
1989	13.50	17.20	2007	30.10	31.60
1990	13.70	17.80	2008	30.60	32.40
1991	14.17	18.50	2009	31.30	33.60
1992	14.79	18.90	2010	31.60	34.10
1993	15.23	20.70	2011	32.65	36.24
1994	15.69	20.20	2012	32.91	37.09
1995	16.29	21.00	2016	36.60	

资料来源：Wind 金融资讯终端。

福利的改进体现在贫困改善、社会保险水平提高、人类发展指数改进、医疗卫生发展及人均教育年限等方面。贫困的改善使贫困人数减少，更多的人享受经济增长所带来的福利改善；社会保险水平体现了一个社会对每个人的生活保障；人类发展指数体现在长寿、知识和体面的生活水准等方面，比较全面地反映了居民所享受到的经济增长的福利。

3.1.1 贫困改善

无论是按中国官方的贫困线标准还是按国际贫困线标准来衡量，改革开始以来，中国贫困人口总数和贫困发生率的下降是不争的事实。

1. 贫困改善政策

改革开放以来，中国政府致力于贫困改善，实施有计划、大规模的扶贫开发，制定了一系列的方针政策：

（1）组织保障政策：1986年国务院贫困地区经济开发领导小组的成立，负责制定贫困地区发展的方针、政策和规划，协调解决有关贫困地区发展的重大问题，并领导、组织、监督和检查全国贫困地区的经济开发工作。各贫困面较大的省、自治区和地、县，也相继成立类似机构，配备了专职人员。

（2）目标瞄准政策：1982年国务院在甘肃的定西、河西和宁夏的西海固（简称三西地区）划定了28个重点扶持县。1986年国务院又在全国范围内确定了273个国家重点扶持贫困县。1988年国务院在河北、内蒙古、四川、甘肃、青海和新疆的牧区中又确定了27个国家重点扶持县。各省、自治区也根据各自具体情况确定了300多个省级重点扶持县。以县为单位确定国家扶持重点，是按区域实施反贫困计划的基础。

（3）扶贫投入政策：反贫困的政府投入包括扶贫信贷资金、财政发展资金和以工代赈三个部分。1986年以来，国家在原有扶贫资金的基础上，先后增加了扶贫专项贴息贷款、牧区扶贫专项贴息贷款、贫困县县办企业贷款、扶贫专项贷款，并逐步扩大各项贷款的规模。国家财政用于扶贫的投入，除对各项扶贫贷款的贴息部分外，还有自1983年起每年2亿元的三西建设专项资金和自1980年起规模逐年扩大的支援不发达地区发展资金。以工代赈计划自1984年开始实施，每年计划的执行期、使用物资和规模各有不同，但每年分解到的总规模逐年扩大。

（4）产业开发政策：1986年中国确立了开发性扶贫的方针，即在国家必要的扶持下，利用贫困地区的自然资源，进行开发性生产建设，逐步形成贫困地区和贫困农户的自我积累和发展能力。

（5）精准扶贫政策：党的十八大以来，以习近平总书记为核心的党中央提出精准扶贫政策，坚持因地制宜、分类施策，找准贫困原因，通过生产就业、易地搬迁、生态保护、教育扶贫和低保政策兜底等措施，动员包括社会资本在内的全社会力量参与扶贫，坚决打赢脱贫攻坚战，做到脱真贫、真脱贫。

2. 农村贫困状况的减缓

作为一个发展中的国家，中国的贫困人口大多数集中在农村。改革开放以后，农村贫困的缓解大体经历了三个阶段：从 1978 年到 1985 年是第一阶段，主要通过促进全面的经济增长和改善农业的贸易条件来减缓贫困；1985 年到 2000 年是第二阶段，主要是通过实行有计划的开发性扶贫与相应的宏观经济政策来减缓农村贫困；自 2001 年起至 2012 年是第三阶段，农村的扶贫工作逐步地由开发性扶贫转向以完善低保为代表的社会救助扶贫方式。自 2013 年中央提出精准扶贫政策，近五年来贫困人口大幅减少。按中国政府的贫困线（2010 年标准）估计，农村贫困人口已经从 1978 年的 7.7 亿人逐步下降到 2015 年的 5 575 万人，贫困发生率由 1978 年的 97.5％下降到 2015 年的 5.7％。

表 3.4　中国农村贫困改善情况

年份	1978 年标准		2008 年标准		2010 年标准	
	贫困人口（万人）	贫困发生率（％）	贫困人口（万人）	贫困发生率（％）	贫困人口（万人）	贫困发生率（％）
1978	25 000	30.7			77 039	97.5
1980	22 000	26.8			76 542	96.2
1981	15 200	18.5				
1982	14 500	17.5				
1983	13 500	16.2				
1984	12 800	15.1				
1985	12 500	14.8			66 101	78.3
1986	13 100	15.5				
1987	12 200	14.3				
1988	9 600	11.1				
1989	10 200	11.6				
1990	8 500	9.4			65 849	73.5
1991	9 400	10.4				
1992	8 000	8.8				
1994	7 000	7.7				
1995	6 540	7.1			55 463	60.5
1997	4 962	5.4				

续表

年份	1978 年标准		2008 年标准		2010 年标准	
	贫困人口 (万人)	贫困发生率 (%)	贫困人口 (万人)	贫困发生率 (%)	贫困人口 (万人)	贫困发生率 (%)
1998	4 210	4.6				
1999	3 412	3.7				
2000	3 209	3.5	9 422	10.2	46 224	49.8
2001	2 927	3.2	9 029	9.8		
2002	2 820	3	8 645	9.2		
2003	2 900	3.1	8 517	9.1		
2004	2 610	2.8	7 587	8.1		
2005	2 365	2.5	6 432	6.8	28 662	30.2
2006	2 148	2.3	5 698	6		
2007	1 479	1.6	4 320	4.6		
2008			4 007	4.2		
2009			3 597	3.8		
2010			2 688	2.8	16 567	17.2
2011					12 238	12.7
2012					9 899	10.2
2013					8 249	8.5
2014					7 017	7.2
2015					5 575	5.7

资料来源：Wind 金融资讯终端。

但在这种成功的背后也存在着不可忽视的问题，主要表现为：（1）贫困人口的绝对规模仍然较大，而且继续推进贫困减缓的速度在下降，贫困减缓的难度在逐步增加；（2）随着经济体制改革的推进，失业下岗等因素导致的城镇贫困问题逐渐凸显，同时农村劳动力进入城镇地区也使得城镇贫困问题越来越不可忽视；（3）贫困的内涵已不再局限于收入，贫困人口满足自身医疗、教育等需求的能力较差将成为今后扶贫的重要内容。

而且，随着城乡之间人口流动性的增强，从农村进入城镇的流动人口中有一部分可能成为新的城市贫困群体。导致流动人口中高贫困发生率的因素很多。一方面，这部分人口的收入水平相对较低，另一方面，流动人口中的收入不平等程度更大。同时，流动人口的工资性收入通常来自非正规经济部门，因而其收入具有更强的不确定性，受城乡分割体制的影响，城市流动人口被排除在城市中的社会保障网络之外。

3.1.2 居民受教育程度不断提高

中国教育体系由四部分组成，即基础教育、中等职业技术教育、普通高等教育和成人教育。

1. 基础教育

中国政府十分重视普及基础教育。1986 年《中华人民共和国义务教育法》颁布以来，教育事业有了很大的发展：一是各地办学条件得到改善，出现一批设备先进的中小学校；二是到 2000 年，全国基本实现了普及义务教育。小学学龄儿童净入学率从 1978 年的 95.5％提高到 2006 年的 99.3％；初中阶段毛入学率从 1990 年的 66.7％提高到 2006 年的 97％；高中阶段毛入学率从 1992 年的 26％提高到 2006 年的 59.8％。中国小学、初中发展水平，已居于发展中人口大国的前列。根据联合国儿童基金会（UNICEF）《世界儿童状况（2008）》发布的数据[1]，中国小学阶段净入学率，男童和女童都达到 99％，分别高出发展中国家 9 个和 13 个百分点，也分别超过世界平均水平 8 个和 12 个百分点；中学阶段[2]毛入学率，男童和女童分别为 74％和 75％，分别高出发展中国家 11 个和 16 个百分点，也分别超过世界平均水平 6 个和 11 个百分点。

2. 中等职业技术教育

中等职业技术教育主要包括普通中等专业学校、技工学校、职业中学教育，以及多种形式的短期职业技术培训。20 世纪 80 年代以后，中国职业技术教育迅速发展。1997 年，全国各类中等职业技术学校已达 33 464 所，在校生 1 869.76 万人。各类就业培训中心 2 100 余所，每年培训待业人员约 100 多万人。高中阶段职业技术学校在校生占高中阶段在校生总数的比例已由 1980 年的 18.9％提高到 1999 年的 56.47％。

3. 普通高等教育

普通高等教育指专科、本科、研究生等高等学历层次的教育。1981 年起中国实行学位制度，学位分为学士、硕士和博士三级。2015 年全国各类

---

[1] 2000—2006 年间可获得的最近年份的数据。
[2] 指小学毕业到大学专科教育以前的阶段。

高等教育在学总规模达到 3 647 万人,共有普通高等学校和成人高等学校
2 852 所,普通高校中本科院校 1 219 所,高职(专科)院校 1 341 所。研究
生招生 64.51 万人,普通高等教育本专科共招生 737.85 万人。

4. 成人教育

成人教育包括各级各类以成人为教学对象的学校教育、扫盲教育和其他
形式的教育。成人高等学历教育发展迅速。2015 年,成人高等教育本专科
共招生 236.75 万人。

中国人均教育年限指标反映了中国从改革开放以来的教育发展。图 3.1
表明,中国的人均受教育年限由 1978 年的 4.140 1 年上升到 2014 年的 13 年
左右,在这 39 年间内增长了 3 倍之多。

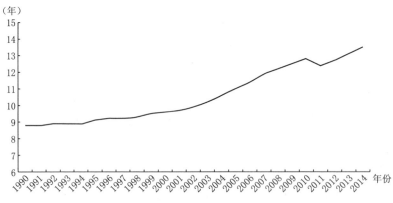

图 3.1 中国的人均受教育年限变化

资料来源:联合国《人类发展报告(2016)》。

3.1.3 社会保障

中国的社会保障主要包括社会保险和社会救助两大类。其中,社会保险
由医疗保险、养老保险、失业保险、工伤保险、女职工生育保险等部分组
成。而城镇居民最低生活保障制度、农村居民最低生活保障制度、救灾救济
制度以及扶贫开发制度构成了社会救助的主要内容。

与中国经济二元分割的现状相一致,中国城镇和农村地区的社会保障制
度也呈现着不同的特征。社会保障制度在城镇地区的内涵要更为丰富,覆盖

范围要更宽广。相比之下，农村地区的社会保障制度较为单调，受益群体也有限。新中国成立后，城镇地区就实施了较为全面的养老保险、医疗保险、工伤保险等，而农村地区除了五保制度以及合作医疗制度以外，养老保险等社会保障的其他方面都是以家庭为主体来实现的。新中国成立初期确定下来的社会保障制度一直延续到改革开放初期。城镇地区实行"低工资、高福利"制度，城镇居民因此享有覆盖面较广的社会保障，城镇地区社会保障制度以单位为依托。农村则是以土地养人，实行家庭保险。经济改革在城镇地区的逐步推行使得以单位为主体的社会保障制度受到了很大冲击。中国农村以家庭为主体的社会保障制度也受到了人口结构及外部经济环境变动的影响。计划生育政策的实施使得农村出生率逐渐降低，在一定程度上导致了农村居民老龄化程度的加深，从而加重了年轻一代赡养老人的负担。

为此，从 20 世纪 90 年代开始实行社会统筹的社会保险，目前城镇社会保险网络已初步形成，但乡村网络尚未开始。表 3.5 为中国城镇社会保险状况，因为建立该体系时间较晚，年份从 1994 年开始，经过 20 多年的发展，几个主要保险都有了较明显的进展，覆盖全社会的保障体系正在形成。

3.1.4　医疗卫生事业发展迅速

改革开放以来，中国医疗卫生发展主要表现在以下五个方面：

第一，健康水平不断提高。人口的平均预期寿命从 1981 年的 67.9 岁提高到 2016 年的 76.5 岁，明显高于发展中国家和世界的平均水平，也超过中等收入国家的平均水平（70.93 岁）。

婴儿死亡率从 1981 年的 34.7‰ 下降到 2014 年的 9.9‰。[1] 从国际比较看，2014 年中国的婴儿死亡率为 9.9‰，大大低于低收入国家和中等收入国家（两者分别为 54‰ 和 31‰），甚至低于中等偏上收入国家的平均水平（13.1‰）。5 岁以下儿童死亡率由 1990 年的 61‰ 下降到 2007 年的 18.1‰。

---

[1]　1981 年的数字为全国第三次人口普查数字。

表 3.5 中国城镇社会保险状况

年份	城镇职工基本养老保险					失业保险			城镇基本医疗保险			工伤保险		生育保险
	合计	职工	#执行企业制度	离退休人员	#执行企业制度	年末参保人数（万人）	全年发放失业保险金人数（万人）	全年发放失业保险金（亿元）	年末参保人数（万人）	年末参保城镇职工	年末参保城镇居民	年末参保人数（万人）	年末享受工伤待遇人数（万人）	年末参加生育保险人数（万人）
1994	10 574	8 494	8 494	2 079	2 079	7 968	196	5	400	400		1 822	6	916
1995	10 979	8 738	8 738	2 241	2 241	8 238	261	8	746	746		2 615	7	1 500
1996	11 117	8 758	8 758	2 358	2 358	8 333	331	14	856	856		3 103	10	2 016
1997	11 204	8 671	8 671	2 533	2 533	7 961	319	19	1 762	1 762		3 508	13	2 486
1998	11 203	8 476	8 476	2 727	2 727	7 928	158	20	1 878	1 878		3 781	15	2 777
1999	12 485	9 502	8 859	2 984	2 864	9 852	271	32	2 065	2 065		3 912	15	2 930
2000	13 617	10 447	9 470	3 170	3 017	10 408	330	56	3 787	3 787		4 350	19	3 002
2001	14 183	10 802	9 733	3 381	3 171	10 355	469	83	7 286	7 286		4 345	19	3 455
2002	14 737	11 129	9 929	3 608	3 349	10 182	657	117	9 401	9 401		4 406	27	3 488
2003	15 507	11 647	10 325	3 860	3 557	10 373	742	133	10 902	10 902		4 575	33	3 655
2004	16 353	12 250	10 904	4 103	3 775	10 584	754	137	12 404	12 404		6 845	52	4 384
2005	17 488	13 120	11 711	4 368	4 005	10 648	678	132	13 783	13 783		8 478	65	5 409
2006	18 766	14 131	12 618	4 635	4 239	11 187	598	126	15 732	15 732		10 269	78	6 459
2007	20 137	15 183	13 691	4 954	4 544	11 645	539	129	22 311	18 020	4 291	12 173	96	7 775
2008	21 891	16 588	15 083	5 304	4 868	12 400	517	140	31 822	19 996	11 826	13 787	118	9 254
2009	23 550	17 743	16 219	5 807	5 348	12 715	484	146	40 147	21 937	18 210	14 896	130	10 876
2010	25 707	19 402	17 823	6 305	5 812	13 376	432	140	43 263	23 735	19 528	16 161	147	12 336
2011	28 391	21 565	19 970	6 826	6 314	14 317	394	160	47 343	25 227	22 116	17 696	163	13 892
2012	30 427	22 981	21 361	7 446	6 911	15 225	390	181	53 641	26 486	27 156	19 010	191	15 429
2013	32 218	24 177	22 565	8 041	7 485	16 417	417	203	57 073	27 443	29 629	19 917	195	16 392
2014	34 124	25 531	23 932	8 593	8 014	17 043	422	233	59 747	28 296	31 451	20 639	198	17 039
2015	35 361	26 219	24 587	9 142	8 536	17 326	457	270	66 582	28 893	37 689	21 432	202	17 771
2016	37 930	27 826	25 240	10 103	9 024	18 089	484	309	74 392	29 532	44 860	21 889	196	18 451

资料来源：《中国统计年鉴》（2017 年）。

这些指标的变化和国际比较（见表 3.6），中国国民健康水平有了很大的发展，且已经达到了发展中国家的较高水平。

表 3.6　中国医疗卫生发展的国际比较

	高收入国家	低收入国家	低中等收入国家	中等收入国家	OECD国家	中等偏上收入国家	中国
卫生支出占 GDP 比重（%）	7.67	2.44	1.67	3.04	7.69	3.42	3.10
人均预期寿命（岁）	80.61	61.59	67.46	70.93	80.14	74.92	75.96
每千人出生婴儿死亡率（‰）	4.70	54.20	41.00	31.10	6.30	13.10	9.90

注：2014 年数据。

第二，基本建立起遍及城乡的医疗卫生服务体系。中国医疗卫生机构、卫生机构人员及床位数较 1978 年都有了持续而平稳的增长，具体变化见表 3.7。2000—2016 年，医疗卫生机构数等指标的数量基本保持稳定，医疗卫生人员数和医疗卫生床位数不断增加。

表 3.7　中国医疗卫生发展状况

年份	医院（个）	基层医疗卫生机构（个）	专业公共卫生机构（个）	卫生人员数（人）	医院	基层医疗卫生机构（张）	专业公共卫生机构（张）
1978	9 293			7 883 041	1 100 000		
1980	9 902			7 355 483	1 195 800		
1985	11 955			5 606 105	1 508 600		
1990	14 377			6 137 711	1 868 900		
1995	15 663			6 704 395	2 063 300		
2000	16 318	1 000 169	11 386	6 910 383	2 166 700	766 500	118 600
2005	18 703	849 488	11 177	6 447 246	2 445 000	725 800	135 800
2006	19 246	884 818	11 269	6 681 184	2 560 402	761 900	135 000
2007	19 852	878 686	11 528	6 964 389	2 675 070	850 300	132 900
2008	19 712	858 015	11 485	7 251 803	2 882 862	971 000	146 600
2009	20 291	882 153	11 665	7 781 448	3 120 773	1 099 791	153 964
2010	20 918	901 709	11 835	8 207 502	3 387 437	1 192 242	164 515
2011	21 979	918 003	11 926	8 616 040	3 705 118	1 233 721	178 132
2012	23 170	912 620	12 083	9 115 705	4 161 486	1 324 270	198 198
2013	24 709	915 368	31 155	9 790 483	4 578 601	1 349 908	214 870
2014	25 860	917 335	35 029	10 234 213	4 961 161	1 381 197	223 033
2015	27 587	920 770	31 927	10 693 881	5 330 580	1 413 845	236 342
2016	29 140	926 518	24 866	11 172 945	5 688 875	1 441 940	247 228

资料来源：《中国统计年鉴》（2017 年）。

第三，初步建立了基本医疗保险制度。目前，中国医疗保险制度已经形成以社会基本医疗保险为核心、多层次的全民医保体系，通过城镇职工基本医疗保险、新型农村合作医疗、城镇居民医疗保险建立了一张医疗保障网。2015 年参加基本医疗保险的超过 13 亿人，覆盖全国 96.5％人口；保障范围和补偿比例不断提高，补偿比例从最初的 20％左右增加至现在的 50％左右；居民就医经济负担逐步减轻，2015 年个人卫生支出占卫生总费用比重较 2014 年下降 1.43 个百分点，比 2001 年下降了 30％，公平性有所改善。

第四，妇女儿童卫生保健水平进一步提高。中国历史上形成的高生育率、高死亡率的传统生育模式已经改变，实现了低生育率和低死亡率的良性循环。

医疗卫生发展状况体现居民所享受经济增长带来的医疗卫生保障的提高；人均教育年限是人们接受教育的平均水平和人们获取自身发展的能力，以及缩小收入差距的有效手段。

为建立覆盖城乡居民的医疗保障制度，在农村，从 2003 年起，中国开始推进新型农村合作医疗制度的试点工作。中央财政对中西部地区（除市区以外）参加新型合作医疗的农民每年按人均 10 元安排合作医疗补助资金，地方财政对"参合"农民的补助每年不低于人均 10 元。2007 年，全国开展新型农村合作医疗的县（市、区）达到 2 451 个，占全国县（市、区）总数的 86％，"参合"农民达到 7.3 亿，"参合"率为 86.2％。截至 2014 年底，全国参加新型农村合作医疗人口数达 7.36 亿人，参合率为 98.9％。2014 年度新农合筹资总额达 3 025.3 亿元，人均筹资 410.9 元。全国新农合基金支出 2 890.4 亿元。

3.1.5 人类发展指数

"人类发展指数"（HDI）用于衡量和比较不同国家、地区间的人文发展程度，主要由长寿、知识和体面的生活水准三个基本要素（指标）所组成的。人类发展指数作为衡量发展的重要指标体系，其构成包括三个分指标值的等权平均数，即期望生命指标、教育指标和 GDP 指标。这三个分指标的计算是建立在四个数字的基础上，即出生时的生命预期数、成年人的识字水平、综合入学率和用美元表述的人均真实 GDP 的购买力。

随着中国经济发展，中国的出生时预期寿命由 1991 年的 68.15 年增加到 2016 年的 76.5 年，人均 GDP 由 1991 年的 356 美元增加到 2016 年的 8 000

多美元，中国人类发展指数由 1990 年的 0.499 增加到 2015 年的0.738，具体情况见表 3.8。这表明中国关注经济增长的同时，更加关注人们的全面发展。

表 3.8　中国人类发展指数

年份	人类发展指数（HDI）	贫困指数（MPI）	年份	人类发展指数（HDI）	贫困指数（MPI）
1990	0.499		2003	0.622	
1991	0.507		2004	0.634	
1992	0.518		2005	0.646	
1993	0.528		2006	0.659	
1994	0.538		2007	0.672	
1995	0.547		2008	0.682	
1996	0.557		2009	0.691	0.026
1997	0.565		2010	0.7	
1998	0.574		2011	0.703	
1999	0.583		2012	0.713	0.023
2000	0.592		2013	0.723	
2001	0.6		2014	0.734	
2002	0.61		2015	0.738	

资料来源：联合国《人类发展报告（2016）》。

中国人类发展指数在世界各国中的排名从 1991 年的第 101 位上升到 2005 年的第 81 位，上升了 20 位，成为这一时期位次上攀升最快的国家之一。与同等经济发展水平的其他国家相比，中国人类发展的程度属于较高的水平。根据世界银行资料，2016 年，中国人均国民总收入为 8 000 多美元，已属于中等偏上收入国家。

图 3.9　近年来中国人类发展指数及其分项指数变动情况

年份	人类发展指数	教育指数	收入指数	预期寿命指数
1990	0.499	0.405	0.408	0.812
1995	0.547	0.442	0.484	0.845
2000	0.592	0.481	0.542	0.876
2005	0.646	0.535	0.609	0.904
2010	0.7	0.592	0.686	0.93
2011	0.703	0.586	0.698	0.934
2012	0.713	0.599	0.71	0.939
2013	0.723	0.616	0.719	0.944
2014	0.734	0.631	0.73	0.949
2015	0.738	0.631	0.739	0.953

资料来源：Wind 金融资讯终端。

改革开放以来中国城乡的人类发展指数都有相当程度的提高，但是城乡人类发展的差距却始终存在，而且有逐步扩大的趋势。从 2003 年的情况看，城镇人类发展指数为 0.816，农村人类发展指数为 0.685，前者明显高于后者。[1]从国际比较看，城镇已经步入了高人类发展水平的行列（0.8 以上），而农村的人类发展水平还不及当年发展中国家的平均水平（0.694），也没有达到 1990 年城镇的人类发展水平（0.694），见图 3.2。

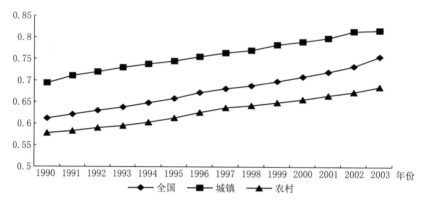

图 3.2　1990 年以来全国和城乡人类发展指数的变动情况

3.2　城乡居民收入及消费增长

全社会福利改进的另一方面是普通百姓的收入和消费水平的快速增长，这是中国社会摆脱贫困、走向富裕的重要标志。

3.2.1　收入与消费水平增长状况

从第 1 章表 1.3 可知，近 40 年来中国普通百姓的收入和消费水平从总量上有了大幅提高。表 3.10 是中国国家统计局所做的城镇居民家庭抽样调查结果，从微观层面较全面地展示了普通百姓的收入和消费水平的变化，时间为 2013 年至 2016 年，在人口和状况基本稳定的条件下，平均每人全部年收

---

[1]　参见宋洪远、马永良：《使用人类发展指数对中国城乡差距的一种估计》，《经济研究》2004 年第 11 期；《中国人类发展报告 2005》。

入增长 27％，平均每人消费增长 24％。收入中工薪收入一直是最主要的收入来源，经营净收入、财产性收入增幅大但数额较小，转移性收入大幅提高；消费方面，食品烟酒占比下降，衣着、教育文化娱乐服务基本稳定，医疗保健、交通通信、居住占比大幅提高。这些情况表明，中国普通百姓的收入来源渠道正在多元化，消费需求从简单的温饱状态向舒适与健康的方向发展。

表 3.10　中国城镇居民家庭收支基本情况（元）

指　　标	2013 年	2014 年	2015 年	2016 年
城镇居民人均收入				
可支配收入	26 467. 0	28 843. 9	31 194. 8	33 616. 2
1. 工资性收入	16 617. 4	17 936. 8	19 337. 1	20 665. 0
2. 经营净收入	2 975. 3	3 279. 0	3 476. 1	3 770. 1
3. 财产净收入	2 551. 5	2 812. 1	3 041. 9	3 271. 3
4. 转移净收入	4 322. 8	4 815. 9	5 339. 7	5 909. 8
现金可支配收入	24 799. 0	26 860. 2	29 042. 0	31 270. 0
1. 工资性收入	16 509. 9	17 821. 3	19 214. 8	20 541. 7
2. 经营净收入	3 332. 3	3 528. 0	3 714. 0	4 032. 3
3. 财产净收入	831. 8	977. 8	1 072. 8	1 139. 6
4. 转移净收入	4 125. 0	4 533. 1	5 040. 4	5 556. 4
城镇居民人均支出				
消费支出	18 487. 5	19 968. 1	21 392. 4	23 078. 9
1. 食品烟酒	5 570. 7	6 000. 0	6 359. 7	6 762. 4
2. 衣着	1 553. 7	1 627. 2	1 701. 1	1 739. 0
3. 居住	4 301. 4	4 489. 6	4 726. 0	5 113. 7
4. 生活用品及服务	1 129. 2	1 233. 2	1 306. 5	1 426. 8
5. 交通通信	2 317. 8	2 637. 3	2 895. 4	3 173. 9
6. 教育文化娱乐	1 988. 3	2 142. 3	2 382. 8	2 637. 6
7. 医疗保健	1 136. 1	1 305. 6	1 443. 4	1 630. 8
8. 其他用品及服务	490. 4	532. 9	577. 5	594. 7
现金消费支出	15 453. 0	16 690. 6	17 887. 0	19 284. 1
1. 食品烟酒	5 461. 2	5 874. 9	6 224. 8	6 627. 7
2. 衣着	1 551. 5	1 626. 6	1 700. 5	1 738. 4
3. 居住	1 579. 9	1 625. 6	1 665. 9	1 810. 4
4. 生活用品及服务	1 124. 0	1 225. 8	1 298. 7	1 417. 8
5. 交通通信	2 313. 6	2 631. 5	2 889. 8	3 166. 5
6. 教育文化娱乐	1 986. 3	2 140. 7	2 381. 0	2 636. 3
7. 医疗保健	954. 8	1 038. 6	1 153. 7	1 298. 7
8. 其他用品及服务	481. 7	527. 1	572. 6	588. 3

资料来源：《中国统计年鉴》（2017 年）。

表 3.11 对居民消费分城乡进行了分析，总体看消费水平都有大幅增长，但两相比较发现，城乡消费差异依然很大并呈不断扩大的趋势（城乡消费水平对比由 1978 年的 2.9 变为 2016 年的 3.14）。第 1 章表 1.3 显示，城乡居民

收入水平差距也由 1978 年的 2.4 变为 2016 年的 2.72。

表 3.11　居民消费水平

年份	绝对数(元)			指数(1978 年为 100)		
	全体居民	农村居民	城镇居民	全体居民	农村居民	城镇居民
1978	184	138	405	100	100	100
1979	208	159	425	107	106.6	102.9
1980	238	178	490	116.8	115.7	110.4
1981	264	202	517	126.1	127.3	113.8
1982	284	227	504	133.1	140.6	108.6
1983	315	252	547	145.3	154.1	115.6
1984	356	280	621	160.9	168.2	128
1985	440	346	750	181.3	192.5	137.4
1986	496	385	847	191.6	200.8	145.7
1987	558	427	953	203.1	212.6	152.2
1988	684	506	1 200	212.6	219.8	159.9
1989	785	588	1 345	221.3	232.4	161.4
1990	831	627	1 404	227.5	240.4	163.6
1991	916	661	1 619	242.2	246	181.2
1992	1 057	701	2 009	265.8	250.5	212.3
1993	1 332	822	2 661	293.8	261.6	243.9
1994	1 799	1 073	3 645	313.8	274.9	260.8
1995	2 330	1 344	4 769	339.8	288.8	285.6
1996	2 765	1 655	5 382	372.5	328.6	297.2
1997	2 978	1 768	5 645	389.6	341.8	302.6
1998	3 126	1 778	5 909	411.5	346.5	319.6
1999	3 346	1 793	6 351	445.9	354.2	348.9
2000	3 721	1 917	6 999	493.1	377.6	382.9
2001	3 987	2 032	7 324	523.2	395.2	397.4
2002	4 301	2 157	7 745	567.3	421.1	422.5
2003	4 606	2 292	8 104	600	440.5	437.2
2004	5 138	2 521	8 880	643	457.8	463.3
2005	5 771	2 784	9 832	705.4	488.9	502.6
2006	6 416	3 066	10 739	765	524.7	535.6
2007	7 572	3 538	12 480	862.6	570.4	597.6
2008	8 707	4 065	14 061	934.3	610.3	636.4
2009	9 514	4 402	15 127	1 026.1	666.9	687.1
2010	10 919	4 941	17 104	1 124.5	716	741.2
2011	13 134	6 187	19 912	1 248.6	808.6	802.1
2012	14 699	6 964	21 861	1 362	880.4	859.9
2013	16 190	7 773	23 609	1 462	955.8	905.4
2014	17 778	8 711	25 424	1 574.6	1 050.4	956.3
2015	19 308	9 630	27 088	1 686.2	1 147.1	1 005.2

注：从 2013 年起，国家统计局开展了城乡一体化住户收支与生活状况调查，2013 年及以后年份的数据来源于此调查，与 2013 年前的分城镇和农村住户调查的调查范围、调查方法、指标口径有所不同。

资料来源：《中国统计摘要》(2016 年)。

3.2.2　增长态势

我们欣喜地看到，长期以来，城乡居民收入增长低于经济增长速度、消费增长慢于收入增长速度的态势正在改变，居民收入差距在不断缩小。

1. 城乡居民收入增长高于经济增长速度，但消费增长慢于收入增长速度

如表 3.12 所示，1979—2013 年间中国 GDP 年均增长 9.96%，城镇居民可支配收入年均增长 13.17%，农村家庭人均纯收入年均增长 12.55%，城乡居民收入增长幅度高于经济增长速度。2016 年全国居民人均可支配收入 23 821 元，比 2012 年增长 44.3%，扣除价格因素，实际增长 33.3%，年均实际增长 7.4%，快于同期 GDP 年均增速 0.2 个百分点，更快于同期人均 GDP 年均增速 0.8 个百分点。

表 3.12　GDP、城乡居民人均收入和人均消费增长率变动（%）

年份	城镇居民人均可支配收入增长率	城镇居民人均消费支出增长率	农村居民人均纯收入增长率	农村居民均消费支出增长率	国内生产总值增长率
1981	4.77	10.77	16.78	17.63	5.10
1982	6.97	3.10	20.89	15.42	9.00
1983	5.47	7.41	14.68	12.74	10.80
1984	15.50	10.58	14.71	10.27	15.20
1985	13.34	20.33	11.90	15.93	13.40
1986	21.89	18.68	6.58	12.45	8.90
1987	11.23	10.69	9.15	11.58	11.70
1988	17.77	24.83	17.81	19.68	11.20
1989	16.41	9.69	10.38	12.32	4.20
1990	9.92	5.61	14.10	9.20	3.90
1991	12.61	13.68	3.24	6.01	9.30
1992	19.17	14.99	10.65	6.33	14.20
1993	27.18	26.27	17.56	16.79	13.90
1994	35.65	35.08	32.48	32.11	13.00
1995	22.50	24.07	29.22	28.87	11.00
1996	12.98	10.80	22.08	19.97	9.90
1997	6.64	6.79	8.52	2.87	9.20
1998	5.13	3.49	3.44	−1.66	7.80
1999	7.91	6.56	2.24	−0.81	7.70
2000	7.28	8.28	1.95	5.88	8.50
2001	9.23	6.22	5.01	4.25	8.30
2002	12.29	13.58	4.62	5.35	9.10

续表

年份	城镇居民人均可支配收入增长率	城镇居民人均消费支出增长率	农村居民人均纯收入增长率	农村居民均消费支出增长率	国内生产总值增长率
2003	9.99	7.98	5.92	5.94	10.00
2004	11.21	10.31	11.98	12.42	10.10
2005	11.37	10.59	10.85	16.97	11.40
2006	12.07	9.49	10.20	10.71	12.70
2007	17.23	14.96	15.43	13.96	14.20
2008	14.47	12.46	14.98	13.55	9.70
2009	8.83	9.09	8.25	9.09	9.40
2010	11.27	9.84	14.86	9.73	10.60
2011	14.13	12.54	17.88	19.15	9.50
2012	12.63	9.98	13.46	3.70	7.90
2013	9.73	8.09	12.37	12.90	7.80
1981—2013 年平均增长率	13.17	12.33	12.55	11.86	9.96

资料来源：Wind 金融资讯终端。

1979—1989 年间，经济增长都是大于城镇居民人均消费增长，其间GDP 经济年均增长 9.55%，城镇居民人均消费年均增长 5.17%，相差 4.38个百分点。1990—2006 年间，有些年份城镇居民人均消费年均增长超过GDP 的增长，其间 GDP 的年均增长 9.89%，城镇居民人均消费年均增长7.19%，相差 2.70 个百分点。1979—1984 年，农村家庭人均收入增长大于农村家庭人均消费增长，其间农村家庭人均收入年均增长 17.84%，农村家庭人均消费年均增长 8.93%，相差 8.91 个百分点。1985—2006 年间，农村家庭人均收入增长与农村家庭人均消费增长比较一致。GDP 增长与农村家庭人均消费增长变化非常一致，但 GDP 增长高于农村家庭人均消费增长。2006—2013 年，GDP 增长逐步慢于城乡居民收入增长，经济增长的可持续性和共享性逐步发挥作用。

2. 收入分配差距扩大态势逐步得到遏制

改变此前的平均主义分配政策，让一部分人先富起来，先富带后富，最终实现共同富裕是中国改革开放的一项战略性考虑，这也决定着中国居民收入分配格局的变迁。收入分配的明显特征表现为收入差距的扩大。中国的改革始自城市，但难度太大而将重点转向农村。初期农村改革的基本内容是推广家庭联产承包责任制。家庭的农业收入水平将取决于农户的要素投入数量、耕作技术的改良以及市场变化状况。推行家庭联产承包责任制的另一个意义在于，强加于农民的土地依附关系有了实际上的松动。农村经济体制改革的展开使得农户家庭的禀赋特征成为农村居民收入差距的原因。城镇居民收入变化主要通过两个途径实现：一是以市场原则和盈利目标为主导的体制外经济的发育成长；二是对体制内经济在不同阶段所实施的各项改革措施。在改革的初期阶段，体制外经济中的居民收入比较高，他们个人之间的收入差距也比较大。体制内经济中的个人收入变化通过两方面来实现：一是企业间盈利能力的差异性及不同行业间市场垄断程度的差异性使企业间收入差距扩大；二是企业内部的收入差距扩大，经营者与普通职工之间、专业技术人员的市场回报与非技术人员之间在收入水平上都存在着明显的差异性。

改革开放以来，城镇居民人均可支配收入与农村居民人均纯收入比和城镇居民人均消费与农村居民消费经历了先扩大后缩小的趋势，具体变化见表 3.13。改革开放之初的 1978 年，中国城镇居民人均可支配收入是农村居民纯收入的 2.57 倍，20 世纪 80 年代的改革使得这一比例有所下降。1978 年之后，这一比值逐渐下降到 1983 年的 1.82，1983 年后这一比值又逐渐增大，上升至 1994 年的 2.86，1994 年后又逐渐增大，到 2006 年达到 3.28，2015 年又下降到 2.95。1978 年城镇居民人均消费是农村居民人均消费的 2.9 倍。同人均收入比相对应，1978 年以后，这一比值下降到 1983 年的 2.2 左右，随后又逐渐增大，上升至 1995 年的 3.8，此后下降到 2006 年 3.5，2015 年又进一步下降为 2.8。

表 3.13　城镇和农村居民人均收入、人均消费比值变化

年份	城镇居民人均可支配收入与农村家庭人均纯收入之比	城镇居民人均消费与农村家庭人均消费之比	年份	城镇居民人均可支配收入与农村家庭人均纯收入之比	城镇居民人均消费与农村家庭人均消费之比
1980	2.50	2.75	1986	2.13	2.20
1981	2.24	2.56	1987	2.17	2.23
1982	1.98	2.22	1988	2.17	2.37
1983	1.82	2.17	1989	2.28	2.29
1984	1.84	2.22	1990	2.20	2.24
1985	1.86	2.17	1991	2.40	2.45

续表

年份	城镇居民人均可支配收入与农村家庭人均纯收入之比	城镇居民人均消费与农村家庭人均消费之比	年份	城镇居民人均可支配收入与农村家庭人均纯收入之比	城镇居民人均消费与农村家庭人均消费之比
1992	2.59	2.87	2004	3.21	3.50
1993	2.80	3.24	2005	3.22	3.50
1994	2.86	3.40	2006	3.28	3.50
1995	2.72	3.55	2007	3.33	3.50
1996	2.51	3.25	2008	3.32	3.50
1997	2.47	3.19	2009	3.33	3.40
1998	2.51	3.32	2010	3.23	3.50
1999	2.65	3.54	2011	3.13	3.20
2000	2.79	3.70	2012	3.10	3.10
2001	2.90	3.60	2013	3.03	3.00
2002	3.11	3.60	2014	2.97	2.90
2003	3.23	3.50	2015	2.95	2.80

资料来源：根据 1978—2016 年各年《中国统计年鉴》整理得到。

3.3　加快社会事业发展，实现经济增长与社会发展协调平衡

中国政府近年来在克服经济增长与社会发展不平衡性矛盾方面所采取的若干举措取得了初步成效。为进一步加快社会发展，除了继续扩大政府社会性支出规模和调整社会性支出结构外，还需要进一步改善社会性公共服务提供方面的制度框架。

3.3.1　尽快消除城乡二元体制

经济与社会发展的重要标志之一是个人能拥有平等追求愿望的权利，目前中国城乡社会经济发展的差异，主要原因是城乡社会的二元体制。从 20 世纪 50 年代后期起，由于计划经济体制的确立，户籍分为城市户籍和农村户籍，城乡二元体制形成了，城乡被割裂开来。从这时开始，城市和农村都成为封闭性的单位，生产要素的流动受到十分严格的限制。在城乡二元体制下，广大农民被束缚在土地上、禁锢在农村中，城市居民和农民的权利是不

平等的，机会也是不平等的。户籍制度实际上并不是一个简单的人口登记制度，其核心是户口背后所包含的福利差异。户籍制度改革的实质并不在于是否放宽了入籍的条件，而根本在于是否把福利因素与户籍身份相剥离。与户籍身份附着在一起的种种福利因素，如社会保障、社会保护、教育获得以及其他公共服务，都处于改革的过程中。目前，虽有部分地区试图对此体制有所突破，但大部分地区没有变化，尤其是大城市限制严格。

3.3.2　引入竞争和激励机制

在某些情况下，对公共服务供给者的绩效进行监督和评估通常十分困难，但在公共供给的情况下，应尽量给予激励并通过加强问责来提高质量。应完善政府对公立服务供给机构和一线服务人员的监督与绩效评估机制以及与绩效挂钩的奖励和惩罚机制。绩效评估机制应体现一定的灵活性，并赋予服务供给机构和一线服务人员一定的自主性。为使监督和评估机制有效，政府的政策制定职能应与服务供给职能尽可能分离，以加强可问责性。

3.3.3　形成中央与地方政府的合理分工

在社会性公共服务提供方面，首先应充分发挥地方政府的作用。这是因为：（1）成员数量较少的"小集体"较之成员数量较多的"大集体"具有更高的公共产品供给效率；（2）地区之间的巨大差异必然会导致各地使用者对社会性服务的异质性偏好，充分发挥地方政府的作用能利用其信息优势更准确地对当地的需要作出反应和决策，能更有效地提供符合当地偏好和当地具体条件的社会性服务，而且，地方政府更能够监督服务质量，也更容易负起责任。

合理划分各级政府的财权和社会性服务提供方面的责任。对于具有显著规模效应和溢出效应的全国性的社会性服务，中央政府应负有主要的提供责任；而且鉴于各地财力上的差异，中央政府也需要通过规范、透明、有效的转移支付制度协助地方政府担负起对地区性社会性服务的提供责任。与此相配套，上级政府与下级政府之间需要建立一种有效的协约关系，监督和评估下级政府的绩效，激励和约束其行为。

第 4 章　宏观稳定

无论从一般的经济理论来看，还是从中国和国际的历史经验来看，宏观稳定都会对经济增长产生重大影响，也是影响社会福利增长的重要因素。由于中国的转型经济特征，宏观稳定又是体制改革能够顺利进行的一个条件。本章将对改革开放以来中国的经济波动及宏观政策进行回顾，首先对周期波动情况做一个概览，讨论改革开放以来发生的四次通货膨胀，然后讨论中国经济周期波动的几个特征事实，最后总结改革开放以来进行的五次宏观调控的经验和教训。

4.1　相对平稳的高速增长

虽然改革开放以来，中国也经历过几次增长的涨落（本章后面将详述），但不论是与改革之前比，还是与相关国家比，中国经济大体保持了较平稳的增长。

改革开放以来中国经济的增长与波动呈现出这样一种新态势：峰位降低（从改革开放前的 20% 左右，降到改革开放后的 10% 左右）、谷位上升（从改革开放前的低谷年份经济经常负增长，到改革开放后的低谷年份均为正增长）、波幅缩小（见图 4.1）。

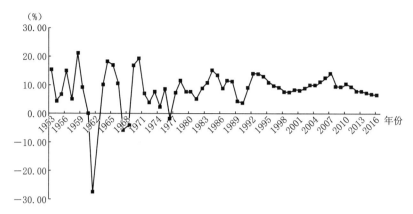

图 4.1　中国 GDP 增长率波动曲图线（1953—2016 年）

资料来源：Wind 金融资讯终端。

　　为进行国际比较，我们根据国际货币基金组织和有关方面的数据，整理出 11 个经济体在其持续高增长阶段各年份的 GDP 增长率及其平均值（算术平均值）、标准差、变异系数和持续高增长的年数（见表 4.1）。

表 4.1　11 个经济体持续高增长阶段 GDP 增长率（％）

年份	博茨瓦纳	中国	中国香港	印度尼西亚	韩国	马来西亚	马耳他	阿曼	新加坡	泰国	中国台湾
1961	6.3			5.7	6.9	7.6			8.1	5.4	
1962	6.7		14.3	1.8	3.8	6.4			7.1	7.6	7.9
1963	5.9		15.8	−2.2	9.2	7.3			10.0	8.0	9.4
1964	6.8		8.6	3.5	9.5	5.4			−3.7	6.8	12.2
1965	5.8		14.6	1.1	7.2	7.7			7.6	8.2	11.1
1966	6.3		1.8	2.8	12.0	7.8		5.2	10.9	11.1	8.9
1967	5.9		1.6	1.4	9.1	3.9		66.2	12.3	8.6	10.7
1968	10.6		3.4	10.9	13.2	8.0		81.9	13.6	8.1	9.2
1969	15.1		11.3	6.8	14.5	4.9		25.7	13.7	6.6	9
1970	17.1		9.2	7.6	10.0	6.0		13.9	13.9	11.4	11.4
1971	25.8		7.3	7.0	10.5	5.8	2.5	0.9	12.1	4.9	12.9
1972	26.4		10.6	7.0	7.2	9.4	5.8	9.8	13.5	4.3	13.3
1973	21.3		12.3	8.1	14.8	11.7	4.1	−14.3	11.1	10.2	12.8
1974	8.8		2.4	7.6	9.5	8.3	10.0	11.5	6.5	4.5	1.2
1975	8.4		0.5	5.0	7.9	0.8	19.6	24.4	4.6	5.0	4.9
1976	10.6		16.2	6.9	13.1	11.6	17.0	20.5	7.4	9.3	13.9
1977	12.0		11.7	8.8	12.3	7.8	12.2	1.0	7.5	9.8	10.2
1978	14.3	11.7	8.3	6.8	10.8	6.7	11.2	−3.7	8.7	10.3	13.6

续表

年份	博茨瓦纳	中国	中国香港	印度尼西亚	韩国	马来西亚	马耳他	阿曼	新加坡	泰国	中国台湾
1979	12.1	7.6	11.6	7.3	8.6	9.3	10.5	4.3	9.4	5.4	8.2
1980	12.0	7.8	10.1	9.9	−1.7	7.4	7.0	6.0	10.0	5.2	7.4
1981	9.1	5.2	9.3	7.9	7.2	6.9	3.3	17.0	10.7	5.9	6.2
1982	12.2	8.9	2.9	2.2	8.3	5.9	2.3	11.6	7.2	5.4	3.5
1983	13.1	10.8	6.0	4.2	13.2	6.3	−0.6	16.7	8.5	5.6	8.3
1984	8.5	15.1	10.0	7.0	10.4	7.8	0.9	16.7	8.8	5.8	10.7
1985	7.1	13.4	0.8	2.5	7.7	−1.1	2.6	14.0	−0.7	4.6	5
1986	8.2	8.9	11.1	5.9	11.2	1.2	3.9	2.0	1.3	5.5	11.5
1987	11.9	11.7	13.4	4.9	12.5	5.4	4.1	−3.4	10.8	9.5	12.7
1988	19.4	11.2	8.5	5.8	11.9	9.9	8.4	6.0	11.1	13.3	8
1989	13.1	4.2	2.3	7.5	7.0	9.1	8.2	11.8	10.2	12.2	8.5
1990	6.8	3.9	3.8	7.2	9.8	9.0	6.3	−0.1	10.0	11.2	5.7
1991	7.5	9.3	5.7	6.9	10.4	9.5	6.3	6.1	6.7	8.6	7.6
1992	2.9	14.2	6.2	6.5	6.2	8.9	4.7	8.4	7.1	8.1	7.8
1993	1.9	13.9	6.2	6.5	6.8	9.9	4.5	6.0	11.5	8.3	6.9
1994	3.6	13.1	6.0	7.5	9.2	9.2	5.7	3.9	10.9	8.0	7.4
1995	7.0	10.9	2.4	8.2	9.6	9.8	6.3	5.0	7.0	8.1	6.5
1996	5.8	9.9	4.3	7.8	7.6	10.0	3.8	3.0	7.5	5.7	6.2
1997	8.0	9.2	5.1	4.7	5.9	7.3	5.3	6.0	8.3	−2.8	6.1
1998	0.7	7.8	−5.9	−13.1	−5.5	−7.4	5.1	2.6	−2.2	−7.6	4.2
1999	9.7	7.7	2.5	0.8	11.3	6.1	4.7	−0.1	6.1	4.6	6.7
2000	2.0	8.5	7.7	4.9	8.9	8.9	6.8	5.4	8.9	4.5	6.4
2001	0.3	8.3	0.6	3.6	4.5	0.5	0.6	4.5	−1.0	3.4	−1.3
2002	6.1	9.1	1.7	4.5	7.4	5.4	3.0	−1.1	4.2	6.1	5.6
2003	4.6	10.0	3.1	4.8	2.9	5.8	2.5	−2.7	4.4	7.2	4.1
2004	2.7	10.1	8.7	5.0	4.9	6.8	0.4	1.3	9.5	6.3	6.5
2005	4.6	11.4	7.4	5.7	3.9	5.3	3.8	2.5	7.5	4.2	5.4
2006	8.4	12.7	7.0	5.5	5.2	5.6	1.8	5.4	8.9	5.0	5.6
2007	8.3	14.2	6.5	6.3	5.5	9.4	4.0	4.5	9.1	5.4	6.5
2008	6.2	9.7	2.1	6.0	2.8	3.3	3.3	8.2	1.8	1.7	0.7
2009	−7.7	9.4	−2.5	4.6	0.7	−2.5	−2.5	6.1	−0.6	−0.7	−1.6
2010	8.6	10.6	6.8	6.2	6.5	7.0	3.5	4.8	15.2	7.5	10.6
2011	6.0	9.5	4.8	6.2	3.7	5.3	1.4	−1.1	6.2	0.8	3.8
2012	4.5	7.9	1.7	6.0	2.3	5.5	2.6	9.3	3.9	7.2	2.1
2013	11.3	7.8	3.1	5.6	2.9	4.7	4.5	4.4	5.0	2.7	2.2
2014	4.1	7.3	2.8	5.0	3.3	6.0	8.3	2.5	3.6	0.9	4.0
2015	−1.7	6.9	2.4	4.9	2.8	5.0	7.4	5.7	1.9	2.9	0.7
平均值	8.4	9.7	6.2	5.3	7.6	6.4	5.3	8.9	7.5	6.1	7.2
标准差	6.1	2.7	4.7	3.5	4.1	3.5	4.2	15.3	4.3	3.7	3.8
变异系数	0.7	0.3	0.8	0.7	0.5	0.5	0.8	1.7	0.6	0.6	0.5

资料来源：除中国台湾外，其他国家和地区数据来源于世界银行 WDI 数据库。中国台湾的数据 1994 年之前来源于 "台湾经济计划和发展委员会"：《台湾统计资料手册·1997》，1995 年之后来自国际货币基金组织《世界经济展望》。

　　表4.2列出了各经济体经济增长率的变异系数（经济增长率的标准差除以其平均值）由大到小的排序。变异系数越大，经济增长率的离差越大，波动幅度就越大；变异系数越小，经济增长率的离差越小，波动幅度就越小。博茨瓦纳和马耳他经济增长率的变异系数最大，排在前两位，分别为1.7和0.8，而中国最小，排在最后一位，仅为0.3。从国际比较可见，中国经济持续高增长的一个突出特点是，增长速度的位次较高，而波幅最小。

表4.2　11个经济体排序

经济体	按平均值由高到低排序	经济体	按标准差由低到高排序	经济体	按变异系数由低到高排序
中　国	9.7	中　国	2.7	中　国	0.3
阿　曼	8.9	印度尼西亚	3.5	中国台湾	0.5
博茨瓦纳	8.4	马来西亚	3.5	韩　国	0.5
韩　国	7.6	泰　国	3.7	马来西亚	0.5
新加坡	7.5	中国台湾	3.8	新加坡	0.6
中国台湾	7.2	韩　国	4.1	泰　国	0.6
马来西亚	6.4	马耳他	4.2	印度尼西亚	0.7
中国香港	6.2	新加坡	4.3	博茨瓦纳	0.7
泰　国	6.1	中国香港	4.7	中国香港	0.8
马耳他	5.3	博茨瓦纳	6.1	马耳他	0.8
印度尼西亚	5.3	阿　曼	15.3	阿　曼	1.7

4.2　改革开放以来中国的经济波动及宏观稳定政策

　　经济学对宏观经济有一个相对一致的描述：在长期，经济有一个平滑的稳定增长趋势，主要由供给因素决定，这可以由经济增长理论来解释；在短期，经济会围绕这个长期趋势上下波动，主要原因是总需求冲击，这可以用经济周期理论来解释（Solow，1997）。

　　中国的经济发展过程中有两条主线相互交织：一是经济发展问题；一是体制设计和体制转型问题。发展战略和自然禀赋状况在很大程度上影响了体制设计，而体制在意识形态方面的属性也规定了发展战略的某些方面。这两个问题的解决都是在政府主导下进行的，而中国经济周期波动的基本形态也大致取决于这两个问题的解决方式。当新中国成立初期体制成型、发展战略确定之后,许多年经济周期波动的基本形态也就被决定了;而当市场导向的经济改革开始以后,经济周期波动的形态也就不可避免地发生了重大变化。

由于经济发展和体制转轨这两大特点,中国的经济周期波动表现出十分明显的阶段性,各阶段都表现出鲜明的特征。1949—1957 年,单一公有制集中计划经济体制最终确立,为此后 50 年的经济周期波动设定了初始条件,而这一时期的经济周期波动也多少体现了传统体制下的基本特征;1958—1978 年,传统体制占统治地位的 20 年,经济周期波动完全受制于政治斗争,并且与中央"权力下放"造成的"放—乱—收—死"循环相交织,表现出明显的大起大落;1979—1991 年,经济体制改革的初步探索阶段,"放—乱—收—死"循环的逻辑仍然发生作用,不过其内在机理和表现形式都有所改变,经济周期波动没有摆脱大起大落的模式,经济过热成了一种"常态",通货膨胀频仍,失业问题的严重性日益显露;1992 年党的十四大确立建设社会主义市场经济至今,社会主义市场经济体制改革全面推进阶段,市场主体呈现出多元化趋势,经济运行方式有了很大转变,政府宏观调控方式日趋完善,经济周期波动步入一个比较平稳的阶段(即使考虑 2008 年金融危机),波幅大幅减小,出现了微波化的趋势。

4.2.1　改革开放前中国经济周期波动简述

从新中国成立到改革开放,中国的经济周期可以划分为两个时期:初始条件的形成(1949—1957 年)和集中计划体制下的 20 年(1958—1978 年)。第一个时期又可以分为两个阶段。1949—1952 年为第一阶段,主要是国民经济恢复和各项重大决策的酝酿期;1953—1957 年为第二阶段,大规模的经济建设由此开始,经济体制和发展战略也最终成型。这一时期为此后 50 年的经济周期波动设定了初始条件,前 20 年经济周期波动的制度基础即在此时确立,后 30 年虽则处于不断的变革之中,但旧体制的影响至今不衰。同时,这一时期自身的经济周期波动(尤其是 1953—1957 年期间)表现出来的机制和特征,又和此后的历次波动多有共性。

从这一时期内部和外部的各种因素综合来看,单一公有制集中计划经济体制在中国的最终确立有其内在逻辑。这种体制一旦形成,经济周期波动的形态和特征也就在很大程度上被确定了。在"一五"计划实施的五年中出现了两次过热，在应对过程中决策层总是存有尖锐的对立意见，这使得情况变得更为复杂，往往出现政策前后不一致、朝令夕改的状况。在政府主导的经济发展过程中，经济周期波动很大程度上也是政府导致和加剧的。

在第二个时期的 20 年中，出现了两次对经济社会发展造成巨大破坏的运动："大跃进"和"文化大革命"。这两次运动使传统体制的弊端完全暴露，到 1978 年，经济体制改革势在必行。这两次运动的展开和深化与决策层的各种尖锐对立有莫大干系，经济周期波动则体现出非常明显的大起大落特征。

这一时期中国经济周期波动的另一特点是所谓"放—乱—收—死"循环。为了解决集中计划体制下的激励问题，中央进行了多次行政性分权尝试，即把一些权力下放到地方政府，以调动其发展经济的积极性。这些尝试无一例外地导致了经济过热，于是，在经济整顿的过程中这些权力又被逐步集中到中央，经济也随之陷入紧缩。

4.2.2　改革开放以来中国经济周期波动的分阶段特征

改革开放以来，特别是 20 世纪 80 年代中期"市场取向"的改革目标模式确立以来，中国经济运行环境和条件不断变化，政府对宏观经济的管理越来越多地采用经济手段，逐渐出现了真正的一般意义上的财政、货币政策。在从 1978 年至今的 40 年中，中国宏观经济调控和财政、货币政策实践的演变，可以划分为两大阶段：1978—1991 年为第一阶段，特点是对传统计划经济旧体制的改革，中国处于短缺经济状态，宏观经济管理的主要任务是治理通货膨胀，虽然采用的主要是行政和计划调控，但逐步引进财政、货币政策的概念和做法；1992 年至今为第二阶段，即市场经济体制初步建立阶段，短缺经济逐渐结束，既有通货膨胀的压力，又存在出现通货紧缩的可能，政府的宏观经济管理由原来的以直接的行政和计划手段为主，发展成为以经济、法律等间接手段为主，辅之以必要的行政、政府投资等直接手段，财政货币政策的作用越来越大。

为理清政策脉络，避免被细节冲淡主题，下面仍以两阶段来分析中国改革开放以来的宏观稳定历程。

　　1.经济体制改革初步探索期的宏观稳定（1979—1991年）[1]

　　传统经济体制有两大特点，一是所有制上的单一公有制，二是资源配置和经济管理方式上的集中计划。经济体制改革在很大程度上是针对这两个特点展开的。因此，在整个改革进程中就有两个问题在理论上特别重要、特别敏感，也争议最大，一是经济中其他所有制形式的地位问题，二是计划和市场的关系问题。到1992年为止，第二个问题基本得到了解决，我们明确提出要建设社会主义市场经济体制[2]；第一个问题也取得了很大突破，个体经济、私营经济和外资经济的地位得到肯定，并获得迅猛发展。[3]

————————

　　[1]　学者们一般都以20世纪90年代初期为界，把中国的经济改革划分为两个阶段。樊纲、张晓晶（2000）以1992年为界，把前期称为分权化过程，后期称为双重体制格局。吴敬琏（2004）则以1994年为界，把前期称为增量改革阶段，后期称为全面推进阶段。董辅礽（1999）指出，1992年党的十四大以后，在改革方式上，不再是走一步看一步的"摸着石头过河"，而是在改革的总体方案的指导下进行整体推进和重点突破，每项改革都有具体目标，各项改革又力争内在统一，互相协调，共同构成了社会主义市场经济体制的框架。

　　[2]　对计划和市场关系的认识历程清晰地反映在这一时期中共中央的一些重要会议上。1978年秋季国务院召开的一次理论务虚会上提出，社会主义经济体制是"计划经济和市场经济相结合"的经济；1982年9月党的十二大明确提出了"计划经济为主，市场调节为辅"的原则，这可以看作是一种体制复归，从理论界到决策层，"计划派"占据上风；1984年10月的中共十二届三中全会指出，商品经济是社会经济发展不可逾越的阶段，中国社会主义经济是公有制基础上的有计划商品经济；1987年10月党的十三大提出，社会主义有计划商品经济的体制应该是计划与市场内在统一的体制；1992年初邓小平"南方谈话"指出，计划经济不等于社会主义，资本主义也有计划，市场经济不等于资本主义，社会主义也有市场，计划和市场都是经济手段，计划多一点还是市场多一点，不是社会主义与资本主义的本质区别；1992年10月的中共十四大，在回顾了上述各次会议和讲话的精神之后明确提出，我们要建立的社会主义市场经济体制，就是要使市场在社会主义国家宏观调控下对资源配置起基础性作用，经济改革的市场化方向从此得以确立。

　　[3]　1982年9月党的十二大提出，在农村和城镇，都要鼓励劳动者个体经济在国家规定的范围内和工商行政管理下适当发展，作为公有制经济的必要的、有益的补充。当年的全国人大把这一精神写入宪法，个体经济的发展取得了法律和政策上的保障。1984年9月的中共十二届三中全会进一步提出，个体经济在发展社会生产力、方便人民生活和扩大劳动就业方面具有不可替代的作用，个体经济的地位得到巩固。1987年初，中共中央《关于把农村改革引向深入的决定》中指出，个体经济和少量的私人企业的存在是不可避免的，第一次提出允许私营经济发展。同年11月党的十三大明确提出鼓励个体、私营发展的方针。1988年4月，第七届全国人大修宪，宪法第十一条增加了规定：国家允许私营经济在法律规定的范围内存在和发展，私营经济是社会主义公有制经济的补充，国家保护私营经济的合法权力和利益，对私营经济实行引导、监督和管理。从而在法律上确立和肯定了私营经济的地位。1989年政治风波以后，保守思想有所抬头。1992年邓小平南方谈话以后，个体经济和私营经济重新兴起，出现了蓬勃的发展势头。同年10月的中共十四大强调，在所有制结构上公有制为主体，个体经济、私营经济和外资经济为补充，多种经济成分长期共同发展（董辅礽，1999：416—419）。

　　这两大问题的解决方式从一个角度展现了中国经济体制改革的渐进性质。实施"休克疗法"的俄罗斯和东欧一些国家，在改革之初就有明确的目标模式，即市场化、私有化和民主化，并为达到这一目标采取了决绝的措施。中国在改革之初并没有既定的目标模式，而是"摸着石头过河"，在一些相对容易的领域率先进行改革，在取得了一定的成效后，才逐步全面推开，整体推进和重点突破相结合，注重各项改革措施的协调和配合。这种改革模式的一个特点就是始终保持了政治和意识形态上的连续性和一贯性，虽然各种改革措施屡屡突破一些思想局限，但是却从来没有发生激烈的政治变革和意识形态转向。

　　经济体制改革的渐进性质很大程度上决定了这一时期经济周期波动的特点。随着市场化进程的启动和进行，通货膨胀和失业这两大难题凸显出来，在这一时期的短短 14 年中，出现了三次通货膨胀和两次失业高峰。这一方面是由于传统体制下压抑着的一些矛盾在改革中得到了释放，另一方面是由于渐进改革本身的特点导致了新的问题和矛盾。下面，我们以三次通货膨胀为基准，把这一时期划分为三个阶段进行详细论述。

　　（1）改革初期的通货膨胀和失业：1979—1983 年。

　　中国的改革从农村和城市同时起步。农村实行的家庭联产承包责任制获得了巨大成功，宣告了在中国运行 26 年之久的人民公社体制退出历史舞台。城市改革的核心是放权，除了传统的行政性分权，即改革财政体制，实行中央和地方"分灶吃饭"外，还扩大了企业的自主权，实行经济责任制。另外，在城市改革过程中开始允许劳动者个体经济的存在和发展。

　　1980 年，居民消费价格指数上涨 7.5%，形成了中国改革开放后的首次通货膨胀。此前，由于"洋跃进"的影响，中国经济已经出现了过热的情况，只是到 1980 年才最终反映到物价水平上。这次过热和以前传统体制下的历次过热一样，直接原因主要是政府的投资膨胀，居民消费基本保持在正常水平。对这次过热的治理早在 1979 年就提上议程，反映在当年 4 月提出的"调整、改革、整顿、提高"的八字方针中。但由于各方认识不一，直到 1981 年才得以有效进行（刘树成，2005：237—238）。治理手法主要还是利用行政命令：压缩基建规模、减少财政支出、加强银行信贷管理、冻结企业存款（吴敬琏，2004：353）。此后，价格水平回落，1981—1983 年居民消费价格指数上涨率均保持在 2% 左右。

随着"上山下乡"政策的调整，这一时期出现了改革开放以来的第一个失业高峰。1980 年中央提出了"三结合"的就业方针，即"在国家统筹规划和指导下，实行劳动部门介绍就业、自愿组织起来就业和自谋职业相结合"。同时，还进行了相应的所有制结构和产业结构调整，集体经济和个体经济得到很大重视，劳动密集型的第三产业和消费品工业获得了较大发展（程连升，2002：127）。从 1979 年到 1984 年，全国共安置 4 500 多万人就业，占全国城镇劳动力总数的 1/3。这次失业高峰极大地促进了所有制改革，个体经济生存和发展的最大理由就是因为它具有扩大劳动就业的作用。这次失业是传统体制的"遗产"，其治理则主要通过对传统体制的改革来完成。

（2）未能完全到位的紧缩：1984—1986 年。

1985 年，中国居民消费价格指数上涨 9.3%，改革开放以来的第二次通货膨胀来临。这次通货膨胀的前兆在 1984 年显现出来，当年 GDP 增长率达到了惊人的 15.2%，明显超过了潜在的产出能力，投资和消费都出现了过度膨胀，引起能源、交通运输和原材料供应的紧张。导致这次通货膨胀的主要因素有三个：①地方政府与企业投资自主权的扩大[1]；②银行信贷自主权的放开[2]；②企业收入分配自主权的放开[3]（樊纲、张晓晶，2000：8—10）。总之，都是源自预算软约束下对基层的放权。

对这次通货膨胀的认识和治理在理论界产生了激烈争论，由于各利益集团的压力，使压缩投资规模、控制消费基金以及收缩银根的宏观调控措施未能完全到位，为下一次的过热埋下了伏笔（吴敬琏，2004：355—357；刘树成，2005：238）。这次通货膨胀在治理手法上仍主要采用行政措施，但也引入了经济措施，如央行连续两次调高利率，采取紧缩性的货币政策。于 1985

---

　　[1]　中央和地方财政"分灶吃饭"后，地方财政可支配的收入不断增加。企业实行的利润留成和分两步实行的"利改税"，使企业可支配的资金增加。在放宽了投资审批权限之后，地方和企业在投资方面没有了障碍，在不用对投资后果负责的预算软约束下，形成了过度投资。

　　[2]　1984 年中国中央银行体系正式形成。由于分权后获得权力的各主体并不承担相应的责任和义务，它们在行为动机上的扩张倾向是一致的，这就形成了企业和地方推动的货币供给的"倒逼"机制。另外，1984 年底，有关部门宣布要按各专业银行年底贷款余额作为下一年贷款计划的基数，从而导致各银行拼命放贷，造成信用过度扩张。

　　[3]　1984—1985 年进行的企业放权改革放开了企业的分配权，这导致了"工资膨胀"和"公款消费"，从而引发了消费膨胀。

年 2 月至 10 月展开的宏观调控措施取得了一定的效果,到 1986 年,经济增长回落,通货膨胀也得到控制,全年居民消费价格指数上涨 6.5%。

(3)经济大幅波动:1987—1991 年。

1986 年经济增长的回落,尤其是 2 月份出现的零增长,为放松银根和减缓其他紧缩措施提供了借口。另外,当时理论界对通货膨胀之弊端的模糊认识也对决策层产生了一定的误导(吴敬琏,2004:357)。在紧缩性宏观调控措施没能实施到位的同时,1987 年中期,对国有企业的"放权"改革发展到了全面"承包制"[1] 阶段。"承包制"并没有改变企业预算软约束的状况,在只负盈、不负亏的条件下,企业的盲目扩张倾向仍然没有改变。因而,1987 年经济再次出现过热征象,固定资产投资的膨胀势头明显,全年GDP 增长 11.6%,居民消费价格指数上涨 7.3%。

1988 年的"价格闯关"使过热状况急剧恶化,出现了严重的挤兑和抢购风潮。[2]全年居民消费价格指数上涨 18.8%,形成了改革开放后的第三次通货膨胀,也是最严重的一次。为了治理爆发性的通货膨胀,中央采取了一系列的坚决措施[3],力求使经济"强行着陆"。这些措施很快见效,1989 年和 1990 年两年,货币供给增长率明显放缓,1989 年的居民消费价格指数上涨率仍高达 18%,到 1990 年则迅速下降到 3.1%。与此同时,GDP增长率也明显滑落,1989 年为 4.2%,1990 年为 4.1%。

这次严酷的紧缩性调控的另一后果是导致了改革开放以来的第二个失业高峰。从 1989 年开始就业形势变得严峻起来,1989 年有 750 万城镇劳动力没有找到工作,到 1990 年这个数字扩大到 1 250 万(程连升,2002:136)。

---

[1] 从收入分配方面来看,"承包制"定死了企业的利税上缴总额,使企业的能自主支配的资金增加;从经营管理上看,只要企业能保证足额上缴利税并完成一定的生产任务,国家原则上不再干预企业的经营运作。

[2] 1988 年初,一些大中城市的居民开始抢购肥皂、火柴、卫生纸等日用品。1988 年 5月,国家上调肉、糖等四种副食品的价格,上涨幅度为 40%。同月,央行首次发行 50 元和 100元面值的人民币,给一些居民造成了人民币贬值的印象。7 月,国家放开了 13 种名烟和名酒的零售价格,市价迅速上涨 200% 以上。8 月,"价格闯关"的消息不胫而走,居民的恐慌心理加剧,形成大范围、大规模的挤兑和抢购风潮(董辅礽,1999:306—307)。

[3] 1988 年第三季度开始急剧压缩固定资产投资规模,停止审批计划外建设项目;清理整顿公司,尤其是信托投资公司;控制社会集团购买力;强化物价管理,对重要生产资料实行最高限价。央行也采取了紧缩性的货币和信贷政策,包括严格控制和检查贷款,一度停止了对乡镇企业的贷款;提高存款准备金率;两次提高利率;实行保值储蓄(吴敬琏,2004:358)。

这次失业高峰的直接原因是宏观面过紧，导致经济增长滑坡、市场疲软、乡镇企业和个体经济发展严重受阻。但是，从更深层次来分析，这次失业高峰也是改革十年来各种矛盾激化的一种表现。改革的渐进性质决定了中国的改革先从容易进行的领域入手，即先实施那些导致"帕累托改进"的政策措施（樊纲，1990）。在改革进行了十年以后，这类改革的能量已经基本释放完毕，我们面临要触动许多利益集团利益的阻力较大的改革。这次失业的出现可以看作改革当中深层次矛盾的体现。

这一时期改革造成的最大矛盾，可能就是 1985 年实行价格"双轨制"以来在各行业出现的"官倒"和各类寻租腐败行为。另外，经济的初步市场化和货币化使贫富差距的问题凸显出来，地方和国有企业的扩张冲动导致经济结构恶化，能源、交通和基础设施建设逐步成为经济增长的瓶颈。从经济增长的角度来看，这一时期平均的经济增长率为 9.45%，远远高于"文革"期间的 5.94%。但是，从经济周期波动的角度来看，这一时期的波动并不比"文革"期间更平稳，总的来说仍然没能摆脱大起大落的模式。

传统体制下的那种"放—乱—收—死"循环仍然发生作用，不过其内在机理和表现形式都有所改变。传统体制下扩张的主体主要是地方政府，过热主要表现在投资的膨胀上，治理主要是"收权"和压缩投资和基建规模。这一时期扩张的主体增加了国有企业和专业银行，过热表现在投资和消费双膨胀上，能源、交通和基础设施建设逐步成为增长的瓶颈。对过热的治理除了行政手段而外，经济手段也逐渐被采用，尤其是紧缩性的货币政策。总之，经济过热成了这一时期经济周期波动的"常态"，而给经济降温，实施紧缩性的政策则是这一时期宏观调控的最主要内容（樊纲、张晓晶，2000：15）。

这一时期经济周期波动的另一特点是通货膨胀频繁，失业问题的严重性日益显露。促成这一特点的原因是多方面的。传统体制下通货膨胀和失业都被隐性化了，市场取向的改革使它们逐步显露出来是原因之一；理论界和决策层在改革初期对市场经济的运行缺乏深刻的理解和把握，在政策实践中容易出错，这是原因之二；另外，体制转轨和经济发展问题交织在一起，旧的计划经济体制和新的市场经济体制交织在一起，使得宏观经济问题分外复杂，单一的、常规的政策措施往往很难奏效，这是原因之三。

2. 经济体制改革全面推进期的宏观稳定（1992 年至今）

1992 年邓小平南方谈话和党的十四大的召开，标志着中国的经济体制改革进入了一个崭新阶段。从宏观层面来看，经济至此进入一个比较平稳的高增长区间，经济周期波动的幅度明显减小，通货膨胀 1996 年后一直保持在一个很低的水平上，一度甚至出现了通货紧缩。这种态势的形成反映出中国经济体制和经济结构发生了巨大变化，而政府的宏观调控能力也有了较大提高。

首先，尤其是在 1997 年党的十五大以后，非国有制经济获得了巨大发展，成为国民经济中的重要力量[1]；其次，随着对外开放的地域和领域的扩大，对外贸易增长迅猛，外国直接投资逐年增加；第三，产业结构趋于合理，第三产业有了很大发展。这些因素都表明中国经济中的利益主体出现了明显的多元化趋势，这对经济的稳定和繁荣来说无疑是利大于弊。另外，经过前一阶段多次宏观调控的实践之后，政府驾驭各种政策手段的技巧日趋成熟，对宏观经济状况的体认也日益精准，在稳定经济方面发挥了一定的积极作用。下面，我们分三个阶段讨论这一时期的经济周期波动情况。

（1）"软着陆"：1992—1996 年。

在经历了三年治理整顿，以及随后的邓小平南方谈话和党的十四大之后，中国经济又迅速启动，并很快步入新一轮过热。1992—1994 年三年的 GDP 增长率分别为 14.1％、13.7％和 13.1％，而 1993—1995 年三年的居民消费价格指数上涨率则分别高达 14.7％、24.1％和 17.1％。这次过热的状况被总结为"四热、四高、四紧、一乱"[2]，与前面的几次过热相比，"四热"和"一乱"可以说是新出现的情况，而"四高"和"四紧"则是普遍特征。"四热"在当时基本上都算是新事物，而经济和金融秩序混乱这"一乱"与以往的各类混乱绝对不可同日而语，它是经济体制改革加速与相应的各类市

---

[1]　党的十五大在所有制改革方面有所突破，指出公有制经济不仅包括国有经济和集体经济，还包括混合所有制经济中的国有成分和集体成分，强调国有经济的主导作用主要体现在控制力上。

[2]　"四热"是：房地产热、开发区热、集资热、股票热；"四高"是：高投资膨胀、高工业增长、高货币发行和信贷投放、高物价上涨；"四紧"是：交通运输紧张、能源紧张、重要原材料紧张、资金紧张；"一乱"是：经济秩序混乱，特别是金融秩序混乱（刘国光、刘树成，1997）。

场制度缺失之间矛盾的体现。

在这次经济过热的确认上理论界发生了激烈争论（吴敬琏，2004：359—361），但与以往相比，决策层紧缩政策的出台则下手较早。1993年6月24日，中共中央下发六号文件，强调统一认识、加强宏观调控，并提出了"十六条"相关措施[1]，紧缩经济的程序正式启动。与上次紧缩伴随着保守思想的回潮不同，这次紧缩是在经济体制改革的进一步深化中进行的，改革措施的有效实施对经济稳定起到积极作用。同年11月召开的中共十四届三中全会通过了《中共中央关于建立社会主义市场经济体制若干问题的决定》，该决定提出了国有企业、财税、金融、投资体制等方面的改革措施，试图通过深化改革来消除过热的制度根源。

"十六条"和上述决定的效果逐步显露出来，到1996年，居民消费价格指数下降到8.3%，GDP增长率仍维持在10.2%的高位，经济实现了所谓"软着陆"。1997年1月7日，《人民日报》发表刘国光和刘树成的文章《论"软着陆"》，该文从理论上对"软着陆"进行了剖析，阐明了本次宏观调控成功的原因，并总结了历次宏观调控中的经验和教训。

（2）通货紧缩与扩大内需：1997—2002年。

1997年，中国宏观经济形势出现了一些前所未有的重要转变，经济衰退和通货紧缩成为现实威胁，启动经济较诸以前似乎远为困难。首先，同年7月爆发的亚洲金融危机使全球经济宏观面偏紧，中国坚持人民币汇率不贬值的政策，这些都多少对经济造成了一些消极影响；其次，出现生产能力过剩的情况，许多商品在市场上供大于求，中国彻底告别了"短缺经济"的时代；第三，低迷的经济似乎表明，1996年的"软着陆"并不完美，紧缩措施可能稍微有些过头；最后，同期的国有企业战略改组造成大量国有企业工人

---

[1]　即《中共中央、国务院关于当前经济情况和加强宏观调控的意见》，"十六条"为：（1）严格控制货币发行，稳定金融形势；（2）坚决纠正违章拆借资金；（3）灵活运用利率杠杆，大力增加储蓄存款；（4）坚决制止各种乱集资；（5）严格控制信贷总规模；（6）专业银行要保证对储蓄存款的支付；（7）加快金融改革步伐，强化中央银行的金融宏观调控能力；（8）投资体制改革要与金融体制改革相结合；（9）限期完成国库券发行任务；（10）进一步完善有价证券发行和规范市场管理；（11）改进外汇管理办法，稳定外汇市场价格；（12）加强房地产市场的宏观管理，促进房地产业的健康发展；（13）强化税收征管，堵住减免税漏洞；（14）对在建项目进行审核排队，严格控制新开工项目；（15）积极稳妥地推进物价改革，抑制物价总水平过快上涨；（16）严格控制社会集团购买力的过快增长。

下岗，住房和社保体制改革抬高了居民的储蓄倾向，这都对总需求的形成产生了负面影响。

在这一时期，从绝对值上来看，经济增长一直保持在高位，平均 GDP 增长率为 8.51%，但是与前后年份相比，这个增长率低了约 1.5%，尤其是 1998 年和 1999 年的增长率均在 8% 以下，多少说明经济在潜在增长率之下运行。除 1997 年外，1998—2002 年商品零售价格指数都有所下滑，这在改革开放后是绝无仅有的。另外，失业问题成为这一时期的一个主要矛盾，形成了改革开放后的第三次失业高峰。与前述的两次失业高峰相比，这次失业的情况更加复杂。首先，"下岗"工人成为城镇失业的主要群体，据程连升（2002：159）估算，把下岗人员计算在内，1997 年中国的实际城镇失业率是 9.36%[1]，而其中下岗职工占失业者的 2/3；其次，"民工潮"达到顶峰，据估计，这一时期流入城镇打工的农民工规模在 8 000 万到 1 亿；最后，大学毕业生的就业形势逐年恶化，一些毕业生面临刚毕业就失业的尴尬。

从 1998 年开始，政府宏观调控的主题变为扩大内需，实施"积极的财政政策"和"稳健的货币政策"。1998—2002 年，国家累计发行长期建设国债 6 600 亿元，集中投资兴建了一大批重大基础设施项目。同期，央行连续 5 次降低了存贷款利率[2]，1 年期定期存款利率从 1998 年的 5.67% 降到了 2002 年的 1.98%。在货币供给方面，广义货币（M2）和狭义货币（M1）在这 5 年中的平均增速都在 15% 左右，流通中现金的平均增速为 11%，与此前年份相比，这个增速相对较低。由于国有商业银行的不良资产比例偏高、亚洲金融危机造成的国际金融动荡等原因，货币政策的实施颇多掣肘，因而财政政策在此次调控中扮演主要角色。

（3）高位平稳运行：2003—2011 年。

在这一时期，中国经济体制改革的方向和目标逐步明确，市场化改革取得了重大突破，市场主体呈现出多元化趋势，经济运行方式有了很大转变，政府进行宏观调控的技巧也日趋成熟。从经济增长方面来看，这一时期的增长速度惊人，经济效益也有了很大提高；从经济周期波动方面来看，中国在

---

[1]　国家统计局公布的当年城镇登记失业率为 3.1%。
[2]　如果从 1996 年 5 月 1 日的第一次降息算起，共有 8 次降息。

这一时期步入一个比较平稳的阶段,经济的波幅大幅减小,出现了微波化的趋势。当然,经济高速增长也带来了杠杆率攀升、产能过剩和房地产过热等负面问题,如何坚持用市场原则和改革的视角来化解这些困难,保持经济的持续、稳定增长,近年来经济工作的主攻方向。

2003—2012 年,中国的经济增长率大致稳定在 10%—11% 的区间,通货膨胀率稳定在 1%—4% 的区间。单从年度指标上看,宏观经济形势无疑十分理想。可是,无论理论界还是决策层都没有出现乐观情绪,因为现实的宏观经济形势远比数据复杂,也远没有数据显示的那么理想。

从问题表现来看,宏观经济也积累了一些潜在的风险。首先,宏观和微观杠杆率升高,导致经济运行风险升高。受经济高速增长带来的预期和 2008 年金融危机后"四万亿"投资计划影响,各类市场主体通过加杠杆方式带来了经济规模的扩张同时也使多数领域产能过剩问题严重,突出表现在制造业上游领域,如煤炭、钢铁、水泥、有色金属,大面积僵尸企业的存在拖累了经济整体效率,更抑制了创新能力更强的中小企业成长壮大。其次,宏观经济脱实向虚现象严重,一方面金融机构盲目金融创新,造成金融业利润虚高、实体经济融资难、贵问题依然突出;另一方面房地产市场过热运行使得房地产和金融"融合",房地产领域引流资金过多、居民杠杆率升高,房子没有发挥用来"住"的功能,金融属性、投资品属性明显;第三,经济领域的深层次问题也带来一些社会问题。由于经济规模和城市化进程扩张,居民关心的环境污染、城市公共服务等问题离人民的期待还有差距,同时高房价导致的居民财富、收入差距问题也引起了社会各界和政府的关注。

(4)经济中高速高质量运行阶段:2012 年至今。

党的十八大以后,党中央和国务院审时度势,作出中国经济进入"新常态"的论断,指出适应、把握和引领新常态是做好经济工作的指导方针。国家推行一系列方针政策合理应对"三期叠加"困难和处置宏观经济风险,党的十九大进一步提出要打好防范化解重大风险、精准脱贫、污染防治的攻坚战,经济保持了中高速增长,服务业取代工业、消费取代投资成为经济增长的主要驱动力,互联网+和新技术、新业态、新模式不断推动传统转型升级,新经济范式不断涌现,经济增长的质量稳步提高,建设现代化经济体系道路越走越宽。

4.3　四次通货膨胀和五次宏观调控

4.3.1　改革开放以来的四次通货膨胀

改革开放以来中国一共经历了四次通货膨胀，分别在 1980 年、1985 年、1988—1989 年和 1993—1995 年。图 4.2 标出了这四次通胀的年份和相应的通货膨胀率。另外，图中还绘出了这个时期的经济增长率，并且根据刘树成（2005）的研究把改革开放后中国的宏观经济运行划分为五个周期，四次通胀正好分别落在前四个周期中。

如图 4.2 所示，四次通货膨胀的点位越来越高，从 1980 年的 7.5％到 1994 年的 24.1％。持续的时间也越来越长，前两次都是 1 年，第三次 2 年，最后一次 3 年。如图 4.2 所示，四次通货膨胀的最大共性特征在于，在通货膨胀到达高位之前，经济增长率已经率先到达高位。我们在图中标出了与四次通货膨胀相对应的经济增长，除了第一次而外，经济增长总是比通货膨胀提前 1 年到达高位。其实，这个特点在第二部分的论述中已经有所提及。虽然每次通货膨胀的具体原因都有所不同，但是，每次都是实体经济出现过热苗头在前，最终才反映到通货膨胀上。从过去的经验来看，超过 11％的高增长总是伴随着随后而来的严重通货膨胀。尽管 2005 年、2006 年和 2007 年的经济增长率都已经超过了 11％的界限，但由于国际金融危机的爆发，并没有引发明显的通货膨胀。

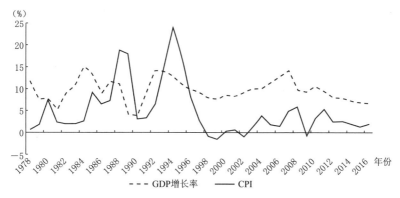

图 4.2　改革开放以来中国的经济增长和通货膨胀（1978—2016 年）

资料来源：根据历年《中国统计年鉴》。

从图4.2还可以看到，每次通货膨胀过后，伴随着通货膨胀率的走低，经济增长率也往往出现下挫。从前三次通货膨胀来看，这个间隔也在1年。1980年通货膨胀后，1981年的经济增长率降低到5.2%，这是改革开放以来经济周期的第一个谷底；1985年通货膨胀后，1986年的经济增长率降低到8.8%，这是改革开放以来经济周期的第二个谷底；1988—1989年通货膨胀后，1989—1990年的经济增长率急剧下挫到4.1%和3.8%，这是改革开放以来经济周期的第三个谷底。从第四次通货膨胀开始，这个模式有了较大改变。1993—1995年高通货膨胀之后，中国经济增长并没有出现急剧下挫，而是绵延下行，1995—1997年的经济增长率分别10.9%、10%和9.3%，直到1999年才到达改革开放以来经济周期的第四个谷底。此后的上行也非常平稳，基本摆脱了以前大起大落的模式，这是改革开放以来的一个重大变化。另外，从失业情况来看，改革开放以来的三次失业高峰多少都和前期应付通货膨胀的紧缩政策有关，其中后两次尤为明显。改革开放以来的第二个失业高峰和1989年开始的紧缩性调控政策有关，改革开放以来的第三次失业高峰和此前的"软着陆"政策多少有关。

上面提到的经济增长和通货膨胀的关系，可以进行更细致的定量分析。把1978—2016年的真实GDP和物价水平取对数后进行HP滤波（$\lambda=6.25$），去掉趋势成分，结果显示在图4.3。我们把得到的序列分别称为真实GDP波动和物价波动（CPI），因为HP滤波分解出的是时间序列的短期波动成分。[1]根据刘树成（2005）的研究，图4.3也标出了改革开放以来中国经济的五个周期划分。根据西方经济周期理论研究的通常做法[2]，我们求出了两个序列的交叉相关系数，结果显示在表4.3。结果表明：（1）产出和物价有轻微的正相关关系；（2）领先的产出和物价有明显的正相关关系，即产出的上涨往往伴随着此后物价的上涨；（3）滞后的产出和物价有明显的负相关关系，即物价的上涨往往伴随着此后产出的下降。这个结论和图4.2的相关讨论是一致的。

----

[1] HP滤波由Hodrick和Prescott（1980）首先提出。
[2] 这就是主要在RBC理论框架下进行的经济周期波动特征事实（stylized facts）的研究。

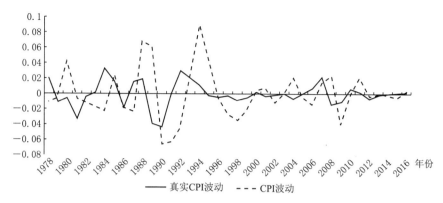

图 4.3　改革开放以来中国的经济周期波动（1978—2016 年）

注：两个序列都先取对数，然后用 HP 滤波（$\lambda = 6.25$）去趋。

资料来源：数据来自《中国统计年鉴》各期。

HP 滤波去掉的趋势成分可以看作是经济的潜在增长率，因此，相应的经济周期波动成分就是经济对其潜在产出的偏离。如图 4.3 所示，1978—2016 年的 39 年中，有 21 年经济在潜在增长率之上运行[1]，有 18 年经济在潜在增长率以下运行。[2]另外，在图 4.3 中很容易观察到，如果经济在潜在增长率之上运行，那么此后数年的物价水平就会处于高位；相反，如果经济在潜在增长率之下运行，那么此后数年的物价水平就会处于低位。这符合一般的经济学原理。

表 4.3　改革开放以来中国物价水平和真实 GDP 的交叉相关系数（1978—2016 年）

CPI 和 GDP 的交叉相关系数 corr(x_t，y_{t+k})，其中 $k = -2$，-1，0，1，2				
-2	-1	0	1	2
0.40	0.56	0.25	-0.15	-0.14

注：两个序列都先取对数，然后用 HP 滤波（$\lambda = 6.25$）去趋。

资料来源：数据来自《中国统计年鉴》各期。

表 4.3 是典型的在 RBC 理论框架下对经济周期波动特征事实的描述。下面我们讨论改革开放以来中国经济周期波动的一些重要特征事实。

---

[1] 即 1978—1980 年、1984—1989 年、1993—1998 年、2005—2007 年、2010—2011 年和 2016 年，共 21 年。

[2] 即 1981—1983 年、1990—1992 年、1999—2004 年、2008—2009 年、2012—2015 年共 18 年。

4.3.2 中国经济周期波动的一些特征事实

改革开放以来，中国的经济周期波动发生了重大变化。在第二部分我们主要从具体事件的角度讨论中国的经济周期波动，其中也涉及了改革开放前后的一些变化。表 4.4 列出了改革开放前后中国经济周期波动特征事实方面的一些重大变化。这些变化有些显示了中国经济市场化、货币化和工业化程度的提高，符合基本的经济学常识和直觉，可以用一般的经济学原理予以解释；有些则显示了一些比较反常的关系，可能多少反映了中国经济发展过程中的一些突出问题和独有特征。

表 4.4　改革开放前后中国经济周期波动的比较

传统体制下	改革开放后
实体经济波幅很大，价格波幅较小	实体经济波幅大幅减小，价格波幅较大
价格水平是逆周期的	价格水平是温和顺周期的
通货膨胀是温和逆周期的	通货膨胀是顺周期的
出口是顺周期的	出口是非周期的
消费的波动滞后于 GDP	消费的波动领先于 GDP
名义工资是温和逆周期的	名义工资是顺周期的
国家财政收支是顺周期的	国家财政收支是非周期的
信贷总额的名义值是顺周期的	信贷总额的名义值是非周期的
信贷总额的实际值是顺周期的	信贷总额的实际值是逆周期的
货币供给（M0）是非周期的	货币供给（M0、M1 和 M2）是顺周期的
实际利率是非周期的	实际利率是逆周期的
与英、美的周期无关	与英、美的周期有部分同步
总就业是顺周期的	总就业是逆周期的

注：数据来源和相关技术处理请参阅汤铎铎（2007a）。

在西方发达市场经济国家，对经济周期波动特征事实的研究已经有很长的历史。从 20 世纪 80 年代开始，随着真实经济周期理论的崛起，这类研究有了一套标准的技术和处理程序（例如，Hodrick and Prescott，1980；Kydland and Precott，1990；Stock and Watson，1999）。近年来，中国也出现了一些讨论经济周期波动特征事实的研究（例如，钱士春，2004；陈昆亭、周炎、龚六堂，2004；吕光明、齐鹰飞，2006；杜婷，2007；汤铎铎，2007a；杨俊杰，2012；王国静、田国强，2014；饶晓辉、刘方，2014），这些研究大都注意到了改革开放前后中国经济周期波动发生的重大变化。下面的讨论着重探讨在改革开放以来的 40 年内，以 1996 年为界，在此前后中国经济周期波动特征事实显现出的两个重要变化。

第一个变化与最终消费和资本形成的行为有关。图 4.4 显示了改革开放以来消费和资本形成的波动情况，为了便于比较，图中也显示了 GDP 的波动状况。消费和资本形成的行为在不同时期发生了根本性的变化。计算表明，在 1996 年以前消费和投资都是强烈的顺周期变量[1]，并且二者彼此强烈正相关[2]，在 1996—2006 年，二者基本成为弱周期变量[3]，并且二者彼此强烈负相关[4]，2006 年之后，资本形成与产出负相关而最终消费与产出正相关[5]，二者彼此强烈负相关[6]。

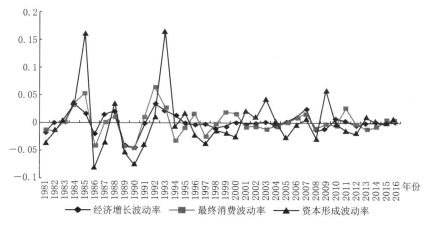

图 4.4　改革开放以来中国的消费和投资波动（1981—2016 年）

注：经济增长、资本形成和最终消费分别取其实际同比增长率表示，然后用 HP 滤波（$\lambda = 6.25$）去趋。

资料来源：Wind 金融资讯终端。

---

[1]　在 1978—1996 年区间，消费和产出的同期相关系数为 0.71，资本形成和产出的同期相关系数为 0.69。

[2]　在 1978—1996 年区间，消费和资本形成的同期相关系数为 0.55。

[3]　在 1997—2006 年区间，消费和产出的同期相关系数为 0.18，资本形成和产出的同期相关系数为 0.08。

[4]　在 1997—2006 年区间，消费和资本形成的同期相关系数为 −0.17。

[5]　在 2007—2016 年区间，消费和产出的同期相关系数为 0.56，投资和资本形成的同期相关系数为 −0.01。

[6]　在 2007—2016 年区间，消费和资本形成的同期相关系数为 −0.08。

第二个变化和价格的周期行为有关。图 4.3 显示了 1978—2006 年的物价
水平和 GDP 波动。但是，以 1996 年为界，把改革开放以来的序列分段处
理，我们发现在 1996 年前后，产出和价格的行为发生了根本性变化。1996
年以前二者的模式如表 4.5 所示，1996 年以后则如表 4.6 所示。

表 4.5　物价水平和真实 GDP 的交叉相关系数（1978—1996 年）

CPI 和 GDP 的交叉相关系数 corr(x_t，y_{t+k})，其中 $k = -2$，-1, 0, 1, 2				
-2	-1	0	1	2
0.48	0.60	0.18	-0.32	-0.29

注：两个序列都先取对数，然后用 HP 滤波（$\lambda = 6.25$）去趋。
资料来源：《中国统计年鉴》各期。

表 4.6　物价水平和真实 GDP 的交叉相关系数（1997—2016 年）

CPI 和 GDP 的交叉相关系数 corr(x_t，y_{t+k})，其中 $k = -2$，-1, 0, 1, 2				
-2	-1	0	1	2
0.23	0.63	0.38	-0.01	0.01

注：两个序列都先取对数，然后用 HP 滤波（$\lambda = 6.25$）去趋。
资料来源：《中国统计年鉴》各期。

无论从一般的经济学理论来看，还是从国内外的经验来看，消费和投资
都应该是强烈的顺周期变量，它们之间也应该是正相关关系。因此，中国
1997—2016 年的消费和投资序列行为比较反常，违反了一般的经济学规律。
价格的周期行为在西方早有争论，目前普遍接受的结论是，在主要发达资本
主义国家，二战前价格水平是顺周期变量，而在二战后价格水平则成为逆周
期变量（汤铎铎，2007a）。表 4.5 显示，在 1978—1996 年区间，中国的价格
水平基本上是非周期变量，与领先的产出正相关，与滞后的产出负相关。这
和表 4.3 的结果基本一致，我们在前面已经强调过这种模式。表 4.6 显示，
在 1997—2016 年区间，价格成为顺周期变量，这和二战前西方主要资本主
义国家的情形有相似之处。

4.4　小结

从中国近 40 年的经济波动状况看，宏观经济总体稳定，这为提高全社

会的福利水平创造了条件。改革开放早期，中国的稳定政策及其实施效果都不是特别理想。经济运行多次超越其潜在增长率，导致严重通货膨胀。随后的紧缩政策又往往过头，使得经济增长急剧下滑，并且伴随着严重的失业。这种大起大落严重妨碍了经济增长的效率和质量，也严重妨碍了居民福利水平的提高。到 21 世纪初这种情况有了改观，经济在一个较长时期内高位平稳运行。但是，近期的一些发展对中国应对经济周期波动的能力提出了新的挑战，如何在全球化和开放经济的大背景下保持宏观经济稳定，特别是防范和抑制金融风险和资产价格泡沫，将是中国政策制定者必须面对的重要课题。

　　总之，在经济全球化进程加速以及资产和金融部门在经济运行和资源配置中的作用日益凸显的条件下，需要深入剖析中国宏观经济运行的内在机理，为中国的稳定政策提供理论基础和正确指导。

第二篇

增长动力

第 5 章 经济体制改革

1978 年 12 月，中共十一届三中全会的召开，开启了中国改革开放的历史新时期。经过 40 年的经济体制改革，中国实现了由传统计划经济向社会主义市场经济的重大转变。在此过程中，中国不但创造了人类经济增长史上的奇迹，也实现了经济结构的历史性变迁。中国的高速增长期正好与改革进程一致，这不是巧合，而是有着逻辑上的因果关系。中国经济高增长，是巨大的制度变革推动的。

本章着重对中国经济体制改革的背景、历程及进展进行概要分析，旨在对 40 年来中国经济增长和结构变迁的时代背景作一刻画，也试图为中国的增长奇迹和结构巨变提供某种注解，全章内容为：经济体制改革的背景，渐进改革，以市场配置资源为目标的价格改革。

5.1 经济体制改革的背景

改革开放之前，中国长期实行高度统一集中的计划经济体制。这不仅体现为计划部门的管理体制，而且在财政体制、金融体制、投资体制、价格和流通体制、劳动人事体制和分配体制等方面，也实行高度集中的计划管理。

5.1.1 计划经济体制的形成

传统计划经济体制形成于第一个五年计划期间，主要归因于国内环境、国际环境和理论认识三个方面。

1. 国内环境方面

解放后的中国，生产力水平十分低下，传统农业经济在国民经济中占有绝对比重，工业经济规模十分有限，而且技术水平和生产方式非常落后。因此，当时的中国面临着由"落后的农业国"转变为"先进的工业国"的紧迫历史任务，而贫穷落后的旧中国遗留下的经济窘境却意味着可供经济发展的资源十分有限。在此背景下，通过何种方式充分调动有限的资源，以加快工业化进程，早日实现国富民强的目标，成为迫切需要回答的问题。针对这一问题，当时普遍的看法是，计划经济体制具有强大的资源动员能力，可以最大限度地调动各种社会资源，集中人力、物力和财力，保证大规模经济建设的需要。

2. 国际环境方面

20 世纪 30 年代经济大危机之后，政府干预的思潮占了上风，认为市场经济有其自身的弱点和消极方面，通过政府对微观经济的引导或干预，甚至由政府直接投资和运营国有经济，可以克服市场经济的弊端。而从实践看，当时实行计划经济体制的苏联取得了举世瞩目的成就，进一步凸显了计划经济的优势地位。于是，一些资本主义国家如法国、日本等也注重引入计划方法，一些当时新成立的社会主义国家则普遍采用了计划经济体制，这就对当时的中国产生了某种示范效应。特别是当时的中国十分重视学习借鉴苏联建设社会主义的先行经验，在这一过程中，苏联高度集中的计划经济模式也一并被复制过来。

3. 理论认识方面

受马克思主义经典理论的影响，在当时的中国，对于社会主义的普遍认识是，单一的公有制＋计划经济＋按劳分配，计划经济由此被认为是社会主义制度的基本特征之一，而对于市场经济，则认为是资本主义的专有属性。出于这种认识，中国从 1953 年开始在全国范围内实施了对农业、手工业和资本主义工商业的社会主义改造，即从互助组到合作社，实现农业的集体化；以合作社的形式，将手工业纳入社会主义轨道；通过国家资本主义的方式，逐步改造资本主义工商业。通过"三大改造"，实现了单一的公有制形式，计划经济也相应覆盖至所有的经济领域。

5.1.2　计划经济体制的弊端

计划经济体制的弊端最突出地反映在两个方面：一是难以对经济主体产生内生激励；二是无法利用市场有效配置资源。具体来看：

（1）微观基础方面，缺乏主体性和独立性。

在计划经济体制下，整个社会被设想为"一个大工厂"，而企业只是工厂中的一个车间。于是，企业不再是独立的经济主体，而只是作为各级行政机构的附属物，企业的人、财、物管理和产、供、销活动，都要受国家计划指标的制约。由于企业只能被动地按照国家指令从事生产和运营，缺乏应有的经营管理自主权，因而激励机制严重不足。同时，在所有制方面，由于片面强调公有制经济特别是国有经济的作用，排斥和限制非公有制经济的发展，导致所有制形式单一，经济缺乏活力。

在农村，逐渐形成的"三级所有，队为基础"的人民公社体制，将农民的生产资料乃至生活资料强制收归公有，实行政社合一的高度集中管理模式。同企业面临的问题一样，在这种体制下，生产采取指令性计划，产品实行国家统购统销，生产队和农民不具备经营自主权，于是普遍存在"搭便车"现象，缺乏追求效率的内在动力。

（2）价格机制和市场体系方面，忽视商品生产、价值规律和市场机制的作用。

在计划经济体制下，基本排斥资源配置的市场方式，即价格、供求和竞争机制在经济运行中的基础性调节作用，而主要依靠计划指标、行政方式来配置社会资源。特别是作为调节国民经济重要信号的价格，基本上通过行政手段形成，或者说作为实现计划的工具，只在商品计划购销和物资调配过程中起经济核算作用，通常无法反映商品的供求关系和资源的稀缺状况，失去了其应有的导引作用。有时价格体系甚至被人为扭曲，沦为国民收入及经济资源分配的工具。例如，通过工农产品的价格"剪刀差"，通过压低要素投入价格以及将资本品的价格确定在较高的水平，使农业剩余在更大程度上从农业部门流向工业部门，以促进工业部门的资本积累，确保重工业优先增长战略的实施。市场价格体系的缺失和扭曲，也形成计划经济体制特定的行政性驱动格局，而企业之间基于产品价格或质量的市场竞争这种经济激励和内在利益驱动被弱化了。

同时，由于忽视市场的作用，也由于计划管理体制下的条块分割局面，导致生产要素具有明显的凝滞性，不能根据经济的实际需要自由地流动。在这种刚性结构下，需要互补的要素不能自由地互补，需要互换的要素不能自由地互换，从而使名义的生产要素总量与实际发挥作用的生产要素总量之间存在着相当大的差距。

（3）分配制度方面，过分追求结果平均。

在传统计划体制下，通常过分强调公平，而忽视效率；而且，对公平的理解也偏于狭隘，过于强调收入分配结果上的平均主义。根据世界银行的估计，1980 年中国城镇居民内部的基尼系数为 0.16[1]，表明收入分配高度平均。而在农村集体生产的高度集中管理模式下，同样是平均主义盛行。这种过于平均的收入分配体制实质上抹杀了个体之间的差异性，违背了物质利益原则，造成各种生产要素（当时主要是劳动要素）的贡献与报酬之间的不对等，从而严重削弱了人们努力工作的内生动力。

（4）政府职能方面，试图包揽一切。

在传统计划体制下，政府被设想为一个万能者，通过计划指令对经济生活的方方面面实行直接控制，成为资源配置的绝对主体。但问题是，政府是否具备完全的理性，替代市场或个人决策实现资源的合理配置，尤其是政府是否具备超常的搜集和及时处理各种相关经济信息的能力，都是令人质疑的。事实上，作为代理人的政府，在庞大复杂的经济体面前，其知识和能力是相当有限的，特别是当信息主要靠计划机关的指令纵向传递时，会导致传递环节多，信息反馈慢，信息成本高，信息扭曲和失真严重，因此也就不可能实现所谓完美的计划控制。

5.1.3　计划经济体制的绩效

从计划经济体制的实施效果看，主要存在三个严重问题：

---

[1] 转引自张卓元主编：《论争与发展：中国经济理论 50 年》，云南人民出版社 1999 年版。

　　(1) 国民经济总量剧烈波动，多次陷入负增长困境。

　　1958 年至 1962 年的这个经济周期，是新中国成立之后经济"大起大落"的典型时期。1958 年"大跃进"，固定资产投资大幅度扩张，GDP 增长率高达 21.3％；接着，遇到生产资料、工业消费品和粮食三大"瓶颈"制约，经济增长大幅回落，1960 年、1961 年和 1962 年这三年，GDP 均为负增长，其中，1961 年 GDP 增长率降幅最大，为－27.3％；纵观整个周期，1958 年 GDP 增长率的高峰与 1961 年 GDP 增长率的谷底之间的峰谷落差近 50 个百分点（48.6 个百分点）。之后，"文化大革命"爆发，受其影响，1967 年和 1968 年经济又现负增长，并进入低谷。到了"文化大革命"后期，经济增长疲态重现，1976 年再次陷入负增长困境。

　　(2) 经济结构严重失衡。

　　经济结构失衡比较突出地反映在两方面。一是产业结构失衡。由于片面强调重工业的发展，采取了通过计划手段集中资源优先发展重工业的战略，导致国民经济重大比例关系和产业结构的严重失衡。1978 年，轻重工业产值的比例结构偏斜至 43∶57。二是国民收入分配结构以及投资和消费比例关系的失衡。这实际上也是与重工业优先发展战略密切相关的，由于在经济建设的发展战略上片面追求高速度、高积累，造成国民收入分配格局过分向政府倾斜，同时导致积累率畸高。1978 年，政府所得占国民收入的比重达到31.6％；而第四个五年计划和第五个五年计划期间，积累率达到甚至超过 33％。

　　(3) 居民生活水平长期在低位徘徊。

　　尤其是"文化大革命"及随后两年，城乡居民收入提高非常缓慢，甚至出现下降。在城镇，由于工资被冻结，尽管劳动生产率在 1965—1978 年间平均每年提高 1.7％，但全民所有制单位职工年均货币工资却从 652 元下降为 644 元；而在农村，由于农业增产和农产品收购价格略有提高，农民人均全年纯收入由 107.2 元增加到 133.6 元，但年均增长率也只有 1.7％；而且在广大农村地区，贫困状况没有明显缓解，至 1978 年，农村地区贫困发生率仍高达 30.7％。由于居民收入增长缓慢甚至出现绝对下降，导致居民消费水平也长期偏低，1952—1978 年间，全国居民消费水平年均仅增长 2.2％。

　　总之，改革开放前的中国，由于在经济体制上形成了一种同社会生产力发展要求不相适应的僵化模式，使整个经济在很大程度上失去了活力和动力，效率普遍低下。为此需要从根本上改变束缚生产力发展的经济体制，启动改革进程。

5.2　改革的主要方式——渐进式改革

5.2.1　什么是渐进式改革

传统计划经济体制向现代市场经济体制过渡，主要有两种截然不同的方式可供选择：一种是"激进式"的转轨模式，另一种是"渐进式"的转轨模式。所谓渐进式改革，是指在向市场经济过渡时采取累积性的边际演进的转换模式。中国采取的是相对温和的渐进式改革方略，这可以视作中国改革道路一个重要的独特之处。40年来中国经济高速增长并且维持了相对稳定的局面，是与采取渐进式改革分不开的。渐进式改革很好地处理了改革发展与稳定之间的关系，是增长奇迹背后最重要的支援。

渐进式改革的特点是：改革不是表现为首先打破旧的体制，而是首先在旧体制的"旁边"或"缝隙"中发展起新的体制成分；随着这种新体制成分的发展，在整个经济中所占比重的扩大，逐步地深化对旧体制的改造。这种改革采取先易后难、先表后里的方式，在旧有制度的框架内审慎推进改革，具有在时间、速度和次序选择上的渐进特征。也因为如此，新旧体制在一段时期内的并存是渐进式改革的重要特征。而对旧体制的容忍，一方面是在改革初期适当维持既得利益，以减少改革所面临的社会阻力，另一方面，新体制的成长不会在一夜之间完成，因此也是平稳过渡的需要。

渐进式改革内容丰富，主要概括为双轨过渡与试验推广（或摸着石头过河）。双轨过渡包括体制外生长与增量改革。所谓"体制外"生长是在计划经济制度之外，发展新的市场主导部门，使其成为推动市场化改革的基本动力之一。在中国市场化改革过程中，这种体制外生长主要表现为：产权制度的体制外改革，即允许在国有经济之外发展非国有经济；定价制度的体制外改革，即允许一些新产品的自由定价；市场组织的体制外改革，即允许计划分配体制之外发展出自由市场；收益分配的体制外改革，即按劳分配之外承认按要素分配的合理性；等等。"双轨制"最初出现在价格改革领域，即所谓的"价格双轨制"。"双轨制"的经验后来被用于很多其他领域的改革，如外贸体制改革、劳动就业体制改革、所有制结构改革、社会保障体制改革，住房改革等等。从整个经济来看，对改革的推进和市场机制的发展来说，最重要、影响最重大、最深远的"双轨制"，是所有制结构中的"双轨制"，即国有制与非国有制、公有制与非国有制构成的双轨制。增量改革不从资产存量的再配置上入手，而是着眼于让市场机制在资产增量的配置上发挥作用，这样就会使增量部分不断扩大，计划经济的存量比重相对地逐步缩小。具体的做法有：允许国有企业或农民对完成政府承担的义务以后的增量部分，自主决定价格、销售方式和收益分配；国有企业的工人，可以采用"老人老办法，新人新办法"，即用计划经济中的企业与工人隐含的"合约条件"对待老工人，而用自由缔约的方式来聘用新工人等。

试验推广是指将市场化改革限定在一定的范围（如地区、产业甚至是企业）之内，取得经验后才在更大范围乃至全国加以推广。中国的经济改革大多数都不是在全国范围内同时推开的，每项改革措施都是从较小范围内的试验开始，在改革试点取得一定成果并积累有关经验，群众心理有了准备以后，才加以推广，如家庭联产承包责任制的推行过程、企业承包制的试行和经济特区的创建，以及成都、重庆关于城乡统筹发展方面的试点等。渐进式改革以开"天窗"式的局部试验开始，利用关键性改革带动多项改革，创造制度变迁的"多米诺骨牌效应"，使改革先易后难，从点到面，由浅入深。试验推广的最大好处，就是避免了全面推行可能带来的巨大阻力、压力和风险；保持了改革的稳步推进。

5.2.2　采取渐进式改革策略的主要原因

中国之所以采取渐进式改革的策略，不是偶然的，而是有着深刻的原因。

首先，这是由改革的性质决定的。中国的经济体制改革不是对原有经济体制进行某些修补和改良，而是在社会主义基本经济制度的范围内进行的"第二次革命"，即从计划经济体制到市场经济体制的质的革命。既然是一场根本性的变革，对于指导这场变革的领导层来说，需要有一个认识深化的过程，这就必然要循序渐进，不能贸然激进。

其次，这是由国情的复杂性决定的。中国是一个人口多、地域广，而且经济发展很不平衡的国家。城乡之间、沿海与内地之间、国有经济与非国有经济之间在改革的承载和接受能力上存在着很大的差异。这就决定了各个区域或部门的改革不可能"齐步走"，而需要"分而治之"，梯次推进。

再次，这是由改革的艰巨性决定的。改革不仅包括微观主体的再造和市场体系的重建，也包括政府职能的转变以及分配和社会保障制度的改革，如此复杂、庞大的工程，决定了需要选准"突破口"，渐次展开，逐渐深入。

最后，这是出于获取改革动力的需要。改革要确保获得足够的动力，必须得到更多社会成员的理解，获得更多社会成员的支持。由于改革的收益在时间的分布上往往是跨期的，而改革的福利损益在个体之间的分布也是不均匀的。这就表明，需要有一个过程和充足的时间，使个体逐步提高对改革收益的感知和辨识，也使社会尽最大可能对利益受损者进行识别和必要的补偿，以增强改革的社会基础。

5.2.3 渐进式改革的历程

（1）先农村改革，后城市改革。农业是国民经济发展的基础，在中国尤其如此。同时，农村主要是集体经济，与国有经济占绝对优势的城市相比，是计划经济体制相对薄弱的环节，也是易于首先突破的环节。这就决定了中国经济体制改革必然首先从农村改革开始。1979—1983 年的四年间，可以说是中国农村的大变动时期，在此期间农业的经营形式由单一的集体经营变成统分结合的双层经营，农户的家庭经营成为农业生产的一个重要层次。农村改革很快见到了成效：1981—1984 年间，第一产业增加值的年增长速度分别达到 7.0％、11.5％、8.3％和 12.9％；粮食产量的年均增长幅度高达 2 700 万吨。农村改革极大地推动了农村生产力的迅速发展，也对整个经济体制改革产生了示范和带头作用。以 1984 年 10 月《中共中央关于经济体制改革的决定》为标志，中国经济体制改革的主战场开始由农村转向城市，改革在城市经济生活的各个层次上展开，大大激发出城市经济的活力。

（2）从发展乡镇企业、个体私营经济和外资经济等非国有经济入手，形成以公有制经济为主体、多种经济成分共同发展的局面。改革开放后，在 20

世纪 80 年代采取了率先在非国有经济领域寻求突破的做法。这种在国有经济外部率先推进的"外线发展战略"极大地促进了非国有经济的发展，并促进了整个国民经济的快速增长。目前，包括个体私营经济和外资经济在内的非国有经济创造的增加值已经占到整个 GDP 的 40％ 左右。在多种所有制经济共同发展的过程中，非国有资本参与国有资本置换，不同所有制产权之间开放、流转和融合的态势也开始显现，基于股份制的混合所有制经济逐渐发展起来，所有制结构和微观经济基础进一步得到改善。

（3）先改革一般竞争性领域，再向传统的垄断性领域推进。由于垄断性行业内的企业往往规模庞大，其提供的产品或服务一般又构成社会生产和居民生活的基础，同时改革开放之初有关垄断性行业改革的理论准备和迫切性也不充足，因此首先推行垄断性行业改革的条件是不具备的。相比之下，一般生产加工业、商贸服务业等竞争性领域却具备较好的改革基础，于是改革首先从竞争性行业开始。经过一段时间的改革，竞争性行业已发展成为市场化程度较高的部门。从 20 世纪 90 年代中期开始，改革垄断性行业的必要性和可能性都比之前更加突出。于是，垄断性行业的改革真正开始启动，在政企分开和商业化改造、引入竞争、改革政府监管体制和引入民间资本等方面做了一些初步的尝试。但总的来说，这方面的改革还有待进一步深化，因此垄断性行业的改革仍将是中国下一阶段改革的着力点之一。

（4）先在一段时期内实行计划内价格和计划外价格并行的"双轨制"，然后在条件成熟后并轨。价格改革之初，可供选择的思路有两种：一种是采取一步到位放开的方式，另一种是采取积极稳妥、分步到位的方式。中国的价格改革没有采取一步到位的方法，而是采取了"调放结合、先调后放、逐步放开"的方式，经历了一个由"双轨"到"单轨"的过程。这主要是基于以下几点考虑：首先，价格改革要和市场发育相适应，应避免过度超前。其次，价格改革要考虑不同产业和产品的特点，分别采取不同的改革策略。最后，价格改革要考虑政府的财政能力能否适应理顺各种比价关系的要求，要考虑政府是否具备足够的驾驭改革的能力，也要考虑企业和居民是否具备足够的对改革的承受能力。国家定价和市场调节价格结合的"双轨制"一段时间内曾在工业生产资料价格方面表现得比较突出。这种"双轨制"对于突破单一的国家固定价格具有一定作用。后来的实践表明，实行"双轨制"后，计划轨和市场轨的价差逐步拉开，而且市场调节价的比重逐渐扩大，并随着市场经济的深入发展，逐步实现"并轨"，最终完成向市场形成价格机制的转变。

5.3 以市场配置资源为目标的价格改革

价格是调节市场的基本手段。中国的价格体系是在旧中国半殖民地半封建的经济基础上形成的，各种比价关系不合理，工农产品价格"剪刀差"严重。农产品、矿产品价格长期偏低；工业品内部比价不合理，消费品的各种差价小。同时，价格管理体制高度集中，没有有效的市场定价机制，产品定价权完全掌握在中央和地方政府手里。由于实行传统的社会主义经济体制，中国处于明显的短缺经济状态，物资供应紧张，许多重要的商品实行价格管理，凭证供应，排队抢购，黑市猖獗，人民群众不但消费水平低，而且生活极不方便。80 年代初，南方一些省市率先放开一部分商品如水果、水产品、蔬菜等价格。很快，奇迹出现了：放开价格的商品，在经过短时间涨价后，由于市场机制的作用，这些商品像泉水般涌流出来供应市场，而且价格逐渐回落。这使公众看到了和亲身体验到了市场机制的作用。接着放开一些农产品、工业消费品等价格，效果也十分明显。结果是市场繁荣，经济活跃，人民生活大为改善，并最终告别短缺经济。

中国价格改革经历了两个阶段，1984 年前以调整各种产品和服务价格为主的阶段，1985 年后以放开各种产品和服务价格为主的阶段。

5.3.1 价格调整时期：1978—1984 年

该时期价格改革战略包括以下几个部分：（1）提高农产品价格，缩小工农业产品价格"剪刀差"；（2）扩大消费品的范围并开放消费品市场；（3）为刺激供给，允许超计划生产的生产资料以较高价格出售。

该战略从农业开始实施。从 1979 年 3 月至随后的几个月，政府调高了18 种农产品的收购价格。其中粮食价格调高 20%，超定额奖励由 30% 提高为 50%；棉花价格调高 17%，油料作物价格调高 24%，水产品价格调高

18%，禽蛋价格调高 20%，猪牛羊价格调高 24%。自 1949 年以来，平均 25%的价格上调是第一次。之后不久，一大批农业生产资料价格下调，其中包括肉、禽、蛋、蔬菜。伴随零售价上调，国家发给城市职工一份食品补贴，其费用由中央政府预算承担。这些农产品价格的大幅度调整拉开了改革的序幕。下一个步骤是逐步降低政府支配价格的地位。1980 年，超计划生产的第一、第二类产品及全部第三类产品实行"议价"。议价实际上并非通过谈判定价，而是由政府单方定价。然而，政府试图通过市场力量对这些产品定价和调价，而农民原则上在谈判条款规定的范围内可以不将产品卖给国家。尽管 80 年代的议价普遍低于市场价，农民通常愿意将产品卖给国家，因为卖给国家交易成本较低而且不确定因素少。1981 年，第一、第二及第三类农产品的范围重新定义以缩小政府控制。另外，政府正式规定超定额的第一、第二类产品可以在市场上出售；当时的一些做法正式合法化。最后，为便于农民计划未来生产，政府公开承诺开放城市蔬菜市场。

在 1979—1984 年这一时期，工业生产资料经历了类似的调整与开放。1979 年第一种调价产品是煤炭，煤炭坑口价上调 30%。煤价调整前，半数以上国营煤矿由于平均生产成本高于国家坑口价而亏损。紧跟煤价上调，1980 年和 1981 年另外 29 种生产资料的出厂价也上调，其中包括生铁、焦炭、水泥、平板玻璃、部分钢材和某些矿石。在加工系列的另一端，某些品种的成品、机械、仪器及工具的价格下调。1984 年 5 月，国务院颁布了《关于进一步扩大国营工业企业自主权的暂行规定》，使计划外市场活动普遍化。30 种产品的超计划部分可自行销售，其中包括诸如生铁、铜、铝、铅、锌、锡及水泥等短线原材料。另有 2%计划内钢产量可独立销售。自销部分的价格可在国家定价上下 20%的范围内浮动。

改革开始时，工业消费品的情形普遍与农产品和基本生产资料相反：其价格相对生产成本偏高，抑制了需求。因此，这一部门的价格调整一般为下调。下调产品包括手表、电视机、电扇、录音机等。个别商品也有价格上调的情况，其中包括烟酒。影响纺织品的价格改组是对消费模式冲击最大的改组之一。由于棉花一直被当作重要的必需品，所以长期低价定量供应，而化纤却价格偏高，抑制了消费。第一轮化纤品降价发生于 1981 年 11 月，第二轮化纤品降价发生于 1983 年 1 月。这些价格调整减轻了棉花需求过量的压力，使棉花价格只需少量上调就能基本实现市场平衡。

到 1984 年，以上各项措施使价格合理化取得了明显进展。农产品征购价格的一般指数比 1978 年上升 53.7％，而农村地区工业品的价格指数仅上升 7.8％（《中国统计年鉴》，1990：250）。因此，工农业产品贸易比价显著向有利于农民的方向移动。工业内部，生产资料价格上升，消费品价格下降，使加工业的固定资产利润率由 27.8％下降为 17.8％。相反，重工业的利润率却略有上升，由 13.2％上升为 13.9％。在定价制度多样化方面也取得了一些成绩。到 1984 年，取代原来严格而普遍的中央控制价格，出现了在国家限制范围内的浮动价格、作为第二轨而高于基本国家定价的议价、地方政府制定的价格以及完全反映市场供需的开放价格。另外，仍由中央控制的价格也根据市场信息更为频繁地调整。

5.3.2 放开各种产品和服务价格为主的阶段：1985 年至今

1986—1988 年间，政府部分调整了粮食合同收购价，但调整幅度却远远小于市场价的上涨幅度。1985 年，鉴于猪肉在中国的食品结构中地位显著，作为市场开放的一个大胆尝试，农村生猪的销售价格及城市猪肉的价格均开放。开放后价格上涨约 30％。同样在 1985 年，黄牛、牛肉、蛋类及水产品价格也在主要城市开放（在此之前，这些价格已在个别地区开放）。

计划外生产的增长及国家不断将整批商品由计划控制转为计划外商品，促进了开放生产资料市场的贸易。到 1986 年，仅 21 种产品仍由中央统管（《中国物价年鉴》，1989：12）。对一些重要计划内产品，例如煤、钢、电、运输，国家不断小幅度调整其价格，但计划价与市场价的差距仍然很大并不断增加，这和农产品的情况类似。

1985—1988 年期间，自由市场贸易激增。1985 年，34％的零售贸易以市场价进行，到 1988 年，上升为 49％。相反，按国家定价从事贸易的比例由 47％下降为 29％。在计划与市场之间，按国家"指导"计划或地方政府控制价格从事贸易的比例基本没变。农产品方面，市场定价的比例由 40％上升为 57％，国家定价的比例由 37％降为 24％。改革前，家庭消费支出的 60％到 80％用于购买配给商品（粮、油、肉、蛋、棉布、棉胎、火柴、肥皂、自行车等）；到 1991 年城市地区购买配给商品的支出降为 5％或 10％，农村完全取消了配给。城市地区仍然实行配给的主要商品之一是粮食,其价格为市场价的 1/3 至 1/2,每人每月定额约 15 千克,该定额比城市地区人均粮食消费量多几千克(《中国统计年鉴》,1990:307)。

经过 40 年的改革,价格形成机制发生了根本变化,除少数基础产品和生活必需品由政府管理价格外,绝大多数商品的价格都已经由市场来决定。如表 5.1 所示,各类商品价格都在市场化,其中商品零售环节的政府定价由 1978 年的 97% 降至 1992 年的 6% 左右,而市场调节价由 3% 上升至 93%;农产品收购价格的政府定价由 1978 年的 92.2% 降至 1992 年的 12.5% 左右,1998 年降至 10% 以下,2005 年只占 1% 左右,而市场调节价由 5.6% 上升至 2005 年的 97.7%;生产资料销售价格的政府定价由 1978 年的 100%,降至 1998 年的 10% 以下,市场调节价由 0% 上升至 2005 年的 91.9%。由此结果可知,中国的各种价格已基本由市场来确定,为各类市场的发育创造了条件。

表 5.1　改革开放以来三种价格形式的比重变化(%)

年份	商品零售			农产品收购			生产资料销售		
	政府定价	政府指导价	市场调节价	政府定价	政府指导价	市场调节价	政府定价	政府指导价	市场调节价
1978	97.0	0.0	3.0	92.2	2.2	5.6	100	0.0	0.0
1988	47.0	19.0	34.0	37.0	23.0	40.0	60.0	0.0	40.0
1990	29.8	17.2	53.0	25.0	23.4	516	44.6	19.0	36.4
1991	20.9	10.3	68.0	22.2	20.0	57.8	36.0	18.3	45.7
1992	5.9	1.1	93.0	12.5	5.7	81.8	18.7	7.5	73.8
1993	4.8	1.4	93.8	10.4	2.1	87.5	13.8	5.1	81.1
1994	7.2	2.4	90.4	16.6	4.1	79.3	14.7	5.3	80.0
1995	8.8	2.4	88.8	17.0	4.4	78.6	15.6	6.5	77.9
1996	6.3	1.2	92.5	16.9	4.1	79.0	14.0	4.9	81.1
1997	5.5	1.3	93.2	16.1	3.4	80.5	13.6	4.8	81.6
1998	4.1	1.2	94.7	9.1	7.1	83.8	9.6	4.4	86.0
1999	3.7	1.5	94.8	6.7	2.9	90.4	9.6	4.8	85.6
2000	3.2	1.0	95.8	4.7	2.8	92.5	8.4	4.2	87.4
2001	2.7	1.3	96.0	2.7	3.4	93.9	9.5	2.9	87.6
2002	2.6	1.3	96.1	2.6	2.9	94.5	9.7	3.0	87.3
2003	3.0	1.5	95.6	1.9	1.6	95.6	9.9	2.7	87.4
2004	3.0	1.7	95.3	1.0	1.2	97.8	8.9	3.3	87.8
2005	2.7	1.7	95.6	1.2	1.1	97.7	5.9	2.2	91.9

资料来源:《中国物价年鉴》各年,2006 年后不再统计。

5.4 小结

1978 年，中国开始了改革开放的历史进程，至今已 40 年。在这一过程中，中国的经济体制逐步由计划经济转到社会主义市场经济，由封闭半封闭变为全方位、多层次、宽领域的对外开放。改革开放从根本上改变了传统僵化的计划经济体制，使国家的综合经济实力和民众的生活状况发生了前所未有的变化。中国的改革开放能够取得如此良好的发展绩效，一个很重要的原因在于中国的改革不是简单地复制标准化的市场经济模式，而是根据本国特定的国情，独立自主并创造性地进行制度选择与制度安排，使市场经济制度的一般规律与中国经济的具体情况相契合，形成内生诱致性和自适应的制度变迁轨迹，由此避免了强制性制度移植和输入以及制度外部依附所带来的灾难性后果。中国改革的国别特色和"本土化"制度创新模式成为转轨经济中独树一帜的模式，在国际上被冠以"中国模式"。

目前，中国的市场化改革仍未结束，如政府仍然掌控着大量生产要素资源，如对金融资源定价，现在利率仍由政府掌控；对重要原材料价格仍未完全放开；政府对矿山、土地等资源拥有所有权等，未来需视经济发展和市场状态来逐步调整与改革。

第6章 对外开放

近40年来，贯穿中国经济高速增长进程的一个重大变革是经济开放度的显著提高。本章通过对中国近30年开放过程的回顾，讨论和梳理了1978年以来中国对外开放的历史与逻辑线索，重点关注政府的制度性供给在其中的作用，中心论点是中国的对外开放也是一种渐进式改革，它的启动和路径选择，是政府面对一系列限制条件下理性安排的结果，带有强烈的政府干预特征，取得了巨大成效，但也存在问题。

本章的结构如下：第一节概述中国开放路径的特征、主要成就和经验事实，对中国的对外开放度进行综合评估；第二节分析形成目前开放格局的制度供给；第三节讨论中国"双引擎"开放战略下的增长与稳定的宏观机制及存在的挑战；第四节是总结性评论。

6.1 "双引擎"驱动下的开放进程

1978年末改革启动时中国的进出口总量仅206亿美元，到2007年末达到近2.2万亿美元，增长了近百倍，占GDP的2/3强，占全球贸易的比重达7%，跃居世界第三位；中国外贸依存度也从当初不足10%提高到2007年末的67%；吸引外资从无到有，目前存量逾7 000亿美元，连续多年名列发展中国家吸引外资第一位；外汇储备在 1978 年前从未超过 10 亿美元，2007 年末突破 1.5 万亿美元，名列世界第一。中国的对外开放，不仅成为本国经济发展的重要支柱，同时也对世界经济产生了深远的影响。这场变革的背景，是一个几乎完全与世隔绝的欠发达大国从封闭经济向开放经济的主动转型。转型基于两条主线展开，并实现了巨大的成效。一方面是国家集中控制对外经济活动程度的逐步弱化，带来了日趋活跃的国际交易总量增长以及市场范围扩大，放松了经济增长所面临的资源和货币约束；另一方面是本国要素禀赋的比较优势不断释放，在缓解了人口大国的就业压力的同时，由于干中学效应和竞争性创新机制的获得，经济有了持续的增长动力，国民福利因而得以不断增进。中国的经验表明，开放是重要的，但选择一条适应本国国情的开放道路更重要。

6.1.1 对外开放度不断提高的 40 年

改革 40 年，也是对外开放度不断提高的 40 年。传统上，对外贸易比率（即出口总额对国内生产总值的比率或进出口总额对国内生产总值的比率）一直被用作衡量一个国家对外开放程度的标准指标，它反映了一个国家参与国际贸易或参与国际分工的程度。[1]但贸易并不是一国开放内容的全部，它并不能完全反映一国国际交易相对规模的大小。正如理论研究及诸多发达国家经验事实表明的那样，国际资本市场的发展，已经使得资本项目成为一国国际收支的推动力量，资本项目的发展已支配着经常项目的变化，一国的贸易状况似乎变成了资本项目变化的副产品（史密斯，2004）。因此分析经济开放度，还应当把资本流动的一些内容包括进来，并且应当考虑双向的货物和资金流动。为了考察中国经济的整体开放度，在此我们以"国际收支的双向流量之和与 GDP 的比值"为度量指标，来反映全部的对外经济活动与中国经济产出的相对比重，绘成图 6.1。

---

[1] 根据这一标准，发展中国家往往要比主要的工业化发达国家开放得多，它们在 1995 年的贸易份额平均值达到了 45%，而西方七国的平均贸易份额只有约 25%（Agénor，1999）。这似乎与发达国家更开放的一般经济直觉有出入。究其原因，在于国家规模存在差异，发达国家的 GDP 规模要大得多，这使得其贸易的相对比重要小得多。因此，这一指标常常不能特别准确地说明国与国之间的实际开放度的大小，这是进行国际比较时应当特别注意的。

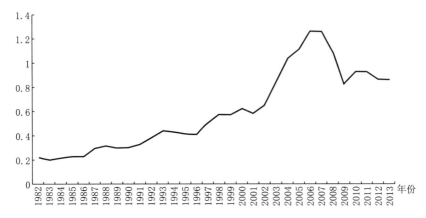

图 6.1　中国的开放指数

资料来源：作者根据 Wind 金融资讯终端数据计算。

从图 6.1 中可清楚看出中国对外开放的大致轨迹：近 40 年来，中国经历了一个对外开放程度不断提高后又稍降的过程。开放指数从 1982 年的 0.18 连续攀升，1991 年为 0.37，到 2001 年达到 0.63，2007 年末已高达 1.5。之后逐步下降。这一方面反映了 2001 年之后，中国经济的开放速度明显加快，显然这一趋势是与中国 2001 年底加入 WTO 的制度性变革分不开的；另一方面也说明加入 WTO 的红利逐渐削减，内需逐步取代外需，这与中国经济增长模式调整有关。

中国采取了渐进式开放战略，其表现是：先沿海，后内地；先区域开放，后产业开放；先"引进来"，再"走出去"。

1. 在开放区域上，从沿海逐步向内地推进

中国的对外开放首先是从 1979 年批准在广东省的深圳、珠海、汕头三市和福建省的厦门市试办出口特区开始的（1980 年将这四个出口特区改称为经济特区）。这无疑是在计划经济体制内打开了一个"缺口"。之后 1984 年又决定开放十四个沿海城市，1985 年开辟了一批沿海经济开放区，1988 年扩展沿海经济开放区并兴办海南经济特区，1990 年开发开放上海浦东新区。这样，到 20 世纪 90 年代初，在沿海地区形成了拥有 41 万平方公里、2 亿多人口的沿海经济开放带，在进出口权限、外汇留成、地方税利上享受不同程度的优惠政策。在沿海开放战略的带动下，沿海地区经济迅速发展。据统计，到党的十四大召开的 1992 年，沿海地区国内生产总值占全国的比

重达53.3％，人均国内生产总值比全国平均水平高32％。在沿海地区发展的基础上，党的十四大提出"沿海、沿江和沿边境开放"的方针。于是"八五"时期相继开放了13个内陆边境城市、6个沿江城市、18个内陆省会城市，形成从沿海到内地全面开放的格局。

2. 在开放领域上，从一般加工工业逐渐向基础产业、高新技术产业和第三产业扩展

中国在开放初期，主要以区域开放为重点。20世纪90年代之后，对外开放的重点逐渐转向以产业开放为主，重点在于利用外资，加速经济结构的调整和产业升级，以提高经济的内在质量和竞争力。在产业开放领域的选择上，考虑到中国主要面临加速推进工业化的历史任务，同时也考虑到各个产业发展不平衡，承受开放中竞争压力的能力存在差异，因此在开放初期优先开放了第二产业中的许多领域，只允许外商进入少数第三产业的领域。进入20世纪90年代之后，特别是中国加入WTO之后，服务业开放的步伐逐步加快。在工业内部，基于中国的要素禀赋特征以及工业化的进程，首先开放一般加工工业等传统的劳动密集型产业，之后逐步过渡到包括基础产业和高新技术产业在内的资金密集型和技术密集型产业。中国由此逐渐形成各产业全面对外开放的态势。

3. 在开放战略上，从侧重于"引进来"向"引进来"和"走出去"并重转变

中国的对外开放（主要是资本流动）在相当长一段时间内基本上是单方向的，也就是主要侧重于"引进来"。尽管早在改革开放之初的20世纪80年代早期，在筹划改革开放战略时就已经提出了"走出去"的思想，但一直没有较大的发展。总的来看，"引进来"战略取得了很大的成功，不但弥补了储蓄和外汇的"双缺口"，也在一定程度上带动了技术和产业的升级。尤其是在引进外资的带动下，对外贸易的迅速发展令人瞩目。但随着"引进来"战略的深入发展，也带来一些不容忽视的问题：一是伴随全球加工制造业通过跨国公司向中国的集中，尽管也带动中国自身产生了一批优势产业和企业，尤其是在劳动密集型产业中，但产业链的高端（主要是研发和营销）仍在跨国公司手中，从而限制了产业和企业的进一步发展。二是加工制造业向中国的加速集中，加剧了在中国自身工业化和城市化加速发展背景下的资

源紧张，一些主要能源的对外依存度不断提高。以石油为例，由于石油消耗量与产量之间的巨大缺口，中国从 1993 年开始就成为石油净进口国，近几年石油对外依存度持续处于 40％以上的高位甚至逼近 50％左右的预警区间。三是跨国公司投资带动下的对外贸易高速发展导致中国与别国的贸易摩擦不断加剧，使贸易环境不断恶化。中国连续十几年成为全球遭受反倾销调查、被实施反倾销措施数量最多的国家。为进一步推动中国的产业升级、确保资源的可持续供给、减轻贸易摩擦的压力，"走出去"的战略地位逐步提高，包括财税、信贷、保险、通关、质检、领事保护等措施的相应的支持体系也开始构建。在此背景下，近年来中国对外投资增长较快。2016 年中国对外投资净额为 19 614 943 万美元，2016 年中国也是发展中国家中 FDI 流出量最大的国家，成为国际直接投资的新生力量和重要的资本输出国。从图 6.2 可看出，中国以贸易为主导的经常项目的开放程度要高于资本与金融项目的开放程度，但 2002 后按照 WTO 的基本框架和中国的金融业开放日程，以及近年来中国对外贸依存度的降低，中国的资本与金融项目的开放也达到新的高度，目前金融与资本项目开放度与经常项目开放度已基本持平。

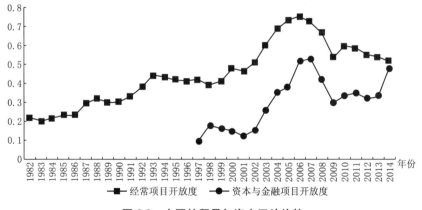

图 6.2　中国的贸易与资本开放趋势

资料来源：作者根据 Wind 金融资讯终端计算。

6.1.2　中国已是全球贸易大国

1978 年末改革启动时中国的进出口总量仅 206 亿美元，在国民经济中的地位可谓微不足道。改革开放之后，中国的进出口贸易获得了长足的发展，以年均 14.22% 的速度增长。同时，中国在全球贸易中的地位也得到了显著提高。1978 年中国进出口总额为 206 亿美元，占发展中国家贸易额的 2.7%，仅占全球贸易总量的 0.85%，到 2016 年底中国商品进出口总额为 36 856 亿美元，40 年间增长了 200 倍，在全球贸易总量中的比重上升到 11% 以上，全球排名第二。

从出口来看，1978 年中国出口总额不足 100 亿美元，仅占全球出口总量的 0.82%，2016 年中国商品出口总额达到 20 982 亿美元，增长了 200 倍，在全球出口总量中的比重也上升到 13.2%。从进口来看，1978 年中国进口总额为 111 亿美元，仅占全球出口总量的 0.82%，2016 年为 15 874 亿美元，增长了 150 倍，在全球进口总量中的比重上升到 9.8%。2016 年底，中国的出口、进口占当年 GDP 的比重分别达到了 18.7%、14.2%（见图 6.3），比改革启动时的 1978 年（4.6%、5.2%）上升了 14 个百分点和 9 个百分点。

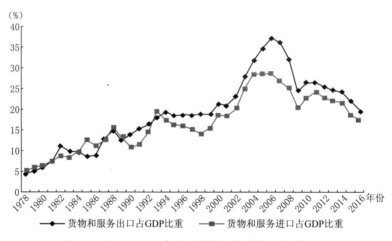

图 6.3　1978—2016 年中国进出口占当年 GDP 的比重

资料来源：世界银行 WDI 数据库。

对外开放的 40 年，中国的进出商品结构不断提升。20 世纪 80 年代以来，中国的进出口商品发生了实质性变化。1985 年以前，农产品、燃料、矿物和金属等资源密集型初级产品出口约占总出口的半壁江山。其后，工业制成品的作用开始上升，并在 1989 年后成为主要出口产品，出口份额也不断攀升，1989 年超过 70％，1993 年超过 80％，2001 年超过 90％，2016 年达到 95％。在制成品出口结构中，"机械及运输设备"又占据主要地位，2016 年已达到 49.4％。改革开放以来，高技术产品进出口也呈现出较快势头，中国的贸易结构有了很大的提升。

6.1.3 吸收 FDI 最多的发展中国家

在"自力更生"原则指导下，1979 年前中国严格限制外商直接投资 (FDI) 流动。随着 1978 年改革开放启动，国家开始出台政策鼓励招商引资。吸引外资也是"摸着石头过河"的，在 20 世纪 80 年代初期 FDI 只允许投资 4 个经济特区并须采取合资企业形式，多数 FDI 进入了宾馆建设和能源开发领域。1984 年新的《外商投资法》实行，中央和地方都采取了大量优惠措施来吸引外资。伴随 1992 年邓小平南方谈话后中国的市场化改革和开放力度加大，FDI 的流入加速。

从图 6.4 可看出，最近 30 年，FDI 流入极其迅猛。1985 年 FDI 流入不到 20 亿美元，而 2016 年则达到 1 260 亿美元，是 30 年前的 60 倍。中国目前是世界上 FDI 流入最多的发展中国家，也是仅次于美国的第二大 FDI 接受国。全球最大的 500 家跨国公司基本在中国投资设厂，一些跨国公司还将研发基地设在中国。

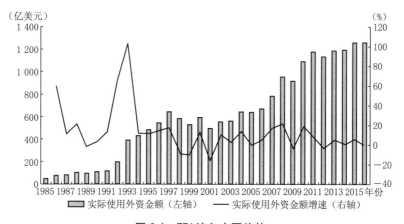

图 6.4 FDI 流入中国趋势

资料来源：2017 年《中国统计年鉴》，增速由作者根据金额进行计算。

传统上认为，流入中国的 FDI 按其投资动因可大致分为几类：一是水平型 FDI，其特点是将生产从境外转至中国，来服务于中国的本土市场；另一类是垂直型 FDI，利用中国的低成本生产来为产品出口服务。大多数出口导向型的 FDI 流入来自其他亚洲经济体，包括韩国、中国台湾和中国香港等，其目标是利用低生产成本。而来自北美和西欧的主要是水平型 FDI，目标是开拓中国的内地市场（Lemonie，2001）。根据美国经济分析局的数据，2010—2015 年间，美资企业全球海外分支机构销售总额增长的 1/3 来自中国市场。

从 FDI 在中国的产业投向看，制造业仍是 FDI 的投资重点，占比仍然最大。但近年来随着服务业在中国经济增长中发挥引领作用，服务业吸引的外商直接投资金融也在持续扩大。从 2016 年的数据看，房地产、租赁和商务服务业、批发零售业和金融业吸引的外商直接投资最多。作为 FDI 流入的结果，2016 年中国已有 505 151 个外商投资企业，当然占比排名靠前的依然是制造业、批发和零售业、租赁和商务服务业以及房地产业和金融业，投资总额为 51 240 亿美元，注册资本为 31 243 亿美元，其中外方占注册资本的 76.6%。

外资企业对中国贸易的贡献度很大。中国对外贸易的高速增长与 FDI 的大量涌入有着密不可分的关系。1991 年以前，中国的对外贸易主要是由国有企业推动的，在国内企业中，乡镇企业在中国出口及进口中所占比重稳步上升。然而从 1992 年开始，外资企业在中国出口及进口中所占比重迅速上升。2016 年外资企业出口总值为 9 168.2 亿美元，占全国外贸出口比重 43.7%，外资企业进口总额 7 703.3 亿美元，占全国外贸进口总额的 48.5%。FDI 促进了外贸进出口，拉动了中国贸易规模快速增长。在中国进出口规模迅速扩大的过程中，外资企业在中国进出口贸易中的地位也呈不断上升的趋势。很显然，外资企业及 FDI 在中国贸易和经济增长中扮演着重要角色。这也显示出在全球化生产转移格局下，国际制造业已经将中国作为一个加工制造及出口基地。

6.1.4 国际收支顺差和外汇储备的增长

国际间的贸易往来和非贸易往来的结果，导致货币在国际范围内双向流动，最终形成一国对他国的货币收支关系，并反映在国际收支平衡后果上。

改革开放以来，中国经历了国际收支规模不断扩大和结构变动的过程。作为开放最重要的直接经济后果之一，中国已实现了从早期的国际收支逆差向国际收支顺差的转换，积累了高额外汇储备，经济发展和国家安全有了巨大的资金保证。1994 年之后"双顺差"格局基本形成，2012 年前此格局基本保持不变，2012 年之后受国际资本流动影响，金融和资本项目差额一度为负。受国际收支变动趋势影响，国家外汇储备增长迅速，截至 2016 年底国家外汇储备余额为 3 万多亿美元，比 2000 年底增长将近 20 倍（图 6.5）。从储备资产投向看，有相当大部分投向了美国等地区的政府债券。

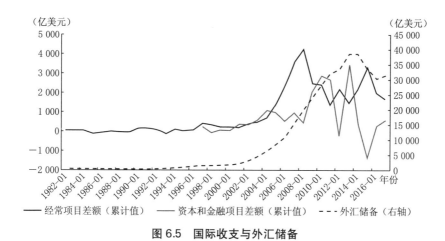

图 6.5 国际收支与外汇储备

资料来源：Wind 金融资讯终端。

6.1.5 中国在国际分工中的地位

一般认为，全球化生产网络可分为三个等级：欧美日作为第一等级，其企业是技术或资本主导者；新兴经济体如新加坡、中国香港、韩国等作为第二等级，早期主要从事加工装配环节或生产制造，后来逐渐演变为中间商（部分企业上升为领导企业）；第三等级有中国、东南亚发展中国家以及北非、中东和拉美地区，这一等级进入全球化生产网络的时期较晚，由于低成本等优势，目前主要从事加工装配业务或中间产品的生产。三个等级的经济体之间形成错综复杂的国际生产网络，其中以东亚电子、纺织三角形国际分工体系尤为典型（陈小文、蒋荣兵，2005）。浦田秀次郎（2000）的实证也表明，东亚经济体的贸易形式是在区内进口，而向区域外出口。这正反映了跨国公司在东亚地区的运作方式，多数跨国公司只是把东亚作为出口基地，在区内采购零部件，之后装配成最终品出口到欧美等其他地区。跨国公司在新的国际分工中逐渐起主导，生产领域逐渐呈现出从产业间分工到产业内生产环节的分工、从单纯的对外直接投资到以投资、外包和中间品贸易重组生产链条的特点，新型国际分工模式构成了错综复杂的国际分工网络。

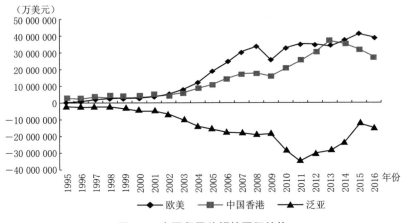

图 6.6　中国贸易差额的国际结构

注：欧美系指美国、加拿大和欧盟；泛亚地区指日本、韩国、中国台湾、东盟、俄罗斯、澳大利亚、中东海湾六国及伊朗、巴西。

资料来源：Wind 金融资讯终端。

随着中国的开放，其低成本的劳动力成为吸引外商投资和生产转移的一个重要原因。大量劳动密集型产品已经转移到中国来生产，但是还有相当多的资本和技术密集的产品，特别是最终产品中的一些重要和关键零部件，还主要在泛亚经济体和欧美地区生产，它们与中国形成了产业内的垂直分工和贸易。如果我们把日本也归入中国之外的泛亚经济体，则一个欧美、中国和泛亚的三角生产—贸易分工情境就会清晰地浮现出来。中国与泛亚经济体日益扩大的贸易逆差（2016 年该逆差为 1 471 亿美元），与欧美较大的贸易顺差（2016 年顺差 3 908 亿美元），正是由于中国从泛亚经济体进口中间投入品、向欧美出口最终品的分工和贸易模式决定的（见图 6.6），这是全球化下的新型国际分工，也反映了世界经济的一个新格局。

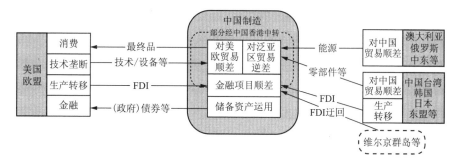

图 6.7　中国视角的当代生产—贸易—金融国际分工

资料来源：王宏森（2007）。

不仅如此。根据上述线索，并进一步考虑资本项下的 FDI 和外汇储备流动，可绘成图 6.7。从中可知，这种新型分工的较完整情形是：欧美出口资本、技术（资本品），泛亚地区出口能源和零部件等中间品，中国提供低价劳动力，三方在中国"合资建厂"，进行加工制造、组装，最终品销往欧美，由欧美消费——这样早期的东亚对欧美顺差也大量转移到中国来；而由于金融市场不发达，中国双顺差所获得的美元只能转投回欧美发达的金融市场，为欧美的投资和消费提供融资。在此格局下，欧美是资本所有者、技术领先者和产品消费者；日本等泛亚经济体大体上是中间商和资源提供者；中国则是劳动者，三个参与集团各取所需，获得各自收益，在一定程度上保持了相互依存的均衡状态。[1]由此也可知，中国目前的外部不平衡，虽然与自身经济结构和政策有一定关系，但在很大程度上是当代欧美主导的国际分工体系所外生决定的，不应把以美国经常账户大规模赤字为主要特征的"全球失衡"的原因推卸给中国因素，欧美发达国家应当承担主要责任。

根据本节分析，中国近 40 年对外开放的基本事实和成就可以概述如下：第一，中国改革 40 年，也是不断开放的 40 年。通过其中三阶段的跨越式开放历程，中国在 21 世纪初成功融入了世界经济，终于实现了从一个封闭经济向开放经济的主动转型，对外开放度越来越大，国际地位也在不断提升。走开放型的发展道路，是中国经济获得成功的一个基本经验。第二，作为改

---

[1]　一些研究者将包括中国在内的东亚经济体一并考虑，称此美元本位下的国际经济新格局为后布雷顿森林体系（或布雷顿森林体系 II）。见 Dooley 和 Garber（2005）等的分析。

革的一部分，中国的对外开放同样带有强烈的渐进性特征：在空间格局上，遵循了特区试点—沿海跟进—内地延伸的开放路径；在部门的开放次序上，严格地按照先贸易品部门后非贸易品部门、先经常账户后金融账户的逻辑推进，注重先易后难，力求稳妥安全。第三，出口贸易和外商直接投资是中国开放进程中最重要的两大驱动因素，一方面使得中国成为出口大国和吸收外资大国，另一方面也使中国经济对出口和 FDI 有着过高的依存度。第四，作为开放最重要的直接经济后果之一，中国已实现了从早期的国际收支逆差向国际收支顺差的转换，积累了高额外汇储备，经济发展和国家安全有了巨大的资金保证。

6.2　对外开放的路径选择与制度供给

中国对外开放领域所取得的种种成就，是与中国政府在这一领域相关的制度性供给密不可分的。中国的开放同样也具有东亚经济体的政府干预特征，但与东亚早期先行经济体或者注重出口导向（日本等），或者注重国际借贷（韩国），或注重 FDI 引进（马来西亚）的开放战略不同的是，中国政府在开放过程中采取了 FDI 诱导和出口导向相结合的双引擎工业化增长战略，并围绕这一战略实施了广泛的措施。

6.2.1　中国对外开放的初始条件与路径选择

一个国家在一定阶段的发展战略，必定是该国客观的资源禀赋条件与主观政策选择的结果。如果战略和政策得当，经济发展面临的资源约束就会放松，一旦资源约束得以放松，经济就会进一步发展。一般而言，开放战略因其侧重点可分为"贸易导向型"和"资本导向型"，前者可进一步细分为"出口主导（出口导向）"和"进口主导（进口替代）"两种；后者也可进一步细分为"直接投资主导""资产投资主导"和"银行债务主导"三种模式。所谓的"资本导向"，对于发达国家而言，常常意味着以上述三种模式进行对外投资，而对于发展中国家则是不同形式的资本进口。当然，一国在开放过程中并不可能一直实行一种开放战略，因为发展目标及其制约条件总是动态变化的；在某一阶段，也不可能纯粹地只实行某一种做法而忽略其余，理论和政策研究中也只是大体根据政策模式的"显示性偏好"而将其归入某一类型。[1]中国对外开放战略的选择，是与开放的初始条件密切相关的。

作为世界最大的发展中国家，中国的基本国情：一是在地理位置（或地缘经济）上，处于地球东方和亚洲的中心位置——"东八"时区，与另两个西半球中心——西欧（相差 7 个时区）和美国（相差 13 个时区）遥相呼应；周边国家或经济体密布，既有高度工业化国家日本，也有新兴经济体"亚洲四小龙"韩国、新加坡、中国香港和中国台湾，有发展水平还不高的发展中大国印度，还有正在不断走向开放和发展中的东盟等，这使得中国在开展国际贸易和投资方面具有地理上的自然优势。历史上著名的亚洲"朝贡贸易"即是以中国为圆心的。[2]二是在发展水平上，中国属于典型的城乡分割的二元经济结构国家，经过 30 年的计划经济形成了一定的工业基础，但在启动对外开放时仍缺乏现代意义上的工商业企业以及企业家，生产技术水平比较落后；人均收入特别是农民收入极其低下，在市场化初期国内需求严重不足。三是在要素禀赋上，中国有着世界上最多的人口，劳动几乎可无限供给，且劳动力成本极其低下；中国城乡居民虽有很高的储蓄倾向，但是由于企业和企业家的高度稀缺和金融业发育不足而不能把国内的储蓄有效地转化成为生产性的资本来增加国民财富和居民收入，在 1978 年改革启动之初，中国的人均资本存量极其稀少；长期的封闭经济运行造成的外汇短缺，引进技术无法得到外汇资金的支撑。

上述条件，决定了中国面对 20 世纪 80 年代以后经济全球化浪潮和国际制造业转移机遇时，必须利用丰富的低价劳动力的比较优势，采取适合自己国情的开放战略，以克服外汇、技术"双缺口"以及国内市场发育不足的特点，来发展国内经济。同时，鉴于发达国家及发展中国家在开放过程中的早

---

[1]　如日本在 1985 年日元升值后，即从"贸易立国"转向了"投资立国"，将大量资本以直接投资或证券投资方式投资海外，但这并不意味着它完全放弃了原先的"出口主导"型政策。日本长期贸易顺差的经验数据证实，日本此后推行的是对外投资与出口导向并存的混合型开放战略。

[2]　关于"朝贡贸易"，可参见滨下武志：《近代中国的国际契机——朝贡贸易体系与近代亚洲经济圈》，朱荫贵、欧阳菲译，中国社会科学出版社 1999 年版，第一章"朝贡贸易体系与近代亚洲"。

期经验教训，如一些拉美国家大量借入国际资金却用于消费（过度借贷症）而缺乏增长后劲、大量引进外资却出现了外资支配经济的"外资化倾向"，过快实施金融自由化产生了对短期资本的过度依赖等（如东南亚一些国家），以国际借贷为主的韩国模式等出现的较大的经济不稳定及金融危机风险，中国在对外开放过程中的国家安全也是政府在选择开放道路时需要考虑的一个重要因素。

6.2.2 FDI诱导和出口导向相结合的双引擎开放战略

由于上述原因，中国政府自改革启动后，推行了FDI诱导和出口导向相结合的双引擎开放战略。这一模式以中国大规模低成本劳动力的要素禀赋比较优势为基础；通过政策倾斜，鼓励国际生产性资本的进口和商品的出口，最大限度地把国内低价的"无限劳动供给"和国际资本、广阔的海外市场结合起来，引入竞争机制、诱导和激活国内资本和劳动的动员、培养自我吸收和创新能力，解决发展过程中所面临的外汇与技术双缺口以及市场化初期内需不足问题，提高资源的配置效率，来推进工业化、市场化和现代化进程。

这里，不妨通过国际比较对中国的双引擎战略的特点和合理性进行分析。从贸易政策看，第二次世界大战后，拉美和西南亚的多数新兴独立国家按照不结盟运动或依附论（结构主义）观点，立足于民族自主发展而谋求进口替代的工业化战略。[1]但在实施过程中，这一模式因发展中国家的市场发育不足、产业垄断、缺乏竞争、腐败流行等问题而使得对特定产业的保护并未取得带动经济发展的预期效果，反而在加剧上述问题的同时还使得消费者利益受损、收入差距变大和国际收支恶化。因而，东亚新兴经济体在20世纪60年代从短暂的进口替代工业化政策转为出口导向型政策。与进口替代相比，出口导向（export orientation）的开放战略强调发展面向出口工业，以工业制成品和半制成品的出口代替传统的初级品出口，以增加外汇收入，实现工业化经济增长。这一模式因推行一定程度的贸易自由化，由于竞争、

---

[1] 进口替代（import substitution）战略，是指通过建立和发展本国的工业，替代制成品进口，以带动经济增长，实现工业化，减少贸易逆差，改善国际收支状况。其思想渊源可追溯至美国的汉密尔顿与德国的李斯特。具体做法：（1）首先依据历年进口量来确定国内需求较大的产品；（2）由本国引进技术或进口资本品进行生产上述产品；（3）通过高估币值、关税及非关税壁垒和财政补贴等降低这些产业的生产成本，以使厂商有利可图。

要素流动和市场的扩大等优点，有利于更好地配置资源，日本和"亚洲四小龙"均因此取得了巨大成功。但是纯粹的出口导向也有问题，它常常伴随着鼓励储蓄、抑制消费、轻视国内需求等政策，造成对国际市场的过度依赖，同时因抑制金融业的发展会带来金融脆弱性的提高。因此，必须配合相应的结构改革、金融业开放和适宜的引资模式。

从引资政策看，FDI 作为一种生产性资源，一般被认为可以促进流入国的资本积累、就业和竞争，并对内资企业具有一种管理、技术等方面的扩散和示范效应，且因存在所谓"安装成本"而具有高度的稳定性。世界银行的分析证实，近期几次危机中，资本市场中的流动出现枯竭，而 FDI 仍充满活力，表现出相当的稳定性。与 FDI 的生产性、稳定性相对，国际借贷与国际证券投资的流入更多的是"金融性"的，因其高度流动性而具有相当大的易变性。研究表明，通过金融市场中介调剂的资本易变性，要大大高于 FDI。特别是证券投资和短期债务的易变性尤为突出，随着它们的大幅度增加，总体资本流动的易变性很可能居高不下，采取这类引资模式的发展中国家或地区尤其如此，历次金融危机中造成巨大危害的例子比比皆是。如采取国际债务型引资模式的韩国，在 20 世纪 90 年代与 80 年代初发生了两次金融危机。但 70 年代韩国的债务主要是中长期债务，短期债务占 GDP 的8.4％，占储备的 97％，这极大地抑制了资本流动的逆转；而 1997 年末，短期债务达到 GDP 的 15％，占储备的 300％强。后者如此高的比例，大大加深了韩国在亚洲金融危机中的受重创程度，最终不得不接受国际货币基金组织（IMF）有条件的国际援助。但进一步要说明的是，如果没有贸易及相关政策的配合，即使不采取"资产投资型"或"国际借贷型"，纯粹的 FDI 型引资模式也未必可取。因为引进 FDI 是一柄"双刃剑"，它一方面确可给发展中国家带来动态效益，但因为该战略发展起来的产业大多为加工制造业，长期单一地实行该战略将不利于本国产业结构的合理化，甚至会使该国沦为发达国家的经济"附庸"，导致一国经济独立性的丧失（外资化），拉美经济的表现即是一个例证。

而中国则不同，双引擎战略兼容了出口导向和引进 FDI 两种方式的优点，以丰富的低价劳动力要素禀赋的比较优势为战略基点，并兼顾"经济发展"（生产的、人力资本的和市场的）和"国家安全"两方面战略目标，在一定程度上弱化了纯粹出口导向和纯粹引资模式的缺陷，因而有其合理性，是适合改革初期"劳动力丰富但资本与技术稀缺、经济动员能力强但内需不足"的中国国情的一种战略。

6.2.3 讨论

如果进一步上升到国家战略的角度，中国在对外开放的过程所推行的"双引擎战略"及其配套政策，确实具有"新重商主义"的某些性质（或者说采用了其中的一些做法）。这一战略具有重商主义的古典特征，即以"强国富民"为目标，以"对外贸易"和"发展工业"为两大基石，以"国家干预"为政策手段；但相对于古典重商主义，它又具有"新"特点，与当代全球化背景和国际经济条件紧密相联。

从国际上看，古典重商主义的基本思想与核心理念在当代并未被抛弃，反而因各国国情和政策差异而形成了不同的"新重商主义"（new mercantilism）。如，以日本、韩国为代表的东亚经济体新重商主义，因其特定产业扶持和出口导向特征而被克鲁格曼称为"结构式"新重商主义，而在某些新兴市场国家，新重商主义甚至成为其经济政策之圭臬。即便在美国，20 世纪90 年代以后被看成是美国有史以来最开放的时代，曾任美联储副主席的艾伦·布林德（Alan S.Blinder）在讨论美国这一时期的贸易政策时却仍感叹道"尽管克林顿—戈尔政府在自由贸易方面取得了很多成就，但是整个国家却比十年前更加笃信重商主义"（法兰克尔、奥萨格，2003：269）。这样看来，中国实施"新重商主义"的某些政策是有其合理性的。[1]

为更清楚地考察中国新重商主义与古典重商主义和当代美国、日韩新重商主义的主要区别，我们将有关内容汇为表6.1。从中可知：（1）与古典的重商主义比较，无论是以美国为代表的西方发达国家、还是日韩为代表的东亚经济体，"国家利益"仍然是当代新重商主义首先考虑的问题，因而不可能放弃政府干预；（2）当代重商主义同样重视商业与贸易的作用，但逐渐将注意力从制造业转向了金融、高新技术产业和服务业，对产业和贸易的保护则更加"隐性化"；（3）各国所采用的新重商主义政策手段，要受到其国情约束和在当代国际经济体系中的地位差异等条件的限制。

------

[1] 刘霞辉（2004）从汇率角度分析了中国外贸政策的重商主义倾向。

表 6.1　新重商主义的国际比较

类　别	（古典）重商主义（早期西欧国家）	（当代）新重商主义		
		美　国	日本、韩国等东亚经济体	中　国
对商业和贸易的关注	重视商业和对外贸易			
经济背景（价值观或经济体制）	前资本主义时代及工业革命初期，强调市场拓展，重视国家力量的作用	高度发达的资本主义；奉行自由市场、商业至上和自由贸易原则的自由经济模式	较发达的资本主义；市场经济与政府管制相结合的管理经济模式	发展中的社会主义；正在发展中的市场经济与产业政策、宏观调控相结合
自然禀赋	国内市场较小、资源短缺	国内市场巨大，内需主导；资源丰富；技术领先	国内市场狭小，外需主导；资源短缺；技术较先进	国内市场较大但内需相对不足；劳动力丰富但资源短缺；技术落后
增长模式*	出口与投资拉动，依赖高投入的数量型经济增长	消费主义引导，内需拉动，知识创新型经济增长	投资与出口拉动，从集约管理型向知识创新型过渡的经济增长	投资与出口拉动，依赖高投入的数量型经济增长
主导产业	农产品或制造业	从制造业转向金融、高科技与服务业	汽车、电子电器产品、办公自动化设备等	制造业
金融条件、政策及结果	金（银）本位制；国内储蓄率较低、金融市场不发达；对外殖民投资	美元本位；国内储蓄率低；低外汇储备（但高黄金储备）；资本市场高度发达；浮动汇率；私人资本自由流动	美元本位制；国内高储蓄率；高外汇储备；产业银行体系主导；浮动或盯住美元的汇率制度；资本流入以私人部门借贷为主；流出以 FDI 和官方储备运用为主	美元本位制；国内高储蓄率；高外汇储备；国家银行体系主导；盯住美元的固定汇率制度；资本流入以 FDI 为主；流出官方储备运用为主
贸易模式及结果	出口制造品，进口原材料，贸易顺差	出口中间品和高科技，进口原材料和低端消费品，贸易逆差	出口中间品和中高档最终消费品，进口原材料和低端消费品，贸易顺差	出口低端消费品和加工制成品，进口原材料、中间品和资本品，贸易顺差
政府干预贸易的手段	关税、汇率、配额、行政等手段甚至武力	关税及非关税、环保等隐性标准、政治外交及军事	关税及非关税、产业政策及准财政激励	关税及非关税、产业政策及准财政激励、汇率补贴

注：＊关于增长模式的讨论，见王宏森（2006）。
　　资料来源：王宏森（2008a）。

按照熊彼特（1954）的说法，"出口垄断主义""外汇管制"和"贸易余额"三个命题，特别是关于贸易余额的学说，通常被认为是传统教义的"重商主义体系"的核心（对许多经济学家来说，这些学说实际上就是整个重商主义体系）。当代美国并不十分关心"贸易余额"，而更侧重于"出口垄断主义"（即高新技术、金融等方面的垄断），这是由它的货币中心国地位和技术条件决定的；而日本、韩国因其自然禀赋，只能在东亚美元本位基础上，更侧重于"贸易顺差导向"，以及对某些本国制造技术的控制和国内市场的保护。对中国而言，为实现"双引擎战略"，其新重商主义的手段更倚重于"外汇管制"和"贸易顺差"，并没有太多的"出口垄断主义"优势，有的只是低成本和低端产品的压价出口。应当说，中国的这样一种"新重商主义"对本国而言是比较实用的，但却仍是比较"低层次"的一种政策，受到中国不可逾越的工业化阶段、大规模的就业压力等基本条件的严格约束。

"新重商主义"性质的双引擎战略及其政策的施行，进一步提升了中国在世界经济中的区位优势，成为吸引 FDI 加速流入的一个国内条件（拉力）。不难理解，该战略下出口便利化、直接投资便利化政策，本身就蕴含了引起并加剧国际收支双顺差的一个内在必然。

6.3 开放条件下的增长、 稳定与政策挑战

6.3.1 双引擎开放战略下的增长与稳定机制

中国在十多年的时间内保持了经济高增长的同时，也实现了低通货膨胀的宏观格局。在 20 世纪 90 年代中期前，中国的经济增长具有较大的波动性，同时 CPI 也是大起大落。而在 90 年代中期后，随着基于固定汇率和资本管制的货币政策运用，中国的经济增长基本在高位运行，而 CPI 直到 2007 年之前却一直在低水平运行（甚至一度出现通货紧缩），这确实是一个增长奇迹。中国双引擎开放战略能兼顾增长和稳定双重目标的宏观原理在于：

首先，政府通过政策供给，引进 FDI，加速本国的总体资本积累，带动国民产出提高，通过出口导向政策保证出口增长，从而在形成资本项目顺差

的同时，使得经常项目也出现顺差。国际收支双顺差，使得中国获得了新的货币扩张机制，国家可以不再单纯地依赖于包括财政赤字货币化的简单"发票子"货币创造手段，而是通过与外汇储备增量相对应的货币发行，并进一步通过国有银行体制来对国有企业等内资部门进行货币补贴，有效地实现了内资部门的增长和出口盈余，从而达到了双顺差的双重循环，促进了经济增长（王宏森，2007）。其双重循环流为：内部循环，即"FDI→金融项目顺差→外汇储备增加→国内货币扩张及补贴→内外资出口扩大→贸易（经常项目）顺差→外汇储备增加→国内货币扩张……"；外部循环，即"FDI→贸易（经常项目）顺差→外汇储备增加→投资国际政府债券→为发达国家的消费和投资提供融资→FDI（非 FDI）流入……"。

其次，通过基于资本管制的无弹性汇率制度，为开放条件下通货膨胀的治理找到一个新的"基准锚"，在外汇储备可获得的情况下，汇率持续固定在钉住的水平上，由于外部（美国）价格水平是相对稳定的，在购买力平价条件下，国内价格得以保持稳定（萨克斯、拉雷恩，2003：481）。对于开放初期的中国来说，这种无弹性汇率制度的优势在于：（1）通过汇率相对固定，可降低汇率波动风险，稳定贸易与投资行为。在金融外汇市场不发达甚至缺失和微观主体控制风险能力较差的情况下，名义汇率的非预期波动将严重干扰国际交易的正常进行，因而对国民经济的稳定与增长产生极大负面影响。（2）限制政府滥发货币来弥补财政赤字的可能性。通过盯住与具有低通货膨胀水平的国际货币，增强政府反通货膨胀政策的公信力，达到降低公众对未来通货膨胀的心理预期，控制实际通货膨胀。（3）保证国内货币政策的独立性。亚洲各国的重要教训在于，开放资本市场与固定汇率结合的做法使汇率与利率紧密联系，货币当局无法实施货币政策解决国内目标。（4）保持本国商品的国际定价合理性，防止币值过度高估，提高企业国际竞争力。（5）调整国际收支的灵活性。价格的调整可以减轻国际不利环境对国内经济的影响。十多年来的实践证明，固定汇率制度对于中国稳定价格，促进贸易、投资和增长起到重要作用。

因此，中国的双顺差、外汇储备累积和较长时间的经济高增长、低通货膨胀格局，说明中国并没有像早期发展中国家的通常做法那样将国际借贷用于本国消费或进口，而是利用国际制造业重心转移之机，将资本项目的国际长期债务转化为经常项目盈余，不仅很好地规避了短期债务风险（如拉美的"国际借贷综合征"），而且通过货币扩张有效地拉动了经济增长，解决了就业，获得了溢出效应，积累了外汇储备，提高了抵御国际金融危机的能力，维持了较长时间的宏观稳定——这不能不说是中国改革开放能获得成功的宝贵经验之一。

6.3.2 中国对外开放过程中的挑战

中国的双引擎开放战略获得了巨大的成绩。但这样的开放战略同时也是高成本的、不平衡的，累积了较大的负面问题，中国在近期也面临着贸易顺差激增、贸易摩擦加剧、人民币升值、短期资本流入以及国际能源价格暴涨等重大外部冲击，直接挑战长期以来的经济发展方式，对外开放亟待一个新的转型。

1. 外资依存度、加工贸易与地区差距扩大

FDI 的快速流入，尽管有助于资本积累和经济增长，也造成了中国对外资较高的依存度以及地区之间发展极其不平衡问题。中国目前对外贸易的方式以加工贸易为主[1]，加工贸易顺差是中国对外贸易顺差的最主要来源，同时，外资企业的加工贸易主要集中在广东、江苏、上海、山东、福建、浙江等省市，这六省市约占全国加工贸易总额的 90%（其中广东省占中国加工贸易进出口总值的半壁江山），而加工贸易总额后十位的省市自治区占全国加工贸易总额的比重不到 6%。其结果是使得欠发达的中西部地区的资金、劳动力、资源等生产要素大量加速流入东部沿海地区，中国的地区差距不断扩大。

2. 两部门分割、"资本迂回"与制度性套利

由于中国改革开放时间不长，资本市场的发育程度较低，再加上资本和

---

[1] 一般贸易是指单纯或绝大部分使用本国资源和材料进行生产和出口的贸易方式。加工贸易是指从国外进口全部或部分原材料、零部件、元器件等，经境内企业加工或装配成制成品后再出口的经营活动，包括来料加工和进料加工。来料加工在中国又称作对外加工装配业务。广义的来料加工包括来料加工和来件装配两个方面，是指由外商提供一定的原材料、零部件、元器件，由国内企业按照外商提出的规格、质量和技术标准等加工或装配成成品或半成品，交由外商自行处置并按双方议定的标准，向外商收取加工费。进料加工与来料加工有相似之处，即都是"两头在外、中间在内"的加工贸易方式，但二者的主要区别是进料加工一般是由外贸企业用自己的外汇进口原材料、零部件、元器件等进行加工生产，并将生产出的产品出口。

外汇控制，国内与国际资本市场之间融合的程度较低，内资部门难以自由进入国际资本市场融资，外国投资者（外资企业）也基本上不能自由进入中国资本市场融资。这样的天然阻隔，造成资本在内资部门和外资部门之间难以流动，进而形成了两类资本差异化的资本积累模式和回报率（王宏淼，2007）。由于内外资边际产出及政策差异等原因使得外资部门的套利机会要高于内资部门，而这种差异化套利机会在两部门分割的情况下是不能得到平衡的，所以，改革开放以来，大量的内资通过各种方式外流，之后这些内资通过中国香港等地以 FDI 形式转回中国内地（假外资或迂回资本，round-tripping capital），其目的是以外资身份享受相应的 FDI 政策优惠，实现制度性套利。英属维尔京群岛、百慕大、开曼群岛、太平洋上的萨摩亚，甚至统计账面上的中国内地最大外资来源地中国香港，实际上都是中国内地资本外流后悄然返回的"中转站"。不仅如此，这些假外资迂回后往往停留在出口加工区，通过加工贸易等形式再次获得出口退税等政策优惠，从而在垒高金融项目的同时，又加剧了贸易（经常项目）顺差。

3. 普雷维什-辛格效应与"贫困化增长"的潜在风险

国内大量研究表明，20 世纪 90 年代后期价格贸易条件有所下降。IMF 的分析也表明，1998—2003 年中国出口与进口商品的相对价格下降了 14.12%。不过价格贸易条件的恶化，并未带来中国的"贫困化增长"，中国的收入贸易条件自 1995 年（指数为 100）来却呈上升趋势，2004 年收入贸易条件指数达 225，十年间上升了 2.25 倍。根据收入贸易条件的计算公式可知，出口与进口相对价格的下降（价格贸易条件的恶化）却带来贸易收入的上升（收入贸易条件好转），是必须以足够的出口数量作支撑的。这表明中国的贸易模式是一种简单的"数量型扩张"，这种贸易模式，尽管在一定时期内解决了就业，拉动了经济增长，其长期的负面影响也不小，它不仅会造成贸易争端，而且会带来如下后果：（1）压低出口品价格，使得中国有输出通货紧缩之嫌。因而造成西方世界强迫中国汇率升值，以抬高要素价格和产品成本，降低中国商品的出口竞争力；（2）加工贸易主要利用中国廉价的劳动力，在中国国内加工组装再出口，是不跨境的劳务输出方式，中国在其中主要赚取加工费。因而在国际制造网络中，中国处于比较优势阶梯的下端，只能出口技术含量低、竞争激烈、低附加值的商品。外汇规模的增加，是以中国产业工人的"血汗工资"代价换来的；（3）加工贸易模式下，不仅重要的核心技术难以得到发展，还将严重的环境污染问题留在国内，影响中国长期国家竞争力和可持续发展。因而，数量型贸易增长模式及相关的新重商主义政策应当进行改进。

4. 贸易摩擦与国际争端加剧

持续大规模的贸易顺差，使得中国面临的国际贸易摩擦加剧，人民币汇率升值呼声也接连不断。中国作为最终产地国承受了美国、欧洲及一些发展中国家的巨大压力，反倾销等问题的焦点也都集中在中国。据 WTO 统计，中国在近 10 年已连续成为世界上遭受反倾销调查最多的国家。对欧美的顺差主要集中在纺织服装、日用瓷、鞋等行业，中国的大量出口在一定程度上冲击了欧美和一些发展中国家的低端产业，欧美利用对中国的贸易逆差非难中国政府和企业，以市场经济地位、特保条款、出口限制、知识产权保护等作为借口，将经贸摩擦政治化，其实质是欧美利用逆差保护本国产业，实行贸易保护主义。同时，面对近年来以美国巨额经常项目赤字为主要特征的全球失衡（global imbalance）问题的加剧，美方认定其逆差的一大原因是中国利用出口退税、汇率补贴等手段向美国倾销商品造成的，中国还遭受了来自美国方面要求人民币升值、实行浮动汇率和金融开放的巨大政治压力。

5. 持有高额外汇储备的成本

持有高额外汇储备的成本很大。美元是中国外贸的主要结算货币。一般估计，中国外汇储备资产主要是美元标价的资产，其中美国短期国债及公司债占相当大的比例。中国外汇储备的持续激增，意味着风险集中于政府，但最终可能仍由纳税人买单。仅从 2005 年 7 月 21 日人民币汇改算起，随着美元兑人民币汇率的相对下跌，中国外汇储备相应的隐性损失可能在 800 亿美元以上。此外，储备资产多元化的前景也并不十分乐观，当中国试图从国际市场进口粮食、矿产、石油等重要资源时，这类产品价格随即飙升。

6. 外部失衡、双膨胀格局与货币政策挑战

中国双顺差带来的中国外汇储备激增，使得货币供应量扩张过快，中国的货币政策操作受限。国际经济理论中著名的"桑顿效应"表明，在一国囤积美元并用国家信用纸币取代美元时，事实上已经输入了通货膨胀。历史上桑顿效应一再发挥作用，20 世纪 60 年代的法国、德国等国际收支顺差国家，就

因为"桑顿效应"而在通货膨胀的重压下呻吟,这正是美元体系强加给它们的。

面对资产价格和物价上涨的双膨胀趋势,央行还只能谨慎使用传统的利率调控手段(一年期银行存款利率在 2007 年初实际上已为负利率)。如果为控制物价大幅度提高利率,不仅会给经济带来通货紧缩效应,而且会使得银行成本提高,资金回流银行系统、银行存贷差扩大,给正在推行的国家银行股份化改造和金融体系改革带来不利影响。更重要的是,在资本流动性日益增大的情况下,人民币利率的提高会使得国际套利性资金流入,这又会进一步垒高外汇储备,再次增加国内的流动性,使得货币政策难度加大,很可能背离原先的加息初衷。所以,既要稳定汇率,又要控制通货膨胀;既要兼顾经济增长,又要顾及外汇储备损益,中国的货币政策遇到了前所未有的挑战。

幸运的是,中国政府已意识到目前对外开放中存在的种种问题。一些调整政策已经在实行当中(本章第 2 节已有提及),主要有:(1)转变外贸在内的经济发展方式,强调从数量型增长向质量型增长转变,以科学发展观统领新型工业化,注重环境保护,倡导自主创新,通过对出口征税、开征资源税和环境税等方式,限制低价值、高投入、高能耗和高污染行业的发展和出口;(2)调整出口退税、加工贸易政策和引资政策,减少制度性套利机会,鼓励外资投向中西部地区,协调区域经济发展;(3)从外需依赖型向内需拉动型转变,减少对国际市场的依赖,通过汇率重估、降低出口增速、适当增加贸易进口,稳妥推进以 FDI、合格的证券投资等形式的资本出口,加大对国际收支的监测等综合手段,努力促进国际收支的稳定和平衡;(4)严控固定资产投资增速,把住土地和信贷两个闸门,密切关注国际短期资本动向,通过提高存款准备金和公开市场操作等手段,防止经济过热,控制通货和资产价格双膨胀;(5)在 WTO 框架下,稳步推进产业、银行、资本市场的进一步开放,转变政府职能,推进制度创新。在上述产业、贸易、财政、金融、货币和外汇政策的综合治理下,中国的对外开放正在发生根本性的转变。

6.4 小结

从 1978 年到 2018 年,中国的对外开放已经进行了整整 40 个年头,在历史的长河中，40 年仅仅是弹指一挥间。如果以大历史的眼光回溯过往，我们不难发现，从两千多年前汉代丝绸之路的开辟，到公元 7 世纪至 8 世纪中国大唐盛世的频繁对外交往；从 15 世纪中国明初（1405—1433 年间）郑和的七下西洋，到其后"片板不得出海"政策的转变，再到天朝王国美梦被坚船利炮击碎后"师夷长技以制夷"的 30 年洋务运动的失败，中国既不乏对外开放的辉煌历史，又有因闭关锁国带来的惨痛经历。中华人民共和国成立后，中国人民掌握了自己的命运，民族的独立和解放使中国发生了翻天覆地的变化。但面对世界经济蓬勃发展和新科技革命浪潮的兴起，受制于种种国内外条件及"文革"的内乱，中国在 1949 年后的第一个 30 年里错失了再一次对外开放的大好良机。令人庆幸的是，从 20 世纪 70 年代末开始中国抓住了新的历史机遇，选择了改革开放的正确道路，选择了正确的对外开放战略，最终一步一步走向了世界，历史在又一个短短的 40 年里因必然性和偶然性因素完成了其戏剧性的转换。

　　本章考察和归纳了中国最近 40 年对外开放的历史和逻辑线索。我们在其中所能达到的理解，是把中国的对外开放看作国家经济发展战略的一个有机组成部分，而政府的决策在其中起着关键性作用。通过分析，得到以下结论：第一，中国近 40 年对外开放，取得了巨大成就，随着经济开放度的不断提高，中国目前已成为欧美、中国和泛亚地区生产—贸易—金融的国际分工中的重要一极；第二，中国的对外开放较好地兼容了发展和安全两个目标，这归功于渐进式的改革开放逻辑和 FDI 诱导与出口导向相结合的双引擎开放战略；第三，带有某种新重商主义性质的中国特色双引擎开放模式是成功的，但它同时也是高成本的、不平衡的，随着与国际经济关联度的增大，外部因素冲击着经济稳定，这成为现阶段对外开放的重要挑战。

　　近期的挑战和问题并不能带来对中国对外开放成就的怀疑。如果说中国的经验对于其他同样还处于不发达状态的国家有什么启示的话，那就是，开放是重要的，但选择一条什么样的开放道路更重要。政府在选择开放路径时，其政策不应当偏离本国的基本国情和限制性条件，并且应当注重本国经济内在发展动力的挖掘和培育。中国的双引擎开放战略，是针对"劳动力丰富但资本与技术稀缺、经济动员能力强但内需不足"的中国国情而作出的选择，以中国大规模低成本劳动力的要素禀赋比较优势为基础，有效地利用了国际制造业转移的机遇，由于注重出口市场开拓和 FDI 诱导下的"干中学"与竞争性创新机制的作用，从而使得中国比那些单纯出口导向或以非 FDI 方式引资的开放经济体更具有持续的增长动力，也更具有稳定性。

囿于篇幅，我们不打算在此就中国未来对外开放的政策转型作过多的讨论。但是有三个重要的问题是不应当被忽略的，如何有效地解决、协调好这三方面关系，将直接影响到对外开放的质量。

（1）开放中的制度变革与政府控制、市场职能发挥问题。先行国家的经验证明，实行市场经济，充分发挥市场优化资源配置的积极作用，并辅之以适当的国家干预是必要的。但政府并非万能，它不能替代市场的作用。战后日本和"亚洲四小龙"的崛起，很容易给政府过度干预经济提供借口。在中国两千多年的政治传统以及近 30 年的计划经济体制的惯性下，政府在转轨经济过程中扮演着重要角色，这在一定的发展阶段是合理的，在当代不平等国际分工以及国际保护主义流行的大背景下对某些幼稚产业以及事关国家安全的产业进行保护也是必要的。但市场竞争才是生产效率提高的最重要推动力，不能以政府干预替代市场在资源优化配置中的作用，要减少企业对政府的依赖，避免因政府过度介入经济生活而导致的"日本病"的发生。因而，政府逐步转变职能，放弃要素积累阶段的"直接数量型干预"，向市场化价格调节转变，辅之以产业政策、税收政策等，来提高经济的集约化程度，并把扩大与人口质量相关的公共支出作为自己的重要目标，是中国新重商主义政策调整的关键环节。

（2）内部结构调整与外部冲击问题。中国经济面临的难题之一，是在工业化尚未完成、自身经济基础仍很薄弱之时，就已经直面金融全球化的剧烈外部冲击。中国的经济有了很大增长，但与发达国家的差距仍然很大，仅以 GDP 总量看，目前仍只相当于美国加利福尼亚和得克萨斯两个州的加总水平，更不论人均收入、科技和金融发展等方面与美日欧的差距，地区间的不平衡和资源等方面的约束在下一步发展中也将更加突出。因此一方面要发挥后发优势，通过技术进步尽快地推进工业化进程和产业结构升级换代，利用国内市场巨大的特点，化省际、地区差距劣势为优势，实现东、中、西三地区的垂直型制造分工体系，实现地区同步发展和国内市场一体化，同时加快发展与物流、消费相关的第三产业，避免沦为发达国家的低端产品供应地。

另一方面，面对当代发达国家以"重融"为特点之一的、更高层次的新重商主义以及全球化条件下的各类重大外部冲击，中国仍要积极但又不失审慎地推进金融业市场化改革，把本国金融业发展和国家金融安全放在下一步工作的突出位置。

（3）重商与富民的关系问题。毋庸置疑，中国现有新重商主义性质的政策更多的是向工商业倾斜的，特别是垄断企业和出口企业，对消费者利益的关注还有待提高。早在200多年前，亚当·斯密就这样批判重商主义政策：

> 消费是一切生产的唯一目的，而生产者的得益，只在能促进消费者的得益时，才应当加以注意，这原则是完全自明的，简直用不着证明。但在重商主义下，消费者的得益，几乎都是为着生产者的得益而被牺牲了，这种主义似乎不把消费看作一切工商业的终极目的，而把生产看作工商业的终极目的。对于凡能与本国产物和制造品竞争的一切外国商品，在输入时加以限制，就显然是为着生产者的得益而牺牲国内消费者的得益了。为了前者的得益，后者不得不支付此种独占所增加的价格。对于本国某些产物，在输出时发给奖励金，那亦全是为了生产者的利益。国内消费者，第一不得不缴纳为支付奖励金所必要征收的赋税；第二不得不缴纳商品在国内市场上价格抬高所必然产生的更大赋税……（亚当·斯密，1996，下册，第227—228页）。

亚当·斯密的话虽然有其历史局限性，但他关于生产的终极目的是为了消费的观点仍值得我们深思。中国为了实现经济赶超，面对国际贸易保护主义频频抬头的不利局面，在一定时期内实施新重商主义应当是合理的，但这种政策在很大程度上是以牺牲消费者利益来保护某些国家垄断企业、出口部门利益的，因此应当适时予以调整，否则对当代消费者的福利损害太大。随着人均收入的提高，消费者主权意识的觉醒必将挑战中国现有的政策。日韩等东亚经济体新重商主义"重外轻内"的特点源自其国内市场狭小的限制，中国作为一个大国，与它们的基本国情不同，是完全有可能以国民福利的改进为目标，兼顾内、外两个市场的协调发展的。

第 7 章　劳动力资源开发

中国过去 40 年充分利用抚养率低的人口红利优势，有力地促进了经济增长。中国劳动力资源开发的"制度变革＋产业导向"模式，为增长动力的重塑创造了条件，比较优势战略在成功地将人口负担转化为人口红利的同时，也使中国经济从贫困陷阱中解脱出来。但是，随着中国工业化进程的推进，现有增长模式的局限及其不可持续性问题也逐渐显现，而以人力资本提高为核心的劳动力资源的二次开发，将是克服现有增长模式弊端和保证经济可持续增长的关键。本章将对中国经济增长过程中劳动力资源开发问题进行论述，并对劳动力资源的开发前景进行展望。全章内容为：劳动力资源开发对中国经济增长的贡献，中国劳动力资源的开发机制，劳动力资源的二次开发与增长的可持续性，小结。

7.1　劳动力资源开发对中国经济增长的贡献

二元经济理论认为，欠发达经济发展的核心问题是如何使剩余劳动力转化为储蓄和资本积累。在劳动力无限供给的条件下，现代部门以不变的实际工资水平，把从农业部门转移出来的劳动力用于资本形成。廉价劳动力的使用提高了现代部门资本形成能力，而现代部门的扩张也为剩余劳动力持续转移并为经济突破贫困陷阱创造了条件。改革开放 40 年来中国对农村剩余劳动力的开发利用，带来了劳动力资源重新配置的增长效应，在此基础上，国民储蓄率和投资率持续上升、社会产品日益丰富、国际分工地位逐步确立。

7.1.1 劳动力转移的经济增长效应：经济增长速度和劳动生产率

1. 劳动力的再配置与经济的持续快速增长

一些研究对于中国改革开放以来劳动力资源再配置促进经济增长的事实进行了实证分析，很多结论认为农村剩余劳动力的快速流动有助于 GDP 增长速度的提高，这种认识与我们国民经济的增长趋势相吻合。根据总体增长趋势，我们可以把 40 年的经济增长大致划分为四个时期，如表 7.1 所示，以人均 GDP 增长指数（1978 年为 100）为依据，1979—1989 年间中国人均 GDP 增长速度的算术平均值为 8.0%，标准差为 3.13；1990—1999 年间中国人均 GDP 增长速度的算术平均值为 8.8%，标准差为 3.01；2000—2009 年间中国人均 GDP 增长速度的算术平均值为 9.7%，标准差为 1.85；2010—2015 年间中国人均 GDP 增长速度的算术平均值为 7.8%，标准差为 1.32。可以发现 2000—2009 年期间人均 GDP 增长率最高，同时，随着经济的不断增长，其波动率在持续下降，经济增长的平稳性不断提高。相对应地，四个阶段人均 GDP 的相对快速增长与本时期农业部门劳动力比重较快速度的下降恰成对应，因此，劳动力由农业部门较快流出对于整体经济增长具有促进效应。

表 7.1 中国人均 GDP 增长速度与第一产业就业比重逐年变动速度的对比（%）

年 份	第一产业就业比重	人均 GDP 增长率	第一产业就业比重逐年变动速度
1978	70.53	10.18	
1979	69.80	6.17	−0.73
1980	68.75	6.46	−1.05
1981	68.10	3.83	−0.65
1982	68.13	7.34	0.03
1983	67.08	9.25	−1.05
1984	64.05	13.64	−3.03
1985	62.42	11.91	−1.63
1986	60.95	7.33	−1.47
1987	59.99	9.91	−0.96
1988	59.35	9.46	−0.64
1989	60.05	2.60	0.70

续表

年　份	第一产业就业比重	人均 GDP 增长率	第一产业就业比重 逐年变动速度
1979—1989 年平均值	64.42	7.99	−0.95
1979—1989 年标准差	3.85	3.13	0.90
1990	60.10	2.39	0.05
1991	59.70	7.81	−0.40
1992	58.50	12.82	−1.20
1993	56.40	12.57	−2.10
1994	54.30	11.78	−2.10
1995	52.20	9.75	−2.10
1996	50.50	8.78	−1.70
1997	49.90	8.12	−0.60
1998	49.80	6.81	−0.10
1999	50.10	6.74	0.30
1990—1999 年平均值	54.15	8.76	−1.00
1990—1999 年标准差	4.01	3.01	0.91
2000	50.00	7.64	−0.10
2001	50.00	7.56	0.00
2002	50.00	8.40	0.00
2003	49.10	9.35	−0.90
2004	46.90	9.46	−2.20
2005	44.80	10.74	−2.10
2006	42.60	12.09	−2.20
2007	40.80	13.64	−1.80
2008	39.60	9.09	−1.20
2009	38.10	8.86	−1.50
2000—2009 年平均值	45.19	9.68	−1.20
2000—2009 年标准差	4.42	1.85	0.86
2010	36.70	10.10	−1.40
2011	34.80	9.01	−1.90
2012	33.60	7.33	−1.20
2013	31.40	7.23	−2.20
2014	29.50	6.76	−1.90
2015	28.30	6.36	−1.20
2010—2015 年平均值	32.38	7.80	−1.63
2010—2015 年标准差	2.94	1.32	0.39

资料来源：世界银行 WDI 数据库。

2. 劳动力的再配置与劳动生产率的增长

经典二元经济理论认为，劳动力从农业部门向现代部门的流动，在使得劳动力资源潜力得以有效开发的同时，总体经济效率和部门经济效率也相应提高。经济效率的提高来源于"学习"能力的增强，体现于"干中学""投中学"过程中的劳动者技能、知识和经验的不断累积，反过来又会促进生产规模的进一步扩大。从生产效率的数字特征来看，改革开放 40 年里，按可比价计算的全社会增加值产出/劳动力投入比率由 1978 年的 916 元/人上升到 2016 年的 95 819 元/人，增加了 100 多倍；第一产业增加值产出/劳动力投入比率由 1978 年的 360 元/人上升到 2016 年的 29 621 元/人，增加了 82 倍；第二、三产业增加值产出/劳动力投入比率分别由 1978 年的 2 527 元/人、1 851 元/人上升到 2016 年的 132 684 元/人、113 566 元/人，增加了 53 倍和 61 倍。进入 21 世纪以来，无论是全社会还是各次产业，增加值产出/劳动力投入比率都进入一个快速增长时期（参见图 7.1）。

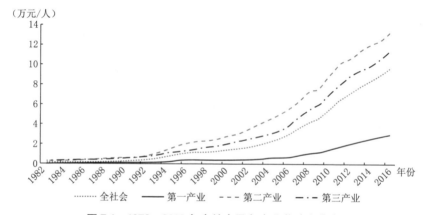

图 7.1　1978—2016 年全社会及各产业劳动生产率

资料来源：《中国统计年鉴》（2017 年）。

3. 中国经济增长的维多恩效应

维多恩（Verdoorn）效应是指，生产率的提高可能降低劳动需求，但是，这种对劳动需求的抑制效应也有可能被更快的产出增长之于劳动需求的拉动作用抵消，也就是说，经济的增长体现了效率和就业两方面的兼顾。具体分为两个阶段（表 7.2）：（1）从国民经济总体状况来看，20 世纪 80 年代，在全社会增加值产出/劳动力投入比率稳步增长的同时，全社会就业总规模以年均大约 1 254 万人的速度增加，其间，三次产业就业同时表现出了持续增长势头，且年均增长规模都在 300 万人以上。（2）20 世纪 90 年代至今，全社会就业总规模的年均增长量是 665 万人，比 80 年代低，其间，现代经济过程中劳动力转移规律逐渐显现出来，即，第一产业就业出现绝对下降的趋势，1991—1999 年平均下降幅度为 315 万人/年，2010—2016 年为 919 万人/年，这种加速下降趋势与二元经济结构下的工业化规律是相吻合的；第二产业就业吸收能力递减的趋势在 20 世纪 90 年代和 2010 年前开始显现，2010—2016 年间的就业增长速度持续降低，仅年均增长 73 万人；第三产业的就业吸收能力持续提高，21 世纪以来其逐渐成为劳动力转移吸收的主要阵地。总体来看，中国 40 年来的经济增长，体现了效率和就业两方面的兼顾，引领效率提高的现代部门，尤其是第三产业仍然具有就业吸收的较大空间。

表 7.2　1978—2016 年全社会就业规模与各次产业就业规模变动趋势（万人）

年　份	全部就业人员	第一产业	第二产业	第三产业
1982	45 295	30 859	8 346	6 090
1983	46 436	31 151	8 679	6 606
1984	48 197	30 868	9 590	7 739
1985	49 873	31 130	10 384	8 359
1986	51 282	31 254	11 216	8 811
1987	52 783	31 663	11 726	9 395
1988	54 334	32 249	12 152	9 933
1989	55 329	33 225	11 976	10 129
1982—1989 年平均增长	1 254	296	454	505
1990	64 749	38 914	13 856	11 979
1991	65 491	39 098	14 015	12 378
1992	66 152	38 699	14 355	13 098
1993	66 808	37 680	14 965	14 163
1994	67 455	36 628	15 312	15 515
1995	68 065	35 530	15 655	16 880
1996	68 950	34 820	16 203	17 927
1997	69 820	34 840	16 547	18 432
1998	70 637	35 177	16 600	18 860
1999	71 394	35 768	16 421	19 205
1990—1999 年平均增长	665	−315	256	723
2000	72 085	36 043	16 219	19 823
2001	72 797	36 399	16 234	20 165
2002	73 280	36 640	15 682	20 958
2003	73 736	36 204	15 927	21 605
2004	74 264	34 830	16 709	22 725

年 份	全部就业人员	第一产业	第二产业	第三产业
2005	74 647	33 442	17 766	23 439
2006	74 978	31 941	18 894	24 143
2007	75 321	30 731	20 186	24 404
2008	75 564	29 923	20 553	25 087
2009	75 828	28 890	21 080	25 857
2000—2009 年平均增长	374	−715	486	603
2010	76 105	27 931	21 842	26 332
2011	76 420	26 594	22 544	27 282
2012	76 704	25 773	23 241	27 690
2013	76 977	24 171	23 170	29 636
2014	77 253	22 790	23 099	31 364
2015	77 451	21 919	22 693	32 839
2016	77 603	21 496	22 350	33 757
2010—2016 年平均增长	214	−919	73	1 061

资料来源：历年《中国统计年鉴》。

7.1.2 人口红利与储蓄、投资增长：人口转型过程中的经验事实

1. 处于人口红利时期的中国劳动力供给

"人口红利"的含义是，在人口转型过程中出现的人口年龄结构优势所带来的高劳动参与率（即总人口中劳动力人口比重较大）对一国经济增长的积极效应。相应地，人口红利期是指当生育率迅速下降、少儿抚养比例下降、总人口中适龄劳动人口比重上升，而老年人口比例达到较高水平之前形成的一个劳动力资源相对丰富的时期（汪小勤、汪红梅，2007）。对于二元经济而言，人口规模变为人口红利的一个关键条件是，在适当时机政府选择了适当的政策促进劳动力再配置。改革开放以来，中国总人口增长率经历了20世纪80年代的持续上升期和90年代至今的持续减速期，2015年，人口规模突破达13.75亿。从劳动供给来看，1990—2015年间，15—64岁人口劳动参与率由84％降低到68.9％，呈现出较快的下降趋势。但是，由于人口规模的庞大，以及劳动参与率水平较高，劳动力供给绝对量是逐年增加的。总体来看，全社会就业规模增长趋势分为三个阶段：1988年以前的增长速度较快时期、1989—1999年间的减速增长时期，以及2000年以后总体劳动力

规模向峰值的缓慢逼近时期（参见图 7.2）。中国的制度变革以及劳动力比较优势战略的实施，为人口红利的兑现提供了基础，其重要表现就是储蓄和投资的持续提高。

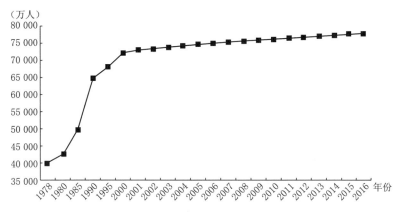

图 7.2　1978—2016 年全社会劳动力供给

资料来源：《中国统计年鉴》（2017 年）。

2. 储蓄和投资

经典二元经济理论中，劳动力资源开发过程中国民储蓄和资本积累的不断增加被置于关注的中心，因为两者构成了欠发达经济工业化的根本基础，也是欠发达经济摆脱贫困陷阱的关键条件。从中国经济增长的实践来看，正如上文已经阐述的那样，农业部门剩余劳动力的转移，在使得农业部门生产效率提高的同时，也促进了现代部门的规模扩张和生产效率提高，40 年的发展已经使现代部门生产由"城市中的孤岛"成长为遍布城乡的网络。农村剩余劳动力的转移不仅增加了农村居民的收入和储蓄，而且，更为显著的是，低成本劳动力的使用使得现代部门获得了较大利润空间并具有了强大的再投资能力。

（1）高储蓄。1978—2004 年间，中国农村居民的储蓄存款总额增加了370 倍，全国城乡居民的储蓄存款总额增加了 567 倍；扣除居民消费价格指数上涨因素的影响，农村居民储蓄和全国城乡居民储蓄分别增加了 81 倍和 124 倍。其间，全国居民储蓄的规模经历了 20 世纪 80 年代年均数百亿级的增长、90 年代数千亿级的跨越以及 2001 年以来数万亿级的飞升。中国居民储蓄的这种加速趋势，与劳动力资源的开发节奏是合拍的。2004 年后金融统计口径发生变化，2004 年中国金融机构本外币存款余额为253 188 亿元，到 2016 年底中国金融机构本外币存款余额已经达到 1 555 247 亿元。

（2）高投资。高储蓄推动了高投资，20 世纪 90 年代以来，中国固定资本形成率一直维持在 30％以上的高水平。同时，随着中国市场化程度的提高和劳动力转移进程的深入，以吸收剩余劳动力为主渠道的非国有经济成分发展迅速，1981—2016 年间，非国有经济成分的固定资产年均增长速度为 23％，远高于 16％的国有经济固定资产投资增长速度，到 2016 年，非国有经济成分的固定资产投资占全社会固定资产投资的比重已经达到 79％。

7.1.3 工业结构调整与短缺经济的终结："适用"技术选择的贡献

一个众所周知的增长事实是，改革开放以前，中国的轻工业或消费品工业没有得到国家战略规划的重视和支持。计划经济体制下"先生产后消费"的增长思路，不仅造成了工业生产结构向重工业的严重倾斜，而且失去了将劳动力比较优势用于增长潜力的发掘和国民福利的提高的机会，因此，短缺尤其是消费品短缺成为那段历史时期的一种内生现象。改革开放以后，随着乡镇企业和三资企业的迅速发展，在资源禀赋得到充分利用的同时，计划经济时期轻重失衡的工业结构得到调整，消费品短缺的局面逐步消失。从《中国工业交通能源 50 年统计资料汇编》提供的数据来看，1978 年以前，中国消费品工业或轻工业总产值的增长速度在多数年份低于重工业的增长速度；1979 年以后，这种状况发生改变，除少数年份外，1978—1999 年中国消费品工业总产值都以高于重工业的速度增长，轻重工业比重基本维持在50：50 的比重（如表 7.3），其中，以食品、纺织品、服装、玩具和机械电子制造为代表的劳动密集型行业的增长尤其令人注目。随着劳动力比较优势的利用和消费品工业的发展，使得中国在 20 世纪 90 年代初期终于走出短缺经济阴影。我们可以从以下几个方面，对短缺经济的终结进行概括：（1）消费品市场规模成长迅速。从社会消费品零售总额来看，1979 年为 1 800.0 亿元，2015 年为 300 931 亿元，37 年里扩张了近 167 倍。（2）消费品市场组织形式多元化趋势形成。随着居民消费水平的提高和消费需求的多元化，改革开放后尤其是 90 年代以来，中国原有的单一综合商店模式被彻底打破，新兴业态纷纷涌现，目前，商品零售服务领域已经呈现出超级市场、仓储式商店及购物中心、便民店、专卖店等多种市场形式并存、竞争的格局。（3）商品消费结构升级步伐加快。从历史来看，中国消费结构的第一步变迁历时最长，从新中国成立之初一直持续到 20 世纪 80 年代。80 年代中期以来，中国城乡居民消费结构迅速变动，商品消费升级换代速度加快，消费热点不断出现：从改革开放前期以满足基本生活需求为特征的消费热点（自行车、手表和缝纫机）的形成，到 80 年代中期以追求生活舒适为特征的消费热点（彩电、冰箱和洗衣机）的形成，历时不到 10 年。

表 7.3 1978—1999 年轻重工业比重及增长速度（％）

年份	构　　成		增长速度	
	轻工业	重工业	轻工业	重工业
1978	43.1	56.9	10.9	15.6
1979	43.7	56.3	10.0	8.0
1980	47.2	52.8	18.9	1.9
1981	51.5	48.5	14.3	−0.5
1982	50.2	49.8	5.8	9.9
1983	48.5	51.5	9.3	13.1
1984	47.4	52.6	16.1	16.5
1985	47.4	52.6	22.7	20.2
1986	47.6	52.4	13.1	10.2
1987	48.2	51.8	18.6	16.7
1988	49.3	50.7	22.1	19.4
1989	48.9	51.1	8.2	8.9
1990	49.4	50.6	9.2	6.2
1991	48.4	51.6	15.0	14.5
1992	46.6	53.4	20.0	29.0
1993	46.5	53.5	27.0	27.5
1994	46.3	53.7	23.6	24.6
1995	47.3	52.7	22.9	18.0
1996	48.1	51.9	24.0	12.7
1997	49.0	51.0	14.5	11.7
1998	49.3	50.7	11.8	9.7
1999	49.2	50.8	10.9	12.3

资料来源：《中国工业交通能源 50 年统计资料汇编：1949—1999》。

7.1.4   劳动力比较优势与贸易大国地位的确立

对于一个开放经济来说，进出口贸易活动的增加，可以通过市场网络的延伸、专业化分工、知识扩散以及创新激励等途径，促进经济的长期增长（Pack，1988；格罗斯曼和赫尔普曼，2003）。Krueger（1981，1983）等关于发展中国家劳动力比较优势利用状况的个案研究表明，根据劳动/资本要素比例在一国不同增长阶段的表现而选择适当的贸易模式，是以贸易促进经济增长的重要环节。一般而言，发展中国家的比较优势在于其丰富而廉价的低技能劳动力，在这种状况下，如果这些国家能够利用自己的比较优势参与国际分工，即鼓励劳动密集型出口产业的发展而不是资本密集型进口替代产业发展，那么，这种做法将有助于就业规模的扩大和经济的稳定增长。改革开放以来，中国参与国际分工模式的一个典型特征是：在民营企业即非国有独资企业发展逐步得到肯定的前提下，充分利用民营企业在国际市场网络中的优势，促进进出口贸易的发展，并以此为基础承接国际产业转移和技术扩散，最终奠定中国的国际专业化分工地位。从统计数据来看，按照现价计算，中国 2016 年的货物进出口规模是 1982 年的 89 倍，2016 年中国对外进出口贸易总额已稳居世界第二位，贸易大国的地位因此得以确立。具体而言：（1）劳动力比较优势的发挥与出口结构的变化。"七五"时期（1986—1990 年），中国货物出口贸易总额中，一般贸易占比为 68%，加工贸易占比为 28%；到了"十二五"时期（2011—2015 年），中国货物出口贸易总额中，一般贸易占比下降到 50%，加工贸易占比上升至 40%。（2）贸易顺差与外汇储备的增加。20 世纪 90 年代至今，中国货物进出口贸易一直保持着顺差，1995 年以来，贸易顺差呈现出逐年扩大的趋势。从统计数据看，近年来，规模迅速扩大的加工贸易出口，已成为中国贸易顺差的主要来源，这种局面的形成得益于中国出口商品劳动力成本的低廉及由此形成的价格竞争能力。贸易顺差的持续扩大，为中国外汇储备积累提供了基础，2016 年，中国外汇储备达到 30 105 亿美元，成为外汇储备最多的国家。

表 7.4 各个时期贸易规模及货物出口构成

年份	进出口金额（亿美元）	出口构成（%）		
		一般贸易	加工贸易	其他贸易
1982	416.10	92.5	7.1	0.3
1983	436.20	90.6	9.0	0.3
1984	535.50	88.6	11.2	0.2
1985	696.00	86.8	12.1	1.1
1986	738.50	81.1	16.6	2.3
1987	826.50	75.2	20.6	4.2
1988	1 027.90	68.6	27.0	4.4
1989	1 116.80	60.1	35.8	4.2
1990	1 154.40	57.1	40.9	1.9
1991	1 357.00	53.0	45.1	1.9
1992	1 655.30	51.4	46.6	1.9
1993	1 957.00	47.1	48.2	4.7
1994	2 366.20	50.9	47.1	2.0
1995	2 808.60	48.0	49.5	2.5
1996	2 898.80	41.6	55.8	2.6
1997	3 251.60	42.7	54.5	2.9
1998	3 239.50	40.4	56.9	2.7
1999	3 606.30	40.6	56.9	2.5
2000	4 742.90	42.2	55.2	2.6
2001	5 096.50	42.0	55.4	2.5
2002	6 207.70	41.8	55.3	2.9
2003	8 509.88	41.5	55.2	3.3
2004	11 545.50	41.1	55.3	3.7
2005	14 219.10	41.3	54.7	4.0
2006	17 604.40	43.0	52.7	4.4
2007	21 765.70	44.2	50.6	5.1
2008	25 632.55	46.3	47.2	6.5
2009	22 075.35	44.1	48.8	7.1
2010	29 739.98	45.7	46.9	7.4
2011	36 418.60	48.3	44.0	7.7
2012	38 671.19	48.2	42.1	9.7
2013	41 589.93	49.2	38.9	11.8
2014	43 015.27	51.4	37.8	10.9
2015	39 530.33	53.5	35.1	11.5
2016	36 855.57	53.8	34.1	12.1

数据来源：Wind 金融资讯终端。

7.2 中国劳动力资源的开发机制

计划经济时期的中国经济增长，是沿着一条比较劣势的轨迹行进的，这条路径的明显局限是忽视了要素相对价格，重工业的优先发展及轻工业发展的相应滞后，没有将禀赋充裕的廉价劳动力利用起来。改革开放后，以劳动密集型为典型特征的乡镇企业的崛起以及外资的进入，使得中国开始重新评价原有发展战略，以重工业优先发展为核心的赶超战略因此发生了重大转变。从改革开放40年的增长经验来看，制度变革和劳动力比较优势战略的实施，在促进中国经济高速增长的同时，也为产业结构变动和劳动力资源的开发注入了活力，劳动力比较优势的有效利用，为中国经济规模的快速扩张和国际分工地位的确立，作出了巨大贡献。越来越多的文献认识到，过去30年中国劳动力资源的有效开发，已经成功地将人口负担转变为"人口红利"（西蒙，2000；蔡昉，2004；中国经济增长与宏观稳定课题组，2007）。中国劳动力资源开发是在特殊的城乡二元结构向工业化过渡的进程中展开的，其开发机制也具有鲜明的特色。劳动力市场的发育经历了以下几个阶段：

第一阶段，1979—1984年。经济体制改革首先在农村开始，农村剩余劳动力的转移则紧紧伴随着这一改革过程，但是由于严格的户籍制度，剩余劳动力无法大量转移。城镇传统的统包统配的就业制度开始打破，通过实行劳动部门就业、自愿组织起来就业和自谋职业相结合的方针，中国劳动力市场得以建立。这一阶段统包统配制度仍占主导地位，劳动力市场规模及市场化程度很低。

第二阶段，1984—1992年。随着中国经济体制改革的重心由农村转向城市，搞活国有企业成为整个经济改革的中心环节，劳动就业制度改革向前推进，国有企业内部劳动合同制从试点到全面推开。户籍制度有松有紧，农村剩余劳动力陆续向城镇转移，人才交流市场初步出现，扩大了劳动力市场的作用范围，推动了劳动力的合理流动。社会保障作为国有企业改革的配套措施开始探索，1986年在国有企业中开始建立失业保险制度。

第三阶段，1992—1996年。明确提出培育和发展劳动力市场，市场机制被更多地引入劳动就业领域。农村剩余劳动力向城镇转移成为劳动力转移的主要渠道。社会保障市场化改革取向明确，制度覆盖范围扩大，社会化程度提高。

第四阶段，1996—2002 年。国有企业职工大规模下岗分流标志着存量劳动力所处的就业体制从根本上被市场化。户籍制度发生较大的变迁，农村剩余劳动力有序地实现大量转移。社会保障改革取得了重要进展。

第五阶段，2003 年至今。工业化和城镇化的双轮驱动使得劳动力加快流向城市，农村剩余劳动力流向城市的规模达到顶峰，之后又有所下降。由于中国人口红利已越来越小，劳动力工资较快增长。

7.2.1　劳动力资源的开发模式

从工业化国家的工业化与城市化关系看，主导产业一般都经历了"轻纺工业（劳动密集型）—重化工业（资本密集型）—重加工工业（技术密集型）"的发展历程。工业化与城市化的同步发展，决定了农村剩余劳动力产业与空间的同步转移，意味着非农化率与城市人口比重同步增长，一般而言，非农化率要高于城市人口比重，这已经被工业化国家的发展所证实，城市化率与非农化率基本上是相似的，均呈"S"形演进趋势。在工业化前期即农业经济时代增长比较缓慢，在城市化率到达20%左右，非农就业与城镇人口增长开始加速，在 70% 左右逐步进入工业化后期，城市化增长速度趋缓。

从农业劳动力的非农转化特征来看，在起步时期，吸收劳动力的主要产业是工业，并且主要是以劳动力密集型产业为主的轻工业，一方面对劳动力的基本素质与专业技能要求不高，便于农业、农村剩余劳动力向非农产业转化；另一方面对劳动力的吸收数量要大于服务业的吸收数量，工业与服务业就业增长率分别在 0.4% 以上与 0.4% 以下。工业化推动城市化，反过来，城市化也带动工业化发展，非农化率、城市化率迅速提高。劳动力密集型产业主导地位逐渐被资本密集型、技术密集型的资本品工业所替代，工业劳动力的年均增长率逐步下降，与城市人口的年均增长率差距开始扩大，大致是从城市化率50%左右开始。从这个时期开始，服务业以及第三产业的发展速度明显加快，对劳动力的吸纳能力较大，表现在服务业或者第三产业就业年均增长速度高于城市人口增长速度。

中国农民工伴随着工业化、城镇化和改革开放的进程而产生和不断发展。中国涉及农民工（农村劳动力流动就业）的政策大致经历了从"自由迁移"到"严格控制"、从"离土不离乡"到"离土又离乡"、从"消极应对"到"积极引导"三个发展阶段。

1978年以前，中国城乡二元经济结构的典型特征是：户籍制度对农业人口与非农业人口作出了严格区分，对劳动力城乡流动进行了严格限制；城市部门偏重于发展就业吸收能力较弱的重工业，统包统分的用工制度导致了就业刚性。改革开放以后尤其是20世纪80年代中期以来，随着城乡人口流动限制性政策的放松以及城市部门用工制度的调整，农村剩余劳动力的转移成为可能。与此同时，中国工业化发展战略的逐步转型及劳动密集产业的发展，对低素质劳动力提出了巨大需求，劳动力转移也因此成为现实，中国劳动力资源开发是具有鲜明特色的"制度变革＋产业导向"模式。

1. 制度变革与农村剩余劳动力转移

按照经典二元经济理论，在农业部门劳动力无限供给的条件下，现代部门只要提供高于农业部门的维持基本生存的实际工资，就会在不变工资水平上获得持续的劳动力供给。但是，在剩余劳动力转移的协调机制上，经典二元经济理论的学者们稍微有些分歧：刘易斯（1989：25）似乎更加强调欠发达国家政府在发展现代部门进而加速农业部门剩余劳动力转移中的作用；费景汉和拉尼斯（1992：121）认为，欠发达国家在促进经济增长和剩余劳动力转移方面所采取的政府和市场"折中"方式，其效果令人失望，市场机制在劳动力配置过程中的作用是关键性的。正如前文所述，由于户籍制度的存在，1978年改革伊始的中国经济二元结构，实际上与经典模型存在偏差，正是这种偏差引致了中国制度变革过程中剩余劳动力转移的特殊路径，即政府控制和主导下的劳动力城乡转移。具体分为两个阶段：（1）20世纪80年代的"控制性"流动。从实践来看，与自上而下的初始改革路径相适应，80年代，户籍制度的松动使得农村剩余劳动力获得了流动权，但是，由于粮油价格没有放开及相应票证制度的约束，这个时期农业部门剩余劳动力转移的典型特征是自带口粮进城务工经商，政府对劳动力流动主要通过流动范围（限制在乡镇企业）和"自理粮户口"申请资格（一般对本地农民）进行控制。从1988年开始，国家已经认识到有组织的劳务跨区输出对于农业部门劳动力资源开发的重要性，并动员乡镇企业尤其是大中型企业招用农民工。(2) 90 年代至今的"有序化"流动。20 世纪 90 年代尤其是 1992 年以后，与就业证卡管理制度实施和粮油票证制度终止的制度变革相对应，农业部门劳动力流动范围得以放宽，政府对劳动力转移的组织也开始规范。随着小城镇落户条件的进一步放松以及经济特区、经济开发区、高新技术产业开发区对劳动力转移的开放，剩余劳动力流入城市部门的节奏加快。与此同时，包括职业介绍机构、职业培训机构和技术等级认证在内的一整套服务体系的健全完善，为劳动力流动的有序化奠定了基础。

2. 农村剩余劳动力转移的产业导向

制度变革为农村剩余劳动力转移提供了必要条件，这个条件带有鲜明的中国特色。但是，这个条件还不充分，剩余劳动力的有效利用还需要劳动密集型产业的发展。经典二元经济理论认为，对于低素质劳动力广泛存在的欠发达国家而言，"适用"技术的选择非常关键，所谓"适用"技术，是指能够适应某个特定时点上资源禀赋状况的技术（费景汉、拉尼斯，2004：365）。从中国经济增长的实践来看，有利于吸收农村剩余劳动力转移的"适用"技术选择模式，是随着乡镇企业的发展而逐步定型的。1984 年，中国乡镇企业数量是 165 万个，1985 年迅速增长为 1 223 万个，直至 20 世纪 90 年代中期乡镇企业改制时，中国乡镇企业数量已经发展到 2 000 多万个。快速发展的乡镇企业以其劳动密集型特征，承接了农村剩余劳动力转移，其中，乡镇工业在劳动力吸收过程中一直扮演着主要角色。根据林毅夫、蔡昉、李周（1994）等的研究，改革开放以来乡镇企业之所以在增长和劳动力吸收方面成就斐然，原因就在于它们在产业和技术选择上有效利用了劳动力相对丰富的比较优势。中国乡镇企业的发展从以下方面对就业和社会稳定作出了贡献，即：乡镇企业对于剩余劳动力的转移提供了渠道，从而避免了大量劳动力流向城市而可能造成的失业加剧。经典二元经济理论的学者们不仅关注城乡劳动力转移的协调机制问题，而且关注剩余劳动力转移的后果，刘易斯（1989：78，94）认为，小城镇工业企业的建立可以缓解城市就业压力，但是在小城镇发展对于缓解就业压力的效果上，他的观点有些犹豫，因为这种建议的有效性在当时没有得到经验证明。中国乡镇企业对于农村剩余劳动力的有效吸收，实际上为经典二元理论的预测提供了证明。90 年代中期以后，随着乡镇企业改制进程的深入以及民营企业的壮大，加之出口导向战略的实施，中国劳动力比较优势的产业导向进一步明确，从而为劳动力资源的开发提供了良好的环境。

7.2.2　劳动力资源的开发过程

改革前，由于重工业偏向的工业化战略和人口数量失控，农村人口的比重大，再加上中国农民人均耕地占有量偏低，从而形成了"工业产出高份额"和"农业就业高份额"的反常现象。这意味着国家工业化的快速推进远远没有同步增加农村人口的就业机会，同时工业部门内部累积起日益严重的就业不足和隐性失业。为了不致使失业表面化，国家一方面控制农村劳动力流向工业和城市，另一方面在国有部门超额吸收员工，形成了据估计占全部职工人数 20％—30％的在职剩余劳动力。改革开放提供了劳动力流动的环境，为农业部门剩余劳动力的转移开启了大门。农业剩余劳动力转移经历了大致两个阶段，即"离土不离乡"的乡镇企业阶段和"离土又离乡"的民工潮阶段。

沿着制度变革和经济增长的历史逻辑，中国劳动力流动表现出明显的阶段性，即：20 世纪 80 年代离土不离乡的"乡—镇转移"、90 年代的"乡—镇、乡—城复合式转移"以及第二代农民工"离乡离土"的转移。

1. 农村剩余劳动力离土不离乡的"乡—镇转移"

改革开放伊始，中国就把农村剩余劳动力转移的重心定位在小城镇建设和农村多种行业的大力发展上，20 世纪 80 年代中期乡镇企业的崛起正是得益于国家政策的这种明确定位。与此同时，国家对于农业部门剩余劳动力转移的政策是"离土不离乡"，要求劳动力大部分就地向乡镇企业和小城镇转移（张神根，2006）。其间，乡镇企业的成长是沿着两条并行的路径展开的，即 1985 年以后乡镇集体企业的发展和乡镇个体私营企业的迅速崛起，两条路径的代表分别是以集体企业发展带动就业的"苏南模式"和以个体企业发展带动就业的"温州模式"。乡镇企业的两种发展模式在产权机制上尽管存在质的差别，但是在劳动力资源的开发方式上却是相同的，都是经由劳动密集型产业的发展，就地吸收剩余劳动力，农民工的就业状态典型地表现为"亦工亦农"。因此，20 世纪 80 年代（准确地说是 1988 年以前）"离土不离乡"的内涵主要体现在地域上,即农民工转移局限于本地的"乡—镇转移"。

从乡镇企业发展的历史逻辑来看,作为承接中国庞大剩余劳动力转移的第一站,其迅速崛起与"适用"技术的选择密切相关。改革开放之初,从土地上走出来的农民工不但文化水平低,而且缺乏必要的技能训练,面对这种问题,乡镇企业普遍采用技术水平较低的设备是合乎理性的。有人把 20 世纪 80 年代乡镇企业的技术设备概括为"三三二二",即 50 年代、60 年代水平的各占 30%,70 年代、80 年代水平的各占 20%(华中轩,1993),这种技术选择方式与劳动力的素质是吻合的。表 7.5 显示了 1982—2010 年间在乡镇企业就业的乡村就业人口状况,从中可以看出,整个 80 年代乡镇企业吸纳农村就业人口增长较快,90 年代以后增长速度开始下降。

表 7.5　乡镇企业吸纳就业情况(万人)

年份	在乡镇企业就业的乡村就业人口	年份	在乡镇企业就业的乡村就业人口
1982	3 113	1997	13 050
1983	3 235	1998	12 537
1984	5 208	1999	12 704
1985	6 979	2000	12 820
1986	7 937	2001	13 086
1987	8 805	2002	13 288
1988	9 545	2003	13 573
1989	9 367	2004	13 866
1990	9 265	2005	14 272
1991	9 609	2006	14 680
1992	10 625	2007	15 090
1993	12 345	2008	15 451
1994	12 017	2009	15 588
1995	12 862	2010	15 893
1996	13 508		

资料来源:Wind 金融资讯终端。

2. 农村剩余劳动力离土不离乡的"乡—镇、乡—城复合式转移"

20 世纪 90 年代,国家在继续执行"离土不离乡"政策的基础上,对劳动力流动范围的限制逐步取消,同时,户籍制度的进一步放松和劳动力服务体系的规范也为剩余劳动力的转移提供了激励。其间,劳动力流动呈现出"乡—镇转移"和由乡村向大中城市转移并举的复合转移模式,农民工的跨区流动是这一时期的主要特色。

90 年代农村劳动力流动具有如下一些特征：在流动区域方面，流向相对集中，以不发达地区向发达地区、农村向城市流动为主；从欠发达地区农村向发达地区及城市的流动是主要的，但是多向的，显示了经济发展和市场配置人力资源的多样性；农民跨地区就业流动半径大；外出就业的许多农民进入了大中城市，但相当部分是进入发达地区的小城镇和乡镇企业；产业流向上，95% 以上的农村外出劳动力是进入非农产业，不到 5% 的是异地务农；从流入地来看，农民工的产业流向分为两类，一类是大中城市，主要进入商业服务业、建筑业，进入工业的比重较低，另一类是东南沿海苏南、温州、闽南、珠江三角洲等发达地区。这些地区加工贸易型的外向经济发展快，乡镇企业和三资企业占重要地位，外来农村劳动力进入工业企业的占到 60%—70%。外出农民进入东、中、西部地区的比例约为 6∶3∶1，进入大中城市、小城镇（含县级市）和农村的比例约为 4∶4∶2。农业部对全国 275 个村的调查结果与此相近；就全国而言，外出就业约占乡村劳动力的 13% 左右，但在中西部川、皖、湘、赣等省的一些地、县，则占农村总劳动力的 20%—30%。农村劳动力流动具体分为两个阶段：

（1）20 世纪 90 年代初中期"乡—镇转移"趋势的继续和"乡—城转移"势头的兴起。

延续 80 年代中期的迅猛发展势头，进入 90 年代后，乡镇企业保持了较快的发展局面，1990—1996 年间，劳动力"乡—镇转移"的年均规模仍然高达 700 万。在这段时期中，随着社会主义市场经济体制框架的逐步确立，非国有经济成分在城市尤其是沿海地区大中城市中发展迅速，个体、私营、外资经济的成长和城市发展对劳动力提出了需求，制造加工、建筑、邮电运输、零售餐饮、生活服务等二、三产业的上百个行业对农民工敞开了大门。在这种背景下，一些不满足于土地回报的农民，开始到城市特别是沿海城市寻找赚钱的机会，于是跨省区、跨县市的外出务工浪潮——"民工潮"逐渐形成，农民工群体也因此产生。表 7.6 的数据显示，1989—1991 年间，农民进城务工数量年均规模不到 1 000 万，1992 年迅速增加到 4 000 万，2016 年则为 28 171 万。与"乡—镇转移"的显著区别是，这些"乡—城转移"的农民工不再倾向于暂时居住，他们中很多人在城市居住的时间不断延长，另外，农民工举家迁移的趋势在这一时期开始出现。

表 7.6　各年农民工数量

年份	农民工人数（万人）	农民工人数同比增长率（%）	外出农民工人数（万人）
1989—1991	1 500—3 000		
1992	4 000		
1994	6 000		
1996	7 223		
1999	8 200		
2001	8 961		
2002	9 400		
2004	11 823		
2008	22 542		14 041
2009	22 978	2.1	14 533
2010	24 223	5.4	15 335
2011	25 278	4.4	15 863
2012	26 261	3.9	16 336
2013	26 894	2.4	16 610
2014	27 395	1.9	16 821
2015	27 747	1.3	16 884
2016	28 171	1.5	16 934

资料来源：1989—2004 年数据来源：占少华：《阻止农民工的社会排斥：中国农村发展的新视角》，http://www.ziliaonet.com，2006 年 3 月 30 日；蔡昉编：《人口转变的社会经济后果》，社会科学文献出版社 2006 年版，第 44 页。2008 年后数据来源于国家统计局。

（2）20 世纪 90 年代后半期"乡—镇转移"的受阻和"乡—城转移"潮流的形成。

20 世纪 90 年代中期以后，乡镇企业改制和技术装备升级使得剩余劳动力的"乡—镇转移"受阻，除了乡镇私营企业外，乡镇集体和个体企业呈现出较为显著的下降趋势，乡镇企业总体吸收就业的能力趋于饱和，就业规模基本稳定在 1.2 亿—1.3 亿左右。与此同时，沿江沿海地区制造业的蓬勃发展和区域城市经济的繁荣对农民工进城产生了持续的拉动力，农民工大量涌向城市是这一时期的鲜明特征。

政府对农村劳动力的流动政策逐渐发生变化，其政策的基本点是：①承认流动、接受流动、鼓励流动；②在流动的方式上反对无序失控的流动，要求多部门携手，采取多方面措施，加以引导、调控；③在流动的方向上提倡就地就近和小城镇。1993 年中共十四届三中全会《中共中央关于建立社会主义市场经济体制若干问题的决定》提出，要鼓励和引导农村剩余劳动力逐步向非农产业转移和在地区间有序流动。同年 12 月，国家劳动部《关于建立社会主义市场经济体制时期劳动体制改革总体设想》则提出："培育和发展劳动力市场的目标模式，是建立竞争公平、运行有序、调控有力、服务完善的现代劳动力市场。从长远发展来看，建立公平竞争的劳动力市场，还要逐步打破城乡之间、地区之间劳动力流动的界限。"在此背景下，1993 年起，劳动部开始实施"农村劳动力跨地区流动有序化工程"，主要目标是使主要输入、输出地区间的农村劳动力流动就业实现"有序化"，包括"输出有组织，输入有管理，流动有服务，调控有手段，应急有措施"等 5 个方面的具体目标。正式提出建立针对农村劳动力流动就业的用工管理、监察、权益保障、管理服务基本制度，发展各种服务组织，完善信息网络和监测手段，强化区域协作和部门配合。1994 年，劳动部颁布《农村劳动力跨省流动就业暂行规定》，这是国家关于农村劳动力跨地区流动就业的第一个规范化文件，开始实施以就业证卡管理为中心的农村劳动力跨地区流动就业制度。1995 年，中共中央办公厅发出《关于加强流动人口管理工作的意见》，决定实行统一的流动人口就业证和暂住证制度，以提高流动的组织化、有序化程度。中共十五届三中全会通过《中共中央关于农业和农村工作若干重大问题的决定》，提出开拓农村广阔的就业门路，同时适应城镇和发达地区的客观需要，引导农村劳动力合理有序流动。

20 世纪 90 年代农村劳动力的"乡—镇、乡—城"复合式转移，使得大约 2.5 亿的农民从农村走了出来，这个过程对于中国的经济社会结构也产生了重大影响：到 2016 年，中国城镇人口比率已经超过 57.4%，与 1978 年 18% 的水平相比增加了近 40 个百分点；2016 年农村人口比重为 42.6%，比 1978 年 76% 的水平下降了 33 个百分点。

3. 第二代农民工的转移前景："离土又离乡"

作为"民工潮"的一个重要组成部分，近年来，年龄分布集中在 16—25 岁的年轻民工受到关注，由于他们出生在 80 年代农村劳动力转移开始时期并在 90 年代中期以后陆续加入"民工潮"中，故人们称之为"第二代农民工"，这个群体占农民工总量的比重在 40%—50%。与普遍具有小学和初中文化水平的第一代农民工比较起来，"第二代农民工"不仅具有相对较高的文化知识和技能水平，而且，由于对城市生活的向往使其具有"市民化"的强烈愿望。如果说第一代农民工因其对土地的"情结"而认同"离土不离乡"的农民身份的话，那么，"第二代农民工"由于对城市较高的认同感而更希望摆脱农民身份。问卷调查显示（刘传江、程建林，2007），具有回乡倾向的"第二代农民工"比重只占到10%，留城比重高达46%。2000年以来，随着小城镇户口的放开和大中城市落户政策改革的持续推进，"第二代农民工"离土又离乡的愿望正在变成现实，农村剩余劳动力转移的城乡一体化也因此得以深入。

7.3　劳动力资源的二次开发与增长的可持续性

改革开放40年来，中国劳动力比较优势战略的实施和劳动力资源禀赋的有效利用，在成功将人口负担转变为"人口红利"的同时，极大促进了经济增长和国民福利的提高。然而，以促进就业为目标的比较优势策略持续到今天，其局限性也逐渐显现出来，这种局限性集中体现为增长与资源约束的矛盾、增长与就业不一致性的矛盾，以及经济高速增长与国民福利提高缓慢之间的矛盾。这些矛盾的存在，对未来中国经济增长的可持续性提出了挑战，为了应对这些挑战，转变现有劳动力资源开发模式和相应经济增长模式至关重要。

7.3.1　劳动密集型产业导向模式的局限

改革开放以后，随着国家对城乡人口流动的限制性政策的放松以及城市部门用工制度的调整，农村剩余劳动力的转移成为可能；而中国工业化发展战略的逐步调整及劳动密集型产业的发展，使得劳动力转移成为现实，中国劳动力资源开发和经济增长实际上遵循了一种"制度变革＋产业导向"模式，这种模式的核心是对大量低素质劳动力的开发和使用。然而，在中国经济持续高速增长和工业化进程日益推进的过程中，这种模式的弊端日益显现。

从国际比较看，中国的劳动力仍占有绝对的优势，但劳动力增长速度1990—2016年明显低于可比的任何组，低于低中等收入国家、中等收入水平国家，低于东亚，只高于高收入国家0.7%。低收入国家年增长2.7%，虽然绝对量也是巨大的，但廉价劳动力资源对中国而言已经逐步成为过去，中国人口结构快速转变带来的老龄化问题越来越严峻，未来的持续性发展需要对人力资源二次开发，即人力资本投资，走内生发展道路。

表 7.7　中国与有关国家劳动力资源比较

类　　别	劳动力（人）		1990—2016 年人口增长率（%）	1990—2016 年妇女在劳动力中比重（%）
	1990 年	2016 年		
低收入国家	134 286 398	282 584 989	2.786	46.616
低中等收入国家	730 419 788	1 215 698 020	1.759	32.982
中等收入国家	1 740 223 838	2 572 890 405	1.353	38.322
中等偏上收入国家	1 009 804 050	1 357 192 385	0.930	42.621
高收入国家	477 057 611	594 040 775	0.685	42.967
中　　国	641 843 803	802 968 952	0.774	44.637
美　　国	128 095 692	162 173 604	0.998	45.572
南　　亚	425 655 385	686 959 426	1.742	27.780
东亚太平洋地区	961 001 198	1 278 046 389	0.923	43.780

资料来源：世界银行 WDI 数据库。

7.3.2　中国劳动力资源的二次开发与未来经济增长的可持续性

人力资本是人们花费在人力保健、教育、培训等方面的开支所形成的资本。就其实体形态来说，是活的人体所拥有的体力、健康、经验、知识和技能及其他精神存量的总称，它可以在未来特定经济活动中经有关经济行为主体带来剩余价值或利润收益。

从理论上来看，人力资本的思想渊源已久。从重农学派代表魁奈提出劳动是创造价值之源，经古典政治经济学家亚当·斯密、李嘉图的古典劳动价值理论，到新古典学派的经济学家们，都对人力资本进行过相关阐述。20 世纪 90 年代兴起的新经济增长理论将人力资本的研究推向新的高峰。它把人力资本作为独立的因素纳入了经济增长模型，运用更加微观的方法，把人力资本和技术进步结合起来，具体化为"专业化的人力资本"，认为这是经济增长的主要源泉。

劳动力比较优势战略的实施，为中国经济的迅速成长提供了土壤，但是，其弊端也值得深思。如果说持续 40 年的"制度变革＋产业导向"模式，其核心是低素质劳动力资源的有效开发，那么，鉴于这种模式的局限，要保持未来经济的持续增长，在发展战略上需要确立新的思路。以劳动力资源开发方式为依据，我们将提出两个相对应的概念，即中国劳动力资源的一次开发和劳动力资源的二次开发。"制度变革＋产业导向"模式，描述了中国劳动力资源一次开发的轨迹，充分发挥劳动力资源的比较优势是这一轨迹的典型特征。在近期的一项研究中，我们对劳动力资源二次开发的必要性进行了论证，并认为劳动力资源二次开发的核心，在于经由系统性技能培训和普通教育的发展提高劳动力的人力资本，以此促进生产效率提高和产业结构转型，将中国经济引入可持续增长轨道（中国经济增长与宏观稳定课题组，2007）。

从劳动力供给增量来看，中国劳动力资源的二次开发正处于进程当中。随着劳动力投入规模的不断扩张，中国全社会及现代部门生产效率的持续提高，与体现于技能、知识当中的劳动力者素质的提高密切相关。如果说改革开放以来，中国比较成功地开发了一度沉淀于传统农业部门和国有部门的庞大劳动力资源，并由此把经济送入快速起飞的跑道，那么，中国劳动力资源的第二次开发对于经济的持续稳健增长将至关重要。实际上，作为第二次人力资源开发的核心，劳动力素质的提高是一个更大的可开拓空间。对比发达国家，中国劳动力素质还存在较大差距，即使让大多数劳动力普遍具备初等教育水平，中国也有很长的路要走。

一个令人欣慰的事实是，知识和技能的重要性已经得到普遍认同。尽管从各自经济利益出发，微观经济主体对知识和技能重要性的观察角度不一样，但是，这种普遍认同的合力却有益于宏观层面"干中学"效应的持续发挥作用。如果说改革开放以来，中国劳动力市场的建立和完善以及劳动密集型发展战略的选择，是一种迫不得已的巧妙选择，那么，为了避免这种选择的"收益递减"窘境，中国不得不为未来重新定位自己在国际分工中的地位而未雨绸缪，在"干中学"中培育劳动力素质已经成为一种确定性选择，这实际上构成中国劳动力资源二次开发的核心。从实际情况看，中国增量劳动力供给表现出了较为明显的"代际"差异，新生代劳动力拥有相对较多的教育、培训机会，而这些机会的提供，为其快速步入熟练劳动力行列奠定了基础。由此可以看出，中国已经进入一个人力资本加速积累时期，人力资源的二次开发，将越来越成为这一时期经济增长的核心。

但人力资本积累水平还有待提高，问题主要有：

（1）教育投资还需要继续加强。

中国的教育投资总量虽然在逐年增加，但是，与物质投资相比较，教育投资的相对量还处于较低水平。如果以全国教育经费总支出作为教育投资，以全社会固定资产投资额作为物质资本投资，统计显示，自 20 世纪 90 年代以来，中国的教育投资总体上还远远低于物质资本投资，1992 年，中国教育投资与物质投资的比例是 1∶9，1992 年之后，教育投资与物质投资的差距进一步拉大，到 1993 年时达到 1∶12。1993 年是一个转折点，在 1993—2002 年的 10 年里，教育投资与物质投资的差距逐步缩小，由 1∶12 变为 1∶8。可喜的是，近年来国家加大了教育支出力度，全国公共财政教育支出额度逐年上升，教育支出占 GDP 的比例不断升高，2016 年教育支出占 GDP 的比例已达到 3.77%。

表 7.8　教育支出占 GDP 比重逐年增加

年份	全国公共财政教育支出（亿元）	教育支出占 GDP 比重（%）
2003	2 937	2.14
2004	3 366	2.08
2005	3 975	2.12
2006	4 780	2.18
2007	7 122	2.64
2008	9 010	2.82
2009	10 438	2.99
2010	12 550	3.04
2011	16 497	3.37
2012	21 242	3.93
2013	22 002	3.70
2014	23 042	3.58
2015	26 272	3.81
2016	28 073	3.77

资料来源：Wind 金融资讯终端。

（2）教育投资结构不合理。具体表现为：

① 三级教育投资比例失调。

如果把中国的普通教育分为高等教育、中等教育和初等教育三级教育结构，那么，中国三级教育结构的投资比例也不很合理。自 20 世纪 90 年代以来，中国出现了高等教育急剧扩张，而初等教育却相对萎缩的状况。表 7.9 反映了 2015 年中国三级教育结构的投资总额和人均投资额。数字表明，中国三级教育结构的人均投资额呈现从高等教育到初等教育逐步递减的趋势，高等教育的人均投资额竟达到小学教育的 3 倍多，这极不符合中国是发展中国家的现实国情，导致了教育资金的低效运作。

表 7.9　2015 年中国三级教育结构的投资比较

教育类别	教育经费（万元）	在校学生人数（万人）	人均教育经费（元）
高等学校	86 936 551	2 625	33 115
中等职业学校	19 065 200	1 657	11 508
普通高中	33 585 375	2 374	14 145
普通初中	54 605 926	4 312	12 664
小　学	86 823 208	9 692	8 958
特殊教育	1 018 654	44	23 046
幼儿园	20 487 571	4 265	4 804

资料来源：《中国社会统计年鉴》（2016 年），人均投资额是依人口与投资总额计算所得。

② 职业教育投资不足。

由于中国长期以来"重普通教育，轻职业教育"和"重文化知识，轻技能培训"的传统思想的制约，"一条腿长、一条腿短"的现实状况，形成了职业教育发展滞后。表 7.10 反映了中国普通教育和职业教育的经费总额以及总经费在高等、中等、初等三级教育结构上的分配，这些数字可以说明，中国的职业教育投资明显偏低。2016 年，中国职业教育经费总支出仅占普通教育经费总支出的 60.4%，而且，在高等、中等、初等三级教育层次上，职业教育的经费都远远低于普通教育的经费。

表 7.10　2016 年中国普通教育与职业教育的投资情况（亿元）

普通教育合计	学前教育	小学教育	初中教育	高中教育	高等教育
22 009.09	1 011.12	7 586.11	4 826.13	2 565.01	4 118.32

职业教育合计	初等职业教育	中专教育	技校教育	职业高中教育	高等职业教育
2 489.39	13.51	646.15	219.88	413.05	996.13

资料来源：Wind 金融资讯终端。

7.4　小结

虽然中国已经进入人力资源的二次开发时期，但目前的开发政策不力、手段单一，效果不明显。从基础的教育制度看，大学等学历教育与职业教育分割，政府有限的教育经费向大学等学历教育倾斜，职业教育严重滞后。相比较起来，发达国家如美国、法国、日本等，把职业技能培训提升到"国策地位"，为了保障职业技能培训的目标明确、系统完善和措施到位，往往为技能培训专门立法，以调动全社会开展各种技能培训的积极性和主动性。以美国为例，20世纪60年代以来，美国为了迎接产业结构升级，高度重视劳动力的技术、技能培训，企业把行为科学运用于工作场所，产生了所谓"参与性管理培训"模式。根据各个阶段实际情况，政府先后颁布了《人力开发和培训法》（MDTA）、《经济机会法》（EOA）、《综合就业培训法》（CETA）、《工作培训伙伴法》（JTPA）等多部旨在调动全社会参与培训积极性的法律。实际上，劳动力素质的开发是一个系统性工程，从目前中国劳动力素质开发的状况来看，尽管加强普通教育和技能教育的共识已经达成，但是，建立什么样的教育培训体系以使得劳动力素质与社会需求相协调的梯度结构尚缺乏整体性思路。

作为中国人力资源二次开发的重要体现，劳动力素质提高的策略应该表现出鲜明的层次性，包括：（1）目前及未来农村基础教育的加强和政府对转移劳动力技能培训的政策规划；（2）对于城镇就业人员的岗位培训；（3）对于失业人员的再就业培训。普通教育、技能教育以及继续教育的问题，切实关系到劳动力再生产能否适应工业化阶段的人力资本需求的问题。相对于较为规范且仍待着力加强的普通教育而言，中国技能教育的加强和规范有待走的路可能更长。因此，通过劳动力素质开发长远社会计划的制定，以此把劳动力技能提高的短期任务和长远目标结合起来，建立一个涵盖政府、企业、个人的且使院校、各类培训机构有机联系的人力资源开发体系至关重要。这样的计划应该具有政府资源、企业资源和个人资源的整合功能，并切实调动起三方参与的积极性。这个体系的构建，将给中国未来经济持续增长注入活力。

第 8 章　技术进步

按照现代经济学理论，从长期看，一国经济的绩效取决于自主技术创新、获取和扩散新技术的能力。本章将从企业技术进步与科技投入的角度来分析中国经济增长背后的动力机制，从自主研发、技术引进对中国创新能力和经济增长的影响来理解改革以来中国经济所获得的成就。基本结论是，自主研发、直接技术引进对中国创新能力和经济增长均有长期的积极推动作用。因此，发展出独立自主的研发体系、有效利用全球科技资源，是中国真正具有国际竞争能力、跻身于世界经济强国的重要条件。

8.1　中国技术进步状况

按照本书引言中提到的 S 形增长路径理论，从一国经济成长的长期历史看，人均产量增长分为两个阶段。在人均资本存量处于较低水平的增长阶段，随着人均资本的增加，人均产值也呈加速增长之势，具有规模收益递增的特征。但要注意到，增长路径还有后半段，当人均资本存量达到某一水平时，人均资本存量的进一步增加，人均产出将在越过该水平后呈递减的增长趋势，即规模收益递减，这时再加大资源投入，效果会很差，最终使增长不可持续。中国目前应该到达了该水平，因为真正意义上的没有资本的潜在劳动力已基本消失了。如果经济增长是在没有技术进步的环境下实现，结果就是如此悲观。好在人类并非这一条路可走，是技术进步使经济能持续增长，而技术应体现为国家与企业创新能力的提高。

新经济增长理论认为，经济增长最持久的源泉在于知识生产和人力资本积累，技术进步是经济增长的核心源泉。自主研究与开发（R&D）是技术进步的重要途径，研发活动通过创造和积累知识，促进产品创新和工艺创新，从而为经济可持续增长提供源源不断的动力和支持。在经济全球化的背景下，技术进步的另一个重要途径就是充分吸收和利用世界各国的先进技术和经验。

8.1.1 国家科技投入增加

伴随着科技体制改革和科研环境的不断改善，中国的科技投入呈快速发展的态势。例如，国家财政用于科学研究的支出大幅增长 2016 年，国家财政科学技术支出 7 760.7 亿元，财政科学技术支出占当年国家财政支出的比重为 4.13％。其中，中央财政科学技术支出 3 269.3 亿元，增长 8.5％，占财政科学技术支出的比重为 42.1％；地方财政科学技术支出 4 491.4 亿元，增长 12.5％，占比为 57.9％。2016 年中国共投入 R&D 经费 15 676.7 亿元，R&D 经费投入强度（与国内生产总值之比）为 2.11％。分类型看，全国基础研究经费 822.9 亿元，应用研究经费 1 610.5 亿元，试验发展经费 13 243.4 亿元，基础研究、应用研究和试验发展经费所占比重分别为 5.2％、10.3％和 84.5％。基础研究比重还需进一步提高。

8.1.2 科研体系逐步完善

1978 年之前，中国的创新体系受到苏联模式的极大影响，任务驱动的模式使研究活动很集中，并通过自上而下的方式实施。R&D 机构被分为三种类型：公共研究机构负责中国绝大部分的基础和应用研究；大学负责科学和技术培训，对 R&D 的影响小且受到限制；大中型国有企业的 R&D 单位负责技术的开发、样品的定型和其他一些下游的活动。

这一体系中主要的不足是 R&D 与生产实践分离。大多数公共研究机构，都是在与生产活动分离的情况下运行的，它们每年通过中央政府或地方政府的预算获取资金投入，开展的研究项目是在国家的五年计划和其他中央或地方政府的计划指导之下进行的。公共研究机构和大学中的研究人员，几乎没有任何激励使他们把研究结果转化成具有商业价值的应用型技术。产业界的人很少为这些计划提供咨询意见，也没兴趣使用前者研发的技术。结果，从公共研究机构和大学到产业部门的成果转化是一件很难的事情。

为解决这些问题，政府从 20 世纪 80 年代中期开始着手对研究机构的资金、管理以及技术市场进行转变并迫使 R&D 机构"下海"。同时，通过政府与社会创立的研究基金等资助 R&D 项目，鼓励企业开展 R&D 活动等，将科研与应用渠道打通。经过改革，中国的创新体系发生了转变。比如，政府拨款占公共研究机构收入的比重从 1986 年到 1993 年平均每年减少 5%。到 1993 年，公共研究机构收入中只有 28% 来自政府的直接拨款，而 1986年，这一比重为 64%。大学也发生了类似的转变。

8.1.3 科技水平提高

我们可以分别从科技投入和创新产出两个角度来认识科技进步状况，而科技投入又可以分别从自主研发和技术引进两个角度来分析。创新可以用专利授权数量表示。下面对科技投入、创新以及两者之间的关系进行描述性分析，以直观认识改革开放以来中国的科技进步水平。

表 8.1 列出了 R&D 经费、各类专利及高技术产品出口情况。从 R&D 经费支出来看，1978—2016 年 R&D 支出呈快速增长趋势，39 年间 R&D 平均增长率高达约 15.7%；特别是 2000 年以后，R&D 支出增长幅度更快。从 R&D 占 GDP 的比重来看，1987—1992 年 R&D/GDP 稳中有升，1992—1996 年 R&D/GDP 有所下降，1996 年之后 R&D/GDP 迅速提高。从各类专利申请数量看，中国目前专利申请量已经跃居世界第一，平均每人专利授权量和受理量增长速度惊人。技术进步的加快反映在出口产品结构上就是产品的技术附加值越来越高，从表 8.1 可以发现，中国高技术产品出口额增长较快，从 2002 年的 679 亿美元跃升至 2016 年的 6 042 亿美元，增长近 100 倍。

表 8.1 科技进步状况

年份	R&D 支出（亿元）	R&D 占GDP 比重（%）	专利申请授权数（件）	专利申请受理数（件）	高技术产品出口额（亿美元）	专利授权量/总人口（件/万人）	专利受理量/总人口（件/万人）
1978	52.9	1.46					
1979	62.3	1.54					
1980	64.6	1.43					
1981	61.6	1.27					
1982	65.3	1.23					
1983	79.1	1.33					
1984	94.7	1.32					
1985	102.6	1.14	138	14 372		0.00	0.14
1986	112.6	1.1	9 673	18 509		0.09	0.17
1987	113.8	0.95	16 706	26 077		0.15	0.24
1988	121.1	0.81	22 400	34 011		0.20	0.31
1989	127.9	0.76	20 727	32 905		0.18	0.29
1990	139.1	0.75	27 615	41 469		0.24	0.36
1991	160.7	0.74	33 282	50 040		0.29	0.43
1992	189.3	0.71	44 369	67 135		0.38	0.57
1993	225.6	0.65	47 499	77 276		0.40	0.65
1994	268.3	0.57	45 511	77 735		0.38	0.65
1995	302.4	0.52	43 741	83 045		0.36	0.69
1996	348.6	0.51	49 604	102 735		0.41	0.84
1997	408.9	0.55	50 129	114 208		0.41	0.92
1998	438.6	0.56	51 397	121 989		0.41	0.98
1999	679.2	0.83	100 156	134 239		0.80	1.07
2000	895.7	1	105 345	170 682		0.83	1.35
2001	1 042.8	0.95	114 251	203 573		0.90	1.60
2002	1 287.9	1.07	132 399	252 631	679	1.03	1.97
2003	1 539.6	1.13	182 226	308 487	1 103	1.41	2.39
2004	1 966.3	1.23	190 238	353 807	1 654	1.46	2.72
2005	2 450.0	1.32	214 003	476 264	2 182	1.64	3.64
2006	3 003.1	1.39	268 002	573 178	2 815	2.04	4.36
2007	3 710.2	1.4	351 782	693 917	3 478	2.66	5.25
2008	4 616.0	1.47	411 982	828 328	4 156	3.10	6.24
2009	5 791.9	1.7	581 992	976 686	3 769	4.36	7.32
2010	7 062.6	1.76	814 825	1 222 286	4 924	6.08	9.12
2011	8 687.0	1.84	960 513	1 633 347	5 488	7.13	12.12
2012	10 298.4	1.98	1 255 138	2 050 649	6 012	9.27	15.14
2013	11 846.6	2.08	1 313 000	2 377 061	6 603	9.65	17.47
2014	13 015.6	2.05	1 302 687	2 361 243	6 605	9.52	17.26
2015	14 169.9	2.07	1 718 192	2 798 500	6 553	12.50	20.36
2016	15 676.7	2.11	1 753 763	3 464 824	6 042	12.68	25.06

资料来源：Wind 金融资讯终端。

　　由此，近 40 年来，中国在科技投入上有大幅增加，而技术进步也对经济增长产生了积极作用。

8.2　企业技术进步：从干中学转向自主创新

8.2.1　中国技术进步的来源和演进路径

　　中国是一个体制转型国家，在计划体制下存在着大量的国有和集体企业，这些企业不是按照典型的新古典生产函数组织生产的，而是按国家计划进行生产，在改革之初这类企业的明显特征之一就是"冗员"多，我们称这类企业为"传统计划企业"。改革开放后新设立的乡镇企业、外资企业、个体企业基本是按新古典生产函数组织生产的，我们称这类企业为"标准企业"。相对而言，到了 20 世纪 90 年代中后期国有企业的改革已经逐步到位，其组织模式基本上依据市场方式确定，这时才可以称其为"标准企业"。中国改革开放后最重要的技术进步起点特征在"标准企业"上，通过标准企业的发展，渐进式地改造了"传统企业"，通过结构转换带动了经济的高速增长。有人形象地将中国技术进步的演进路线比喻为"80 年代靠老农，90 年代靠老外"。

　　改革开放早期（1979—1989 年期间），劳动者、企业的积极性得到激励，产业结构开始向均衡方向发展，农业和轻工部门快速发展，特别是农村部门是技术进步的核心，农村部门的技术进步十分明显。80 年代中期的乡镇企业崛起对轻工业的发展有着积极的促进作用，农村改革和工业化的进展推动城市改革，完成了对传统重工业畸形结构的调整，结构优化对技术进步有重要的贡献。按世界银行的计算，结构转变占全要素生产率提高的 30%，90 年代中期以后下降到 17%（世界银行，2004）。在技术来源上，一是原有存量的工业技术的转移，如重工、军工企业的技术转移；二是开放后的技术引进，如彩电、冰箱、录音机、大众轿车生产线等的引进，耐用消费品产能迅速提高，当然技术进步的最大贡献者应该是体制改革，它提高了利用资源的制度效率，企业逐步成为了"标准企业"，在要素组织和进步模式上形成了一个"干中学"的学习曲线。

从 20 世纪 90 年代开始的第二阶段，技术进步来自开放过程中的国际技术转移，"干中学"是技术进步的基础。一般来说，引进国外技术主要有两种方式，一种方式是通过技术购买直接引进国外先进技术，另一种方式是通过外商直接投资等渠道间接引进国外先进技术。直接引进国外技术时，虽然发达国家不可能把先进核心技术输出到发展中国家，但是，由于发达国家最先进的技术不一定是发展中国家最适宜的技术，因此只要是对发展中国家来说属于先进的适宜的技术，这种技术引进将有利于后发国家的技术提升和经济赶超。引入外资虽然其目的并不是直接引进技术，但通常认为外资投资于东道国时可以通过示范效应、竞争效应以及跨国公司人员培训和流动等渠道将先进技术溢出到东道国企业，因此外商直接投资可以被视为间接引进技术的重要渠道。

1992 年邓小平南方谈话后，中国加速了对外开放，1994 年汇率并轨改革，加强了中国的比较竞争优势，外资和国际产业转移加快，外资的进入提高了中国产业的技术进步。在改革开放的过程中，为创造某些产业的比较优势，中国政府采取了积极干预产业资源配置的产业政策。1989 年中国正式公布了第一套产业政策。政府的五年规划也强调发展以若干高科技和高资本投资为特征的支柱产业，外资引进和对外贸易表现出明显的产业选择性。从开放条件下提升国家竞争力的角度来理解，这样的产业政策导向下的外资引进和对外贸易体现了政府期望通过开放来带动产业技术的升级，发展若干支柱产业，形成适合本国经济发展阶段的产业组织结构，努力缩短加入全球"核心"技术竞争的时间，避免在技术的"边缘"上滞留的风险，并努力促成部分高新技术的跨越。

8.2.2 技术模仿—套利机制

20 世纪 90 年代以来中国的高速增长离不开"干中学"这个技术进步的机制。中国企业由于原有的技术基础比较薄弱，而通过进口技术既符合成本—效益原则，可以快速缩短与发达国家和地区的技术差距，又符合中国企业现有的研发能力。企业技术研发要获得市场的认可，除了需要高资本、人力投入以外，还需要相当长的时间。市场竞争程度和法律对专利的保护程度也在很大程度上决定了企业是否愿意在技术创新上进行投资。所有这些因素共同决定了现阶段中国企业在技术进步决定上的选择：主要通过技术进口来跟踪、消化技术。依赖技术进口，而自主创新不足便构成了国内企业提升技术水平路径的基本特征。

开放条件下由技术导致经济增长的机理突出表现为：对外开放进程中通过 FDI 所获得的"外溢"效果和贸易诱发的"干中学"效果，并且这两种效果主要表现在吸引先进国家或地区的 FDI 以及与先进国家或地区的贸易关系上。由于不同国家或地区的 FDI、产业或贸易品的技术含量不同，因而中国吸引不同地区或国家的 FDI 所获得的 FDI 产业"外溢"效果及与不同国家或地区发生贸易关系所诱发的产业"干中学"效果也存在差异。从当今世界不同国家或地区的技术先进性以及中国主要的 FDI 来源、主要贸易伙伴关系来看，中国在对外开放进程中最有可能从先进的工业国家和"亚洲四小龙"获得技术"外溢"效果和"干中学"效果。从 1995 年的贸易数据来看，中国自 OECD 的进口主要集中在仪器仪表制造业（65.21%）和普通、专业机械制造业（42.48%）上，从"亚洲四小龙"的进口主要集中在化学纤维制造业（40.26%）和塑料制品业（31.49%）上。中国自 OECD 国家（地区）和"亚洲四小龙"进口机械设备等有技术含量的资本品促进了相关产业的竞争与发展，提升了内地企业的生产率，而向这些先进国家和地区出口产品要求内地企业通过技术升级来降低成本并生产符合这些国家和地区市场要求的高品质产品，这同样会提升内地企业的生产率。

"干中学"的技术进步对于后发国家有加速增长的效果，对于后发的企业也有同样的激励效应。"干中学"在技术进步扩散方面可以表现为模仿—套利机制，即一家企业通过引进设备生产一种产品获利后，这一模仿产品的市场被开发出来，大量的后发企业跟进，模仿性地引进设备（可能更先进）、挖一些现行企业的成熟人员、进行该产品的生产获利，大量模仿者进入形成套利（所谓套利是指在金融市场如有一种无风险的收益产品就会吸引资金以杠杆借贷的方式涌入直至收益降低到资金成本，套利结束）。与金融套利不同的是，由于企业所处的竞争条件不同，每个企业都有可能通过竞争成功多获利，这种预期就会增加参与者，并在这种套利模式下进行低成本竞争。

众所周知，套利行为能出现的前提是要有可能的无风险或低风险收益机会。在企业的投资决策中应先比较收益与风险间的关系，一项技术是否被引进，要看它的盈利可能性。在技术是学习得来的情况下，先投资者在技术开发上风险低但在选择技术设备先进度、组织管理与市场开发等方面风险大，当这些被引进的技术所生产的产品被国内消费者认可后，后投资者在这些方面的风险降低，而且有了可学习的技术和生产管理经验。所以，先行企业为后行企业铺了路，后行企业有搭便车的可能性，由此形成了后进入者的套利机会。这是后行企业的"干中学"动力机制。但这种情况容易形成过度引进和过度竞争，因为没有技术门槛，有资金者都可以进入。如果政府对所有行业无限制，则技术引进的范围较大，企业的选择面大，不易形成过度引进；而若政府对一些行业有限制时，企业的选择面小，易形成某些非限制行业过度引进，在中国就是这种情况。

　　企业这种行为有其内生的动力机制，更与政府管制与补贴的双重行为造就的环境有关。从政府的管制上看中国放开了制造业，但新的服务业却基本上是管制的，如电信、金融、城市的基础设施等，而制造业中的新兴行业也是管制的，如汽车和一些重化工行业也均有管制性的准入条件，所以大量的"标准企业"被压到了较为低技术的制造业和服务业上，大家也只好拼成本。发达地区为了保持自己的优势，而落后地区为了发挥"后发"优势，都进行相应的补贴。发达地区靠税收返还，落后地区靠消耗环境和资源进行补贴，导致了企业的低成本竞争行为。低成本竞争推动了中国经济增长和要素动用，但也存在着巨大的资源耗费倾向，表现在土地、劳动力、资源、环保等一系列的长期成本上，而企业也有很强的短期套利倾向，经常是"一哄而起"，产能极度放大形成过剩，造成资源的浪费，这是中国企业微观机制所造就的低成本竞争行为的不良后果。

　　而且，"干中学"引致的技术进步受全球技术前沿水平的制约，技术前沿水平与国内现有技术差距越大，国内技术进步增长越快；随着国内技术水平的提高，学习效应下降，国内技术进步减速并最终停止。学习轨迹表明，学习过程在早期规模递增效应，因为在一个学习过程初期，国内外技术差距大，学习者能很快掌握国内不存在的新技术，产生明显的竞争优势，快速吸纳社会闲置资源，使产出效率不断提高；在经过一段学习过程后，国内外技术差距变小，学习效率下降，这时将进入规模递减阶段，这是学习型经济体系的特点（张平、刘霞辉，2007）。

　　总的来看，中国企业依靠技术进口取得了相当的成功，并且在一些高新技术上也成功地实现了某些跨越，但在总体上，企业自主创新不足。中国已意识到该问题，并开始重视自主创新。中国在加入 WTO 后强化了知识产权的保护，企业干中学的效率降低，企业自动增加了研发和自主创新的投入。从国际比较看，目前中国的研发占 GDP 的比重还没有达到世界平均水平，更远远低于高收入国家。按照 OECD 的技术发展阶段，中国企业的技术水平在国际上处于中等水平，与发达国家的差距仍然很大。因此，如何推进国家创新体系的建设成为决定未来中国企业能否在某些技术上领先于国际水平的关键因素。

表 8.2　研发和专利的国际比较

地区类别	指　　标	1996 年	2015 年
东亚太平洋地区	常住居民专利申请量（件） R&D 占 GDP 比重（%）	423 193 2.21	1 402 950 2.46
高收入国家	常住居民专利申请量（件） R&D 占 GDP 比重（%）	626 692 2.16	827 076 2.57
低中收入国家	常住居民专利申请量（件） R&D 占 GDP 比重（%）	8 347	19 199 0.55 *
中等收入国家	常住居民专利申请量（件） R&D 占 GDP 比重（%）	48 727	1 035 404 1.49
中等偏上收入国家	常住居民专利申请量（件） R&D 占 GDP 比重（%）	40 380	1 016 205 1.66
世界	常住居民专利申请量（件） R&D 占 GDP 比重（%）	675 463 1.97	1 862 548 2.23
中国	常住居民专利申请量（件） R&D 占 GDP 比重（%）	11 628 0.56	968 252 2.07

注：＊2015 年低中收入国家 R&D 占 GDP 比重数据缺失，表中为 2009 年数据。
资料来源：世界银行 WDI 数据库。

8.3　自主研发和技术引进对创新的影响

　　本节对前面提出的理论进行检验，通过设定合适的计量模型对 R&D、

技术引进与创新之间的关系进行实证分析。类似于生产函数，假定创新能力
存在如下形式的函数关系：

$$P_t = AS_t^{\varphi} e^{\mu}\qquad(8.1)$$

其中，P 表示创新能力，S 表示科技投入，φ 表示科技投入的产出弹
性，μ 表示误差项，A 为常数，t 表示时间。科技投入分别以 R&D 支出
（简记为 RD）、国外技术引进额（简记为 TI）和外商直接投资（FDI）来衡
量[1]，其起始年份分别为 1987—2006 年、1985—2006 年、1983—2006 年。
由于 R&D、国外技术引进和外商直接投资之间具有较高的相关性[2]，为
了避免回归模型中的多重共线性问题，我们将分别对三者进行回归分析。创
新能力用专利授权数量来表示，数据期间为 1987—2006 年。所有数据均来
源于《中国科技统计年鉴》。由于国外技术引进和外商直接投资在统计年鉴
中均以美元计算，我们按照人民币对美元年平均汇价（中间价）将两者折算
成人民币。

对式（8.1）两边取对数，则可得，

$$\ln P_t = \ln A + \varphi \ln S_t + \mu_t\qquad(8.2)$$

由于本章运用的是时间序列数据，在对模型式（8.2）进行回归前，应
该首先检验各变量的平稳性以避免产生伪回归。为此，我们运用 ADF 检验
法对各变量的平稳性进行单位根检验。检验之前需要确定时间序列模型的滞
后阶数，通常采用 AIC 准则来确定。单位根检验结果如表 8.6 所示，$\ln(P)$
的 ADF 检验值为 $-3.657\,2$，P 值为 0.051\,5，表明该序列在 6% 的显著性水平
下拒绝原假设，接受不存在单位根的结论，即该序列为平稳序列。由
$\ln(RD)$、$\ln(TI)$ 和 $\ln(FDI)$ 的 ADF 检验值可知，它们均为非平稳序
列。由于模型（8.2）中存在非平稳时间序列变量，简单地运用模型（8.2）
有可能出现虚假回归。但是，虽然一些经济变量本身是非平稳序列，它们的
线性组合却有可能是平稳序列。Engle 和 Granger（1987）提出的协整理论及
其方法，为非平稳序列的建模提供了一种新途径。非平稳序列的平稳的线性

---

[1] 为表述方便，我们将 R&D、直接技术引进和外商直接投资统称为科技投入。

[2] R&D 与 TI 的相关系数为 0.71，R&D 与 FDI 的相关系数为 0.81，TI 与 FDI 的相
关系数为 0.92。

组合被称为协整方程，可解释为变量之间的长期稳定的均衡关系。因此，运用回归模型（8.2）时需要进行协整检验。回归模型的协整检验方法主要为两种，一种是基于回归系数的协整检验，另一种是基于回归残差的协整检验。本章采用 Engle 和 Granger（1987）提出的基于回归残差的协整检验方法。该方法通过检验回归方程的残差序列是不是一个平稳序列，进而判断因变量和解释变量之间是否存在协整关系。通常地，可以应用 ADF 检验来判断残差序列的平稳性。还需要注意的是，在进行协整回归时，如果解释变量个数多于一个，被解释变量的单整阶数不能高于任何一个解释变量的单整阶数。由各变量的单位根检验可知，$\ln(P)$ 为零阶单整，而 $\ln(RD)$、$\ln(TI)$ 和 $\ln(FDI)$ 均为一阶单整（由表 8.6 可知，三者的一阶差分序列即 $\Delta\ln(RD)$、$\Delta\ln(TI)$、$\Delta\ln(FDI)$ 都为平稳时间序列），由此各变量均符合协整方程的要求，可以对式（8.2）进行回归分析和协整检验。模型估计结果和协整检验结果见表 8.4。

表 8.3　单位根检验

	检验形式	ADF 统计量	P 值	结　论
$\ln(P)$	$(C,\ T,\ 0)$	$-3.657\ 2$	$0.051\ 5$	平　稳
$\ln(RD)$	$(C,\ T,\ 0)$	$-2.266\ 3$	$0.430\ 3$	不平稳
$\Delta\ln(RD)$	$(C,\ 0,\ 0)$	$-5.320\ 1$	$0.000\ 5$	平　稳
$\ln(TI)$	$(C,\ T,\ 0)$	$-1.998\ 2$	$0.568\ 8$	不平稳
$\Delta\ln(TI)$	$(0,\ 0,\ 0)$	$-4.961\ 5$	$0.000\ 0$	平　稳
$\ln(FDI)$	$(C,\ T,\ 1)$	$-1.698\ 2$	$0.717\ 6$	不平稳
$\Delta\ln(FDI)$	$(0,\ 0,\ 0)$	$-1.903\ 8$	$0.055\ 8$	平　稳

　　注：在检验形式 $(C,\ T,\ K)$ 中，C、T、K 分别表示单位根检验方程包括常数项、时间趋势和滞后阶数，0 则表示不包括该项。Δ 表示差分算子。

表 8.4　模型（8.2）的估计结果

	方程（1）	方程（2）	方程（3）
C	5.626 5 (19.69)*	6.072 4 (7.87)*	6.559 5 (12.02)*
$\ln(RD)$	0.869 8 (18.95)*		
$\ln(TI)$		0.768 1 (6.42)*	

续表

	方程（1）	方程（2）	方程（3）
ln（FDI）			0.602 1 (8.22)*
Adj. R-squared	0.949 6	0.679 1	0.777 7
F-statistic	358.991 2	41.216 7	67.488 8
协整检验	−3.836 2* (0.000 6)	−2.178 9** (0.031 6)	−0.973 0 (0.283 7)

注：协整检验一栏括号中的数字为 P 值，其他括号中的数字为 t 检验值。 * 、 * * 、 * * * 分别代表参数估计值在 1%、5%、10%的水平上显著。

表 8.4 中的方程（1）为 R&D 与创新之间关系的估计结果。方程残差序列的 ADF 检验值为−3.8, P 值为 0.000 6，表明残差序列在 1%的显著性水平下拒绝原假设，接受不存在单位根的结论，因此可以确定方程残差序列为平稳序列，这表明方程因变量和解释变量之间存在协整关系。由估计结果可知，R&D 的系数估计值为正且高度显著，表明 R&D 与创新之间存在正的长期均衡关系：R&D 投入每增长 1%，专利则相应增长约 0.9%。在已有的关于中国 R&D 与创新关系的研究中，Zhang 等（2003）、Jefferson 等（2004）和吴延兵（2006a）运用不同的数据样本均发现 R&D 对创新有显著正影响。本章运用时间序列数据表明 R&D 与创新之间存在长期均衡关系，再次揭示出自主研发对提高中国创新能力的重要意义。

表 8.4 中的方程（2）为国外技术引进与创新之间关系的估计结果。由协整检验可知，方程残差序列在 5%的显著水平下拒绝存在单位根的原假设，且国外技术引进的系数估计值高度显著。因此，国外技术引进的创新产出弹性约为 0.8。

表 8.4 中方程（3）为 FDI 与创新之间关系的估计结果。可见，FDI 的系数估计值为正且高度显著，似乎表明 FDI 对创新有显著正影响。但是，协整检验表明，方程残差序列不能拒绝存在单位根的原假说，即可以认为方程残差序列为非平稳序列，这表明 FDI 与创新之间并不存在长期均衡关系。理论上通常认为，外商直接投资能够有效地降低发展中国家引进和吸收先进技术的成本，促进先进技术在发展中国家的扩散；内资企业可以通过模仿更多种类的产品、吸收先进的技术和管理经验，来提高内资企业的创新能力；同

时，外资进入也使国内企业面临着更激烈的竞争，促进国内企业在与外资竞争中不断改善经营管理水平和技术水平。人们通常把引进外资的战略归纳为"以市场换技术"，然而中国市场对外资的开放是否真的换来了技术？本章实证研究显示，FDI 与专利数量之间并不存在正的长期均衡关系，表明外资引入并没有带来中国创新能力的持续提高。在关于外商资本与中国创新能力之间关系的文献中，虽然一些研究表明两者之间具有正相关性（Cheung and Lin，2004），但另有些研究则发现外商资本对中国创新能力有消极影响（Huang，2003；吴延兵，2008b）。我们认为，外商企业在中国内地从事生产经营活动时有自己特有的行为方式：一方面，其技术和管理水平高于国内企业；另一方面，其技术优势来源于母公司。这两个原因造成在华外商企业本身并不需要持续不断的创新。另外，外资的进入挤占了国内企业的市场，降低了国内企业的利润，进而可能打击了这些企业的研发能力，从而在一定程度上抑制了中国创新能力的提高。

总之，上述估计结果表明，自主研发和直接国外技术引进对中国创新能力的形成起到重要作用。这意味着，增加研发投入和技术引进是提高中国自主创新能力的主要渠道。20 世纪 90 年代以来，国际经济学界也逐渐形成了一个共识，认为必须有自己的研发能力和自主创新能力，才能最终实现经济的可持续增长。在激励企业加大研发投入力度的同时，还要注重引进和学习国外的先进技术。在经济全球化背景下，要充分利用全球科技资源加快自身发展速度。只注重自主研发而不注重吸收世界各国的先进技术成果，就有可能落伍于世界科技发展水平。总之，自主研发和技术引进两者不可偏废，要统筹兼顾、合理规划，才能全面提升中国的创新能力。

8.4 自主研发和技术引进对 GDP 的影响

我们在标准柯布—道格拉斯生产函数基础上，将科技投入引入生产要素后，扩展后的柯布—道格拉斯生产函数可表示为：

$$Y_t = AK_t^{\alpha}L_t^{\beta}S_t^{\gamma}e^{\epsilon_t} \qquad (8.3)$$

其中，Y、K、L、S 分别代表产出、资本投入、劳动投入及科技投入。α、β 分别表示资本的产出弹性和劳动的产出弹性，γ 则表示科技投入的产出弹性。A 为常数。ε_t 为随机误差项。t 代表时间。

假设生产函数关于资本和劳动具有规模报酬不变的性质（即 $\alpha+\beta=1$），经变形，并两边取对数，可得，

$$\ln(Y/L)_t = \ln A + \alpha\ln(K/L)_t + \gamma\ln(S)_t + \varepsilon_t \tag{8.4}$$

对于式（8.4）中所涉及的各变量说明如下。产出以国内生产总值表示，为了消除价格波动的影响，以 1978 年为不变价，用相应年份的 GDP 隐含平减指数[1]对 GDP 进行了缩减。劳动投入以就业人员数量来衡量。物质资本投入以固定资本形成总额表示，并用永续盘存法核算其存量，其公式为 $K_t = I_t + (1-\sigma)K_{t-1}$。$K$ 表示资本存量，I 表示固定资本形成总额，σ 表示折旧率。在计算存量时，需要说明以下几点：首先要将固定资本平减成实际值以削除价格波动。然而《中国统计年鉴》只提供了 1991—2006 年的固定资产投资价格指数。对于 1978—1990 年的平减指数，以 1978 年为不变价，我们计算了 1978—1990 年的投资隐含平减指数（implicit investment deflator）。[2]然后，用上述指数序列将固定资本缩减成实际值。对于折旧率 σ 和基期存量，我们采用了张军等（2004）的计算方法，即折旧率为 9.6%，基期（1978 年）资本存量是基期固定资本形成总额的 10 倍。在确定了基期存量后，就可以运用永续盘存法测算出 1978—2006 年各年的资本存量。科技投入（S）同样分别以 R&D 经费、国外技术引进和外商直接投资来表示。

如前所述，对于涉及时间序列的回归，首先应该检验各变量的平稳性以避免产生伪回归。运用 ADF 检验对各变量进行单位根检验的结果如表8.5 所

---

［1］ GDP 隐含平减指数的计算方法如下：以 1978 年为基期，则 i 年的 GDP 指数（1978 年为 1）$= \dfrac{i \text{ 年的 GDP（当年价格）}/i \text{ 年的 GDP 隐含平减指数（1978 年为 1）}}{1978 \text{ 年的 GDP（当年价格）}}$，从此公式中可以计算出 i 年的 GDP 隐含平减指数。

［2］ 投资隐含平减指数的计算方法同 GDP 隐含平减指数，具体如下：以 1978 年为基期，则 i 年的固定资本形成总额指数（1978 年为 1）$= \dfrac{i \text{ 年的固定资本形成总额（当年价格）}/i \text{ 年的投资隐含平减指数（1978 年为 1）}}{1978 \text{ 年的固定资本形成总额（当年价格）}}$，从此公式中可以计算出 i 年的投资隐含平减指数。

示。由表 8.5 和表 8.6 可知，ln (Y/L)、ln (K/L)、ln (RD)、ln (TI)、ln (FDI) 都是非平稳序列，而它们的一阶差分序列都是平稳的。虽然模型 (8.4) 中各变量本身是非平稳序列，但是它们之间的线性组合却可能存在着协整关系。因此我们运用协整理论对模型 (8.4) 进行回归分析。模型 (8.4) 的估计结果如表 8.6 所示。

表 8.5 单位根检验

	检验形式	ADF 统计量	P 值	结 论
ln (Y/L)	$(C, T, 1)$	$-2.705\,0$	$0.242\,4$	不平稳
Δln (Y/L)	$(C, T, 0)$	$-3.551\,6$	$0.053\,7$	平 稳
ln (K/L)	$(C, T, 0)$	$-1.024\,9$	$0.924\,0$	不平稳
Δln (K/L)	$(C, T, 0)$	$-3.762\,6$	$0.034\,9$	平 稳

注：在检验形式 (C, T, K) 中，C、T、K 分别表示单位根检验方程包括常数项、时间趋势和滞后阶数，0 则表示不包括该项。Δ 表示差分算子。

表 8.6 模型 (8.4) 的估计结果

	方程 (1) 1987—2006 年	方程 (2) 1985—2006 年	方程 (3) 1983—2006 年
C	$-1.816\,3$ $(-5.65)^*$	$-1.239\,1$ $(-12.72)^*$	$-1.294\,6$ $(-28.03)^*$
ln (K/L)	$0.551\,5$ $(5.74)^*$	$0.768\,9$ $(27.18)^*$	$0.730\,4$ $(39.69)^*$
ln (RD)	$0.152\,8$ $(3.55)^*$		
ln (TI)			$0.076\,2$ $(5.89)^*$
ln (FDI)			$0.071\,1$ $(14.00)^*$
Adj. R-squared	$0.992\,2$	$0.994\,5$	$0.997\,6$
F-statistic	$1\,213.139\,9$	$1\,908.807\,2$	$4\,847.279\,7$
协整检验	$-3.597\,6^*$ $(0.001\,4)$	$-3.009\,4^*$ $(0.004\,5)$	$-4.031\,6^*$ $(0.000\,3)$

注：协整检验一栏括号中的数字为 P 值，其他括号中的数字为 t 检验值。*、**、*** 分别代表参数估计值在 1%、5%、10% 的水平上显著。

表 8.6 中方程 (1) 表明了 R&D 与 GDP 之间的关系。由此可知，方程残差序列在 1% 的显著性水平下拒绝原假设，因此方程残差序列为平稳序列，

进而方程因变量和解释变量之间存在协整关系。由估计结果可知，R&D 投入的系数估计值在 1% 水平上显著，这说明 R&D 与产出之间存在正的长期均衡关系，且 R&D 投入每增长 1%，GDP 则相应增长 0.15%。本文的估计结果与已有国内外大量文献的研究结论具有一致性。国外文献研究表明，产业 R&D 产出弹性主要分布于 0.1—0.2（Australian Industry Commission，1995）。Hu（2001）、Jefferson 等（2004）、Hu 等（2005）运用中国企业数据发现 R&D 对生产率有显著正作用。吴延兵（2006b，2008a）运用中国产业数据则发现 R&D 产出弹性为 0.1—0.3。本章运用中国时间序列数据发现 R&D 与 GDP 之间存在长期均衡关系，且 R&D 产出弹性约为 0.15。这些研究均表明自主研发是促进中国经济增长的重要因素。

表 8.6 中方程（2）是对国外技术引进与 GDP 之间关系的回归分析。协整检验表明，方程残差序列为平稳序列，技术引进的系数估计值为正且高度显著，这说明国外技术引进对 GDP 有长期正影响。相比较而言，直接技术引进对经济增长的贡献要小于自主研发对经济增长的贡献。

表 8.6 中方程（3）是有关 FDI 的估计结果。由协整检验可知，方程残差序列也是平稳序列，且 FDI 的系数估计值高度显著，这说明 FDI 与 GDP 之间也存在长期均衡关系：FDI 每增长 1%，GDP 则相应增长 0.07%。由上文估计结果我们知道，FDI 与创新之间并不存在长期均衡关系，但此处的估计结果显示，FDI 对经济增长有长期的正影响。FDI 虽然不能带来中国创新能力的持续提高，但其对中国持续的经济增长却有重要贡献。FDI 对经济增长的正影响可能主要源于以下几个方面：（1）推动国外资源与国内资源的交换。外资进入中国，使得中国获取了经济发展所必需的资金、设备、原材料甚至人才等资源。（2）激励作用。跨国公司进入中国给国内同行企业带来冲击，那些能够尽快转变经营机制和经营观念的企业通过与外来竞争者合作竞争得到成长和壮大，那些不能适应竞争的企业有可能被淘汰。这促使国内企业必须不断地改善管理水平、优化资源配置、提高生产效率。（3）关联作用，带动上下游企业及相关产业发展。外资企业通过外包和采购在中国建立了颇具规模的供应链体系，通过供应链的关联作用带动了国内企业提高质量、降低成本，承担环境责任和社会责任。正是通过上述一系列作用，外资企业与国内企业一起，从根本上改造了中国工业基础，提升了中国企业的全

球竞争力。

综合上述估计结果，我们发现，自主研发和技术引进（直接的和间接的）均对中国经济增长有着长期正影响。自主研发对促进中国经济持续增长和质量改善无疑具有重要意义，而通过多种渠道积极学习和借鉴国外先进技术，也是促进中国经济持续增长的重要途径。

8.5　小结

目前，中国已将技术创新作为推动未来经济可持续增长的重要策略，但要实施还有难度，主要困难在企业。企业的技术选择要基于对适应现实要素禀赋特征和获利前景的考虑。对于后发国家企业的技术进步而言，大致有这样的发展过程：第一阶段是模仿阶段，某些企业看到了市场上热销产品与可获得的技术，利用设备更新等手段来生产新产品；第二阶段是数量扩张阶段，大量企业通过模仿进行生产、新企业进入快，最终导致企业平均盈利能力下降。在本阶段，如果伴随着大量对外出口和批量生产（销售）网络的进入，则企业尚能维持一定时间，并能通过扩大产量和品种获得竞争优势，但要进一步发展则空间很小；第三阶段是质量改进阶段，特征是不断的创新、低效企业的退出、TFP 增长快速，应用的是品牌战略和产品质量认证。中国企业的技术进步因受到生产和需求的两面挤压而受到了一定抑制，正处在不利的第二阶段，而且向第三阶段的转换不易，如人才、规模、管理水平等都跟不上。

技术进步是政府、企业共同决定的，政府的作用是指导、诱导与监督，实施者则是企业。由上面的讨论可知，实现中国技术进步加速的关键：一是政府应逐步消除价格扭曲和竞争障碍的政策，使市场功能更加完善，从而使各类企业有平等竞争的环境和合理的利润空间，促进企业不断地吸收新技术，降低投入；二是政府有奖惩政策来诱导企业进行创新，如强制标准、税收、金融支持与限制、政府采购、宣传等，使企业有动力也有压力；三是政府与企业应合力在建立生产与服务标准上有所作为，只有占领了这一制高点，企业的创新与发展才有坚实的基础。

第9章　资本形成

　　资本形成对任何经济来说都是保证经济活力的重要因素，中国近 40 年的高速增长，更是与快速资本形成相关。虽然我们不否认中国的资本形成效率并不高，但高速资本积累却是使中国摆脱贫困陷阱的利器。为创造资本形成的环境，中国采取了低价工业化的策略，通过合理的相对价格体系调整，使工业化进程加速，并在较短时间内完成了大规模工业化。本章将从中国资本形成的过程、特点入手，分析其对经济增长的作用，考察资本形成在过往中国经济增长的作用和现阶段促进经济增长所遭遇的瓶颈。本章主要内容为：资本积累对中国高增长的作用，中国资本形成的路径变化，投资与消费间的关系。

9.1　资本积累是中国高增长的重要推动力

9.1.1　资本积累并非在任何条件下都是收益递减的

　　投资[1]之于经济增长的重要性，理论上无需强调，生产函数早将其纳

---

　　[1]　投资、资本投入、资本积累、资本形成等一般被经济学家视为同义词，为活泼文中叙述，本章交叉使用这些词，但意义相同。

入增长要素中。但对其作用力大小问题却有争议。目前的普遍看法是资本投入作为一种资源，遵从收益递减规律，使用得越多，从增加的单位资本获得的增加值就越少。为说明该结果，有学者构造了如下故事：将两家雇了等量工人，且其他条件也相同的企业进行对比，其中一家企业每个工人使用价值10 000 元的机器设备，另一家则使用 20 000 元的设备，可以相信，后一家企业将比前一家企业产出更多，但几乎可以同样确信，它不会多出一倍。以上事例说明的是，如果经济增长背后的主要动力只是简单的资本积累，我们看到的将是下降的资本生产率，投资效果会越来越差。

我们对这个故事及其所引申的含义要小心对待，因为它不是毫无条件地在任何情况下都成立。故事的前提是企业已雇了等量工人，投资增加不是用于雇新工人，只是增加在职工人使用的资本；如果两家企业过去没有雇等量工人，投资增加的企业将资本用于雇新工人，情况如何？这时，我们看到的是另一番景象。资本增加的企业将可雇多一倍的工人，产量可以增加一倍甚至更多（规模效应）。

可以合理地认为，以上故事的前半部分说的是相对成熟的经济体，该经济体经过长期发展，其劳动力资源基本得到开发，投资增长不会带来大规模的就业增长效应（关于投资产生的经济效果见本章第 2 节的分析），所以投资增长将更多地体现为增加在职工人使用的资本。对发展中国家而言，情况有很大不同，因为经济发展水平低，农村人口众多且就业不充分，城市现代经济不发达，人均拥有的资本存量低，生产工具落后。因为资本的稀缺，大量有劳动能力者无法正常就业，经济处在"之所以穷是因为没钱投资"的困境中。这时的投资增长就不是表现为增加在职工人使用的资本，而是会扩大所雇工人的数量（因为增加新工人成本低，产出增加快）。上述故事后半部分说的就是相对不成熟经济体，投资的作用力很大，依据有关国家的经验，它是摆脱贫困陷阱的唯一合理选择。

对不成熟经济体而言，这里的分析就是本书引言提到的 S 形增长路径的理论基础，也是赶超型经济高资本投入的依据。在人均资本存量处于较低水平的增长阶段，随着人均资本的增加，人均产值呈加速增长之势，具有规模收益递增的特征。其道理在于，虽然从每个劳动者个体看遵从产出随资本存量增加而递减的基本经济规律，但从一个经济体的总体看，过去没有资本的潜在劳动力不断进入真正的劳动过程，导致资本存量增加与产出同步增长的结果，将这一结果平均到每个劳动者则得到人均产出随资本存量增加而递增的结论。中国近几十年的高速增长符合这一规律，所以高投入是使中国迅速脱离贫困的最好选择。

正如上述故事所寓意的，如果一个经济体只靠投资来维持增长，当经济进入 S 型曲线的下半部分后，实现高增长必须依赖更高的投资比率。我们采用新古典增长模型对此给出简单直观的说明。厂商的利润最大化行为保证边际产出等于资本的租金，即真实利率与折旧率之和 $r + \delta$，如果只考虑资本为投入要素，并假定真实利率和折旧率保持不变，则产出变化与资本存量变化和投资之间存在下述简单的关系：

$$\Delta Y = (r + \delta)\Delta K = (r + \delta)(I - \delta K) \tag{9.1}$$

在式（9.1）两边除以 Y 可得到下式：

$$\frac{\Delta Y}{Y} = (r + \delta)\left(\frac{I}{Y} - \delta \frac{K}{Y}\right) \tag{9.2}$$

上式说明投资率 $\frac{I}{Y}$ 可以提高经济增长率，而资本产出比对经济增长率具有抵消作用。考虑到投资率存在上界，如果资本的边际产出递减，导致资本产出比率不断提高，则经济增长率必然下降。要想维持经济增长率处于较高水平，必须提高要素生产力。

9.1.2 中国投资的高增长

改革开放以来，中国经历了高投资与高增长的发展过程。表 9.1 显示，中国固定资本形成总额从 1978 年的 1 109 亿元，增长到了 2016 年的 318 912 亿元，增长近 300 倍。而且，在资本形成总额中存货增加所占比重不断下降，新增资本基本上都是固定资本。

如果按支出法进行核算（表 9.2），资本形成总额略有变化，但其增长趋势仍旧。资本形成率（投资率）长期保持在高位，最低为 1982 年的 31.9%，最高为 2011 年的 48%。

表 9.1　中国资本形成总额

| 年份 | 绝对数（亿元） | | 构　成 | |
| | | | （资本形成总额 ＝ 100） | |
	固定资本形成总额	存货变动	固定资本形成总额	存货变动
1978	1 109	304	78. 5	21. 5
1979	1 194	326	78. 6	21. 4
1980	1 346	277	82. 9	17. 1
1981	1 382	281	83. 1	16. 9
1982	1 559	201	88. 6	11. 4
1983	1 743	226	88. 5	11. 5
1984	2 192	368	85. 6	14. 4
1985	2 844	786	78. 4	21. 6
1986	3 300	702	82. 5	17. 5
1987	3 821	823	82. 3	17. 7
1988	4 842	1 218	79. 9	20. 1
1989	4 519	1 993	69. 4	30. 6
1990	4 636	1 919	70. 7	29. 3
1991	5 795	2 098	73. 4	26. 6
1992	8 461	2 373	78. 1	21. 9
1993	13 574	2 209	86. 0	14. 0
1994	17 188	2 728	86. 3	13. 7
1995	20 357	3 985	83. 6	16. 4
1996	23 320	4 237	84. 6	15. 4
1997	25 363	3 603	87. 6	12. 4
1998	28 751	1 645	94. 6	5. 4
1999	30 241	1 424	95. 5	4. 5
2000	33 528	998	97. 1	2. 9
2001	38 064	2 315	94. 3	5. 7
2002	43 797	1 333	97. 0	3. 0
2003	53 964	1 872	96. 6	3. 4
2004	65 670	3 751	94. 6	5. 4
2005	75 810	1 724	97. 8	2. 2
2006	87 223	2 600	97. 1	2. 9
2007	105 052	6 995	93. 8	6. 2
2008	128 002	10 241	92. 6	7. 4
2009	156 735	5 383	96. 7	3. 3
2010	185 827	10 826	94. 5	5. 5
2011	219 671	13 656	94. 1	5. 9
2012	244 601	10 639	95. 8	4. 2
2013	270 924	11 149	96. 0	4. 0
2014	290 053	12 664	95. 8	4. 2
2015	301 503	11 333	96. 4	3. 6
2016	318 912	10 816	96. 7	3. 3

资料来源：《中国统计年鉴》（2017 年）。

表 9.2 支出法国内生产总值

年份	支出法国内生产总值（亿元）	最终消费支出	资本形成总额	货物和服务净出口	最终消费率（消费率）（%）	资本形成率（投资率）（%）
1978	3 634	2 233	1 413	−11	61.4	38.9
1979	4 078	2 578	1 520	−20	63.2	37.3
1980	4 575	2 967	1 623	−15	64.8	35.5
1981	4 957	3 277	1 663	17	66.1	33.5
1982	5 426	3 576	1 760	91	65.9	32.4
1983	6 079	4 060	1 968	51	66.8	32.4
1984	7 346	4 784	2 560	1	65.1	34.9
1985	9 180	5 918	3 630	−367	64.5	39.5
1986	10 474	6 727	4 002	−255	64.2	38.2
1987	12 294	7 639	4 645	11	62.1	37.8
1988	15 332	9 423	6 060	−151	61.5	39.5
1989	17 360	11 033	6 512	−186	63.6	37.5
1990	19 067	12 001	6 555	510	62.9	34.4
1991	22 124	13 614	7 893	618	61.5	35.7
1992	27 334	16 225	10 834	276	59.4	39.6
1993	35 900	20 797	15 783	−679	57.9	44.0
1994	48 823	28 272	19 916	634	57.9	40.8
1995	61 539	36 198	24 343	999	58.8	39.6
1996	72 102	43 087	27 557	1 459	59.8	38.2
1997	80 025	47 509	28 966	3 550	59.4	36.2
1998	85 486	51 460	30 397	3 629	60.2	35.6
1999	90 824	56 622	31 666	2 537	62.3	34.9
2000	100 577	63 668	34 526	2 383	63.3	34.3
2001	111 250	68 547	40 379	2 325	61.6	36.3
2002	122 292	74 068	45 130	3 094	60.6	36.9
2003	138 315	79 513	55 837	2 965	57.5	40.4
2004	162 742	89 086	69 421	4 236	54.7	42.7
2005	189 190	101 448	77 534	10 209	53.6	41.0
2006	221 207	114 729	89 823	16 655	51.9	40.6
2007	271 699	136 229	112 047	23 423	50.1	41.2
2008	319 936	157 466	138 243	24 227	49.2	43.2
2009	349 883	172 728	162 118	15 037	49.4	46.3
2010	410 708	198 998	196 653	15 057	48.5	47.9
2011	486 038	241 022	233 327	11 688	49.6	48.0
2012	540 989	271 113	255 240	14 636	50.1	47.2
2013	596 963	300 338	282 073	14 552	50.3	47.3
2014	647 182	328 313	302 717	16 152	50.7	46.8
2015	699 109	362 267	312 836	24 007	51.8	44.7
2016	746 315	400 176	329 727	16 412	53.6	44.2

资料来源：《中国统计年鉴》（2017 年）。

9.1.3 投资对中国高速增长的作用

前面已述，中国快速经济增长得益于高投资。从理论上讲，固定资产投资对经济增长的促进作用可分为水平效应和增长效应。水平效应指不改变平衡增长路径的斜率，仅提高或降低平衡增长路径位置。增长效应是指改变平衡增长路径的增长率。新古典增长模型说明，产出增长率可被分解为资本增长率、劳动增长率和 TFP 三个部分，高投资加快了资本积累，通过资本深化促进经济增长；新增长理论中，新知识、新技能是投资的一种副产品，新投资将产生新知识，并外溢到整个经济，企业的技术得以提高，单个企业的资本积累可以导致总生产函数对全社会资本存量具有不变的规模报酬，从而产生内生增长。因此，高投资，特别是设备投资还通过提高 TFP 促进经济增长，产生增长效应。

投资的宏观收益可以利用投资对经济增长和就业的促进作用来衡量。固定资产投资有供给效应与需求效应，根据乘数原理，在宏观经济中，投资的增加，通常会对宏观经济引起连锁反应，形成的投资需求将数倍于初始的投资增量。固定资产投资承担着推动经济快速增长的重要角色，一方面增加生产能力，表现为供给效应，另一方面对生产和消费构成需求，表现为需求效应。投资的供给效应和需求效应呈现出以多级别、多层次的波动方式推动经济增长。

中国曾经有超过 70% 的人口在农村，但中国的经济增长依赖的却不是农业部门（只有 20 世纪 80 年代初期是个例外），而是工业部门，尤其是制造业的扩张。中国的高储蓄—高投资—高增长过程，是转型经济的工业化和城市化过程，同时又是劳动力转移过程。在劳动力转移条件下，需要较高的资本形成；政府公共资本的拥挤效应推动高投资和高增长，同时带来了宏观成本；剩余劳动力从低效率的农业部门转移到效率更高的部门，必然会产生高储蓄和高增长。图 9.1 显示，近几十年中国的经济增长与投资率保持着高度一致的波动状态，即投资率和投资增长率高的年份，经济增长率也高，可以认为是高投资促进了经济的高增长。

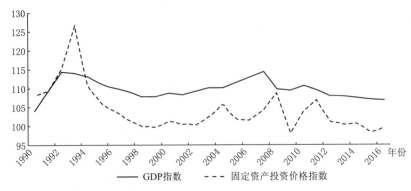

图 9.1　固定资产投资与经济增长

资料来源：Wind 金融资讯终端。

同时，高投资—高增长创造了大量就业机会，使中国丰富的劳动力资源得以开发。从 1991 年到 2015 年，平均每年新增就业增长幅度超过同期平均人口自然增长率。高投资的城市化过程使大量农村人口转移到城镇，城镇人口比重已从 1978 年的 17.9％上升到 2016 年的 57.4％，这种人口转移从总量上大大提高了全社会的福利。

我们通过国际比较来考察中国固定资产投资促进经济增长作用的变化趋势，选择丹麦、以色列、冰岛、加拿大、匈牙利、卢森堡、土耳其、墨西哥、韩国、奥地利、希腊、德国、意大利、拉脱维亚、挪威、捷克、斯洛伐克、斯洛文尼亚、新西兰、日本、智利、比利时、法国、波兰、澳大利亚、爱尔兰、爱沙尼亚、瑞典、瑞士、美国、芬兰、英国、荷兰、葡萄牙、西班牙等 OECD 国家为发达国家样本。分别计算出中国和发达国家 1978—2015 年和 1960—2015 年经济增长率和固定资产投资率，对两组指标进行简单回归，结果见图 9.2。直观地看，发达国家的固定资产投资率保持在较低水平，而中国的固定资产投资率增长较快。平均而言，中国的投资率对经济增长的影响比发达国家低很多。固定资产投资率上升 1 个百分点，中国经济增长率提高 0.056 个百分点，而发达国家的经济增长率将提高 0.633 个百分点。从图 9.2 可以发现，中国改革开放初期，固定资产投资越高带来的经济增长率也愈高，近些年来固定资产投资增长率虽然也在增长，但纵轴经济增长率却横亘不动甚至下降，反映了投资拉动的经济增长模式式微。

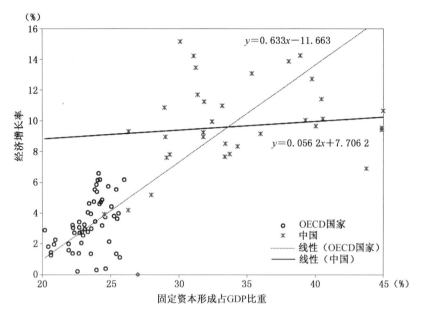

图 9.2　投资率与经济增长率相关性跨国比较

注：数据区间：中国为 1978—2015 年，OECD 国家为 1960—2015 年。
资料来源：世界银行 WDI 数据库。

　　固定资产投资效果系数（新增 GDP/固定资产投资）更直观地反映了投资宏观收益。从美国、日本和韩国的长期趋势看，固定资产投资效果系数在经济高增长时期过后下降，而且随着经济波动而出现较大幅度的波动。日本在 1973 年以后，固定资产投资效果系数长期低于 0.2，进入 20 世纪 90 年代，由于泡沫经济破灭，经济增长缓慢，投资效率进一步下降；韩国从 1988 年以后固定资产投资效果系数出现明显下降，1998 年发生东南亚金融危机时，由于经济出现负增长，固定资产投资效果系数曾一度下跌到 -0.2；1961—2003 年，美国的固定资产投资效果系数维持在 0.2 左右，经济衰退时，GDP 增幅下降，固定资产投资效果系数也下降。中国的固定资产投资效果系数在 1992 年以后出现了持续的下降，目前已经低于美国的长期平均值 0.2。1994 年，100 元的固定资产投资可以导致 GDP 增加 76 元，但 2003 年每百元固定资产投资只能使 GDP 增加 28 元，进一步地，到 2016 年每百元固定资产投资只能使 GDP 增加 9 元（见图 9.3）。目前，由于中国经历了大规模工业化和城市化快速扩张阶段，投资效果系数低于发达国家，投资拉动经济增长的效果正在变弱。

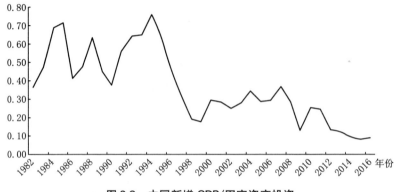

图 9.3　中国新增 GDP/固定资产投资

9.2　资本形成的路径变化

中国的投资体制是在计划经济时期形成的，在改革以来，投资的决策机制更加分散了，投资体制的变化主要是在融资方式上，由过去的单一政府财政融资转变到了信贷和自筹资金为主的多元化方式。

9.2.1　储蓄动员是投资的主要来源

1. 高储蓄

表 9.3 显示，城乡居民储蓄增加很快，1995—2014 年年底储蓄余额从 29 662亿元增长至 485 261 亿元，增幅达 16 倍，成为支撑中国高投资的基础。

表 9.3　城乡居民人民币储蓄存款（亿元）

年　份	城乡人民币储蓄存款余额	城镇储蓄存款余额	农户储蓄存款余额
1995	29 662	23 467	6 196
1996	38 521	30 850	7 671
1997	46 280	37 148	9 132
1998	53 408	42 966	10 441
1999	59 622	48 405	11 217
2000	64 332	51 977	12 355

年　份	城乡人民币储蓄存款余额	城镇储蓄存款余额	农户储蓄存款余额
2001	73 762	59 941	13 821
2002	86 911	71 505	15 406
2003	103 617	85 440	18 178
2004	119 555	98 789	20 766
2005	141 051	116 445	24 606
2006	161 587	132 782	28 805
2007	172 534	139 484	33 050
2008	217 885	176 007	41 879
2009	260 772	211 494	49 278
2010	303 302	244 222	59 080
2011	343 636	272 963	70 673
2012	399 551	344 935	54 616
2013	447 602	346 333	101 269
2014	485 261	369 157	116 104

资料来源：Wind 金融资讯终端。

从国际比较看，中国储蓄基本上算是高的（图 9.4）。通过 1960—2015 年中国与部分东亚国家和美国、日本等国内储蓄占 GDP 比重变化趋势的比较，可以看到，2001 年以前，中国处在较高位置，但非最高，但其后则处于最高位置。中国的储蓄动员经历了如下过程：

一是 1979—1984 年的农业改革启动了中国居民储蓄存款的高增长，农民为工业提供了原始积累。在改革前的 1953—1978 年，中国的居民储蓄一直处于很低的水平，并且个别年份还是负增长。自 1979 年开始改革后，中国的居民储蓄存款就开始了高速的增长，银行吸收的大量储蓄存款后来成为了中国企业获得资本的最重要渠道。1979—1984 年，农业改革是中国经济增长的主要动力，农业的市场化改革导致农作物产量的高增长，农民收入也有了较大提高，于是农户储蓄开始高速增长。

二是 1985 年以后开始城市改革使城镇居民收入水平普遍提高，这成为 20 世纪 80 年代中期以来直到目前储蓄快速增长的主要力量。1984 年以后，城镇储蓄比重不断上升，农户储蓄比例是不断下降，城镇、农户储蓄之比不断增大。

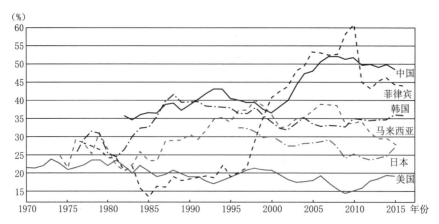

图9.4　1970—2015年部分东亚国家和美国及日本国内储蓄占GDP比重变化趋势
资料来源：世界银行数据库。

从真实储蓄[1]来看，目前中国的真实储蓄比率位于世界前列（表9.4），但由于能源、资源耗减和污染造成的损失占国民收入的比重较高，而用于人力资本投资的教育支出比重较低。比如，2015年中国的真实储蓄比率为23.28%，高于韩国的18.63%，略低于印度尼西亚；如果从毛储蓄看，1990年中国毛储蓄率低于韩国和新加坡，到2015年中国毛储蓄率达到48.89%，仅仅低于新加坡。

表9.4　中国储蓄率的国际比较（%）

	调整后的净储蓄占GNI比重		总储蓄占GDP比重	
	1996年	2015年	1990年	2015年
澳大利亚	8.904	8.078	26.966	25.291
加拿大	8.529	6.066	21.558	21.439
中　国	23.580	23.280	38.101	48.885
法　国	11.372	7.408	23.491	20.859
德　国	9.381	13.786	24.434	26.812
印　度	11.480	19.833	27.592	30.593
印度尼西亚	18.913	25.627	36.663	34.603

[1] 世界银行（1997）首次提出了真实国内储蓄（genuine domestic savings）的概念与计算方法，它是指从毛储蓄扣除了资本损耗、自然资源（特别是不可再生资源）的枯竭以及环境污染损失之后加上人力资本支出的一个国家真实的储蓄率。

续表

	调整后的净储蓄占 GNI 比重		总储蓄占 GDP 比重	
	1996 年	2015 年	1990 年	2015 年
意大利	11.795	3.948	22.500	20.225
日　本	15.797	6.853	35.014	23.585
韩　国	20.209	18.633	39.035	35.879
马来西亚	19.079	13.516	34.404	32.741
新加坡	38.971	35.704	45.691	52.690
泰　国	22.512	15.073	33.835	33.836
英　国	6.380	4.382	21.161	15.589
美　国	8.465	7.521	20.168	17.454

资料来源：世界银行 WDI 数据库。

2. 储蓄动员机制

改革前，投资基本上由财政决定。在改革一开始就不断遇到财政困难，政府无法维持高投资，于是就着手建立一个由政府控制的金融体系在全国聚集起资金（吸收储蓄存款），然后供政府（中央政府和地方政府）来支配及企业投资。所以，中国的金融体系一直以银行为中心，银行起着配置国家经济资源配置的作用。传统计划经济下的企业资本是靠"拨款"，改革后进行了"拨改贷"的改革，资源配置方式从财政转向国有银行，但很多人还是认为贷款就是拨款，因为，国家设立企业时的资本金就来自贷款（如，建设银行就是为长期建设贷款专门设立的）。四大国有银行按行政化功能设立，与现代商业银行比在吸收储蓄时功能相似，而在贷款方面似乎是无关的。银行在这种条件下对大量企业进行贷款，这些企业都是无或低资本金、无担保和无抵押的，且大多是制造业，贷款都是长期限的，与资本金相仿，这极大地支持了中国制造业的发展。改革以来，随着四大专业银行的设立，特别是1985 年"拨改贷"之后，银行贷款在固定资产投资中的比重逐步增加，1981年为 12.7％，1985 年以后在 20％左右，近五年来维持在 10％以上的较低水平，2016 年仅为 10.9％。

9.2.2 投资资金来源的多元化

随着投资体制变动与市场发展，投资资金来源呈多元化的变动趋势。如

表 9.5 所揭示的，国家预算内资金从 1981 年起，总体趋势是比重不断下降，由 1981 年的 28.1％降至 1996 年的 2.7％；其后缓慢上升至 2002 年的 7％，

表 9.5　全社会固定资产投资资金来源和按构成分固定资产投资（％）

年　份	实际到位资金				投资按构成分		
	国家预算资金	国内贷款	利用外资	自筹和其他资金	建筑安装工程	设备工器具购置	其他费用
1981	28.1	12.7	3.8	55.4	71.8	23.3	4.9
1982	22.7	14.3	4.9	58.1	70.8	23.7	5.5
1983	23.8	12.3	4.7	59.2	69.5	25.1	5.4
1984	23.0	14.1	3.9	59.0	66.4	27.8	5.8
1985	16.0	20.1	3.6	60.3	65.1	28.2	6.7
1986	14.6	21.1	4.4	59.9	66.0	27.3	6.7
1987	13.1	23.0	4.8	59.1	65.3	27.4	7.3
1988	9.3	21.0	5.9	63.8	65.2	27.5	7.3
1989	8.3	17.3	6.6	67.8	67.9	25.3	6.8
1990	8.7	19.6	6.3	65.4	66.6	25.8	7.6
1991	6.8	23.5	5.7	64.0	65.2	26.1	8.7
1992	4.3	27.4	5.8	62.5	63.9	26.3	9.8
1993	3.7	23.5	7.3	65.5	62.7	25.4	11.9
1994	3.0	22.4	9.9	64.7	63.3	25.4	11.3
1995	3.0	20.5	11.2	65.3	65.8	21.3	12.9
1996	2.7	19.6	11.8	66.0	66.0	21.5	12.5
1997	2.8	18.9	10.6	67.7	62.6	24.2	13.2
1998	4.2	19.3	9.1	67.4	62.9	23.0	14.1
1999	6.2	19.2	6.7	67.8	63.0	23.6	13.4
2000	6.4	20.3	5.1	68.2	62.4	23.7	13.9
2001	6.7	19.1	4.6	69.6	61.7	23.7	14.6
2002	7.0	19.7	4.6	68.7	61.1	22.7	16.2
2003	4.6	20.5	4.4	70.5	60.2	22.8	17.0
2004	4.4	18.5	4.4	72.7	60.7	23.5	15.8
2005	4.4	17.3	4.2	74.1	60.1	24.1	15.7
2006	3.9	16.5	3.6	76.0	60.7	23.2	16.1
2007	3.9	15.3	3.4	77.4	60.8	23.0	16.2
2008	4.3	14.5	2.9	78.3	60.7	23.5	15.8
2009	5.1	15.7	1.8	77.4	61.8	22.6	15.6
2010	4.7	15.2	1.6	78.5	61.6	22.2	16.2
2011	4.3	13.4	1.5	80.9	64.3	20.9	14.8
2012	4.6	12.6	1.1	81.7	65.0	20.7	14.2
2013	4.5	12.1	0.9	82.5	66.9	20.4	12.7
2014	4.9	12.0	0.7	82.3	68.3	19.7	12.0
2015	5.3	10.5	0.5	83.8	69.1	19.8	11.2
2016	5.9	10.9	0.4	82.9	69.8	18.7	11.5

资料来源：《中国统计年鉴》（2017 年）。

然后又降至 2016 年的 5.9％。国内贷款也处于下降趋势，2016 年为 10.9％。利用外资则先升后降，目前仅仅占 0.9％。自筹和其他资金表现为长期稳步上升态势，由 1981 年的 55.4％上升至 2016 年的 82.9％，且中间几无波动。该结果表明，固定资产投资基本上已构成企业根据经济状况适时调整的自主行为，且过度依赖政府与银行的状况正在改变。

9.3 投资与消费

9.3.1 投资率和消费率变动的经验规律

从世界各国经济发展和工业化进程看，投资率呈现从低到高，再从高到低并趋于相对稳定的变动过程，近似一条平缓的"马鞍形"曲线（或称为"倒 U"形曲线）；消费率变动过程则呈现与投资率相反的平缓的"倒马鞍形"曲线（或称为"U"形曲线）。根据世界银行 WDI 数据，2015 年低收入国家固定资本形成率占 GDP 的比重为 26％，中等收入国家为 30％，高收入国家为 21％；低收入国家家庭消费占 GDP 的比重为 78％，中等收入国家为 54％，高收入国家为 60％。从不同收入水平的低收入国家、中等收入国家和高收入国家的对比分析看，投资率和消费率变动也分别呈现平缓的"马鞍形"和"倒马鞍形"曲线态势。

我们来分析中国最终消费率和投资率的比例关系，"十二五"期间（2011—2015 年）这一比例平均为 50.51∶46.79，"十一五"期间（2006—2010 年）为 49.81∶43.85，"十五"期间（2001—2005 年）为 46.98∶40.26，"九五"期间（1996—2000 年）为 59.5∶37.5，"八五"期间（1991—1995 年）平均为 58.7∶40.3，"七五"期间（1986—1990 年）平均为 63.4∶36.7，"六五"期间（1981—1985 年）平均为 66.1∶34.5（数据来自表9.2）。[1]基本上符合经验规律。

---

[1] 按支出法计算的 GDP 分为最终消费、资本形成和净出口三项，最终消费由城乡居民消费和政府消费构成，其占 GDP 之比为最终消费率；资本形成总额包括固定资本形成额和存货增加，其占 GDP 之比为投资率或资本形成率。

出现上述现象的原因是，随着经济发展，居民收入水平相应提高，消费结构提升，食品等初级产品消费比重逐步下降，工业制成品消费比重逐步上升，第二产业发展相对较快。由于第二产业资本有机构成较高（生产过程需要大量中间投入），造成投资率不断上升，消费率不断下降。当工业化进程基本完成、经济发展迈向发达阶段时，消费结构由工业品消费为主转向以住房、教育、旅游等产品为主，第三产业发展相对较快。由于第三产业资本有机构成较低，需要中间投入较少，造成投资率出现下降，消费率相应上升。在经济发达阶段，工业化完成，第三产业比重超过第二产业，投资和消费的比例将处于基本稳定状态。

9.3.2 中国投资率与消费率的变动

近几十年中国投资率与消费率呈以下变动特点：

（1）投资率呈现上升态势，消费率呈现下降态势。1978 年至 2016 年，中国投资率从 38.9％上升到 44.2％，消费率从 61.4％下降到 53.6％，前者上升了约 21 个百分点，后者下滑了约 23 个百分点。近几年消费比例略有回升，但新中国成立后中国投资率呈现总体上升、消费率呈现总体下降的态势不变（表 9.2）。这与中国经济发展阶段，即从低收入国家向中等收入国家转变的过程相适应。

（2）改革开放以来，投资率、消费率间的关系，相应于各个经济周期有较大波动。1978 年以来，中国投资率维持在 32％—43％的高位区间，消费率维持在 55％—67％的低位区间。在经济快速发展、经济增长率逐步提高的时期，投资率上升，消费率下降；反之亦然。1984—1985 年经济过热时期，经济增长率上升到 15.2％和 13.5％，投资率上升到 1985 年的 38.5％，随后的调整时期逐步下降；1988 年经济过热时期，经济增长率上升到 11.3％，投资率上升到 37.4％，随后的治理整顿时期逐步下降；1992—1993 年经济过热时期，经济增长率由 1990 年的 3.8％上升到 1993 年 13.5％，投资率由 35.2％上升到 43.5％，消费率由 62％下降到 58.5％；2008 年国际金融危机后，为保增长投资率不断上升，2011 年达到 48.1％的高点，消费率则下降至 2010 年 48.1％的低点。

（3）近几年投资率接近历史最高水平，消费率处于低水平。从新中国成立以来投资率和消费率变动历程看，投资率最高年份分别出现在"大跃进"时期、20 世纪 90 年代初经济过热时期，其中 1959 年为 43.8％，1993 年为 43.5％；同期消费率出现最低水平，其中 1959 年为 56.2％，1994 年为 57.4％。2008 年金融危机后，伴随着四万亿投资计划落实，在投资大幅提升、出口快速增长、外资大量流入等一系列激励投资的因素叠加作用下，加上金融、土地政策的相对松弛和地方政府的行政推动，投资迅猛增长，2011 年攀升至48.1％，消费率持续下降，2010 年下降为 48.5％（表 9.2）。

（4）投资在经济增长中的作用逐步式微。随着大规模工业化的完成，经济增长的驱动力从工业转向服务业、从投资转向消费，经济增长逐步从依赖投资、出口需求拉动转向依靠消费、投资、出口的协同，由主要依靠物质资源消耗转向依靠科技进步、人力资本、管理创新。

9.4　小结

中国大规模工业化已经基本完成，目前已处于工业化后期，工业结构的高精尖和服务业深度融合，是这一时期的重要特征。与大多数发展中国家和世界平均水平相比，中国第二产业占 GDP 的比重较高，而第三产业的比重则较低。考虑到现阶段中国工业比重高而服务业比重低的结构性特点，以及工业结构升级和转型之需，在一定时期内保持适当高的投资率可能是难以避免的。随着工业化进入后期阶段和第三产业比重超过第二产业比重，投资率的下降将会比较明显。中国经济靠高投资拉动增长的动力可能会不断弱化，未来还需依靠提高全要素生产率和走技术创新之路来实现中国经济中高速和高质量增长。

第 10 章　面向高质量发展的财政支持

10.1　中国财政体制面临的长期挑战

10.1.1　中国工业化税收与城市化公共服务支出关系的经验事实

本章将现行中国税制概括为"工业税制",将工业税制在工业化进程中的动态表现称为"工业化税收"或"工业税收"。现代国家的税收体系差别不大,各国税制特征主要通过不同税收体系下居主导地位的税收来体现。工业税制的主要特征是以工业税制为代表的产业税制和以企业为主要纳税人的财政收入结构。工业税制不限于对工业征收,但工业部门的税收制度最典型。中国工业税制以(工业)企业为主要纳税人,以产品增值额为主要税基。1994 年分税制改革确立了以工业增值税为主体的流转税制,在生产环节征收,中央政府和地方政府按照 75∶25 分享,地方支出缺口通过中央转移支付和其他方式弥补。针对服务业、建筑业征收的产业税收是营业税,在2015 年服务业"营改增"启动后也转变为服务业增值税,税基变为服务业增值额。正是基于此,服务业"营改增"常被认为是工业增值税税制的"扩围",营改增使工业税制实现了非农产业全覆盖。服务业增值税税制是制造业税制的简单复制,服务业设计的两档增值税税率为 11% 和 5%,低于制造业增值税的 17% 和 13%。从税制设计的初衷来看，国家把主要税种放在工业上，有利于从财政收入面激励地方政府，将更多的精力用于招商引资、促进工业增长，使中国步入工业化的"快车道"。

从定量角度看税制结构，2016 年全国税收收入总额 130 360.73 亿元中，增值税、消费税、营业税这产业三税，加上按产业三税之和的固定比例征收的城市维护建设税之和为 66 464.79 亿元，占全部税收收入的比重为 51%。工业增值税是典型工业税，消费税作为以工业增值税为基础的特种行为税，征收范围限于增值税范围内。将服务业营业税全部纳入，并不仅仅因为其符合针对产业征收和以企业为主要纳税人，更现实的因素是服务业营业税将在本轮税制改革中全部转变为服务业增值税。增值税、消费税和营业税为代表的工业税制构成了现行税制的主体。城市维护建设税用途指向城市和城市建设，但实际上是增值税和消费税的附加税，也属于工业税制范畴。我国税制主要对法人单位征收，90% 以上来自企业，来自自然人的不到 10%，个人所得税基本是由所在单位代扣代缴而非个人直接缴纳（高培勇，2015）。[1]

2011 年中国城市化率超过 50% 后，工业比重持续下降，服务业比重不断上升。城市化持续推进带来不断上升的公共服务需求，与工业化税收持续放缓之间产生的财政缺口，短期内可以依靠土地出让收入和土地金融等经营性的非税、非一般公共性收入形式来弥补，但长期则不可持续。挑战来自三个方面：一是工业税收比重不断下降与城市化公共服务需求不断上升之间的矛盾，二是城市化率持续提高与土地财政、土地金融难以持续增长之间的矛盾，三是城市分化导致的区域财政收入的不均衡与全国范围内公共服务均等化目标不对称的矛盾，导致区域财政风险和全国统筹安排的矛盾加剧。

1. 工业化税收与城市化公共服务支出匹配的经验事实

财政收入结构上，1994 年分税制改革确立的激励工业化的工业税制，随着工业占 GDP 比重从上升到下降的系统性变化而发生不可逆转的下降趋

---

[1] 如果考察税收之外的政府收入，企业中心主义的特征就更明确了。一般公共预算收入的非税收入、政府性基金预算、国有资本经营预算，都具有间接税性质从而面向企业征收。社保费具有一定的直接税性质，但是企业缴纳的比例也远远超过了个人缴纳比例。例如社会保险基金预算收入中最大的养老保险收入基本征收比例为企业缴纳职工工资的 20%，个人缴纳 8%。

势。新常态以来经济服务化进程加快，税收体制越来越明显地表现出四个动态特征：（1）若不考虑规模较小和作为附加税的城市维护建设税，以工业化为基础的三大产业主体税收（增值税、营业税和消费税）占税收的比重，从1994年的68％下降到2016年的48％；（2）中央财政收入占全部财政收入的比重，随着工业税收份额的萎缩而逐步下降，2011年之后开始系统性低于50％；（3）地方财政收入中以土地价值为税基的收入不断提高，2016年地方税收中来自产业的增值税和营业税只占45％，而土地相关税收已经提高到26％且在快速增长；（4）企业所得税和个人所得税占税收的比重上升较快，2015年占到了29％。

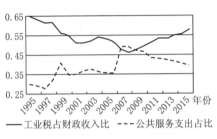
（a）工业税收占比和公共服务占比

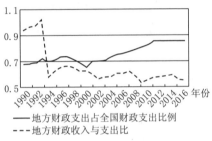
（b）地方财政支出比重和地方财政覆盖率

图10.1　中国财税体制面临的结构性矛盾

注：单位为1，工业税收为增值税、营业税、消费税和城市维护建设税之和。

　　财政支出结构上：（1）财政支出从重点支持生产建设，转向重点支持公共服务和民生。2007年财政支出口径的调整本身就表明了这一点，此前的财政支出体制主要面向生产建设。（2）公共福利支出与城市化率高度相关，且随城市化率的提高而显著上升。2007年统一口径后的公共服务支出变化趋势，更加明显地呈现出这一特点。

　　将一般公共预算的收支两方面进行匹配不难发现［图10.1（a）］：（1）全部税收中来自作为现行税制主体的工业税制的税收收入，即工业税收的比重不断降低，与城市化率的持续上升呈反方向变化；（2）城市公共服务的支出占比越来越高，与城市化率呈同方向变化；（3）土地出让收入与城市化率成倒U形关系，其弥补政府收支缺口的能力随着（城市化率提高导致的）可供出让土地的减少而逐步降低。

2. 城市化中的财政支出与土地收入的经验化事实

1994 年的分税制改革扭转了中央地方财政分配格局。分税制改革后，中央财政收入占比达到了 55%，但地方支出依然高达 69.7%，这种不对称导致地方财政收入覆盖支出的比例从 1993 年的超过 100%，快速下降到 1994 年的 57%。随着此后财政集权不断推进，支出下移也越来越严重。2010 年以来地方财政支出占全国总支出的比例超过了 80%，2016 年达到了 85%，同时地方本级财政收入覆盖支出的比例下降到 54.3% 的最低点〔图 10.1（b）〕，地方政府收支平衡对中央财政转移支付的依赖不断加强。受制于作为税制和分税制主体的工业税收占比的下降，中央财政难以有更大财力进行转移支付，依靠债务平衡成为地方财政的常态。对日渐吃紧的地方财政来说，一般公共预算支出只能供"人吃马喂"，大规模城市基础设施建设、补贴工业用地、招商引资减税等发展性支出，只能另觅财源。

为了促进税收增长和弥补收支缺口，地方政府在招商引资上展开激烈竞争。竞争的重要手段是建立开发区，以低价土地换取工业项目。这意味着以放弃土地要素收入为代价，获取更多的工业税收、就业和 GDP 增长。与工业化并行的城市化，在住房市场化改革中正式启动，标志性政策是 1997 年住房信贷、1999 年公房改革、1998 年《土地管理法》修改以及 2002 年土地出让制度的确立。2002—2003 年所得税分享改革等连续推进的财权上移和支出下移，加上中央对民生支出的重视、资金配套机制和项目制的大量实施，地方自由裁量的发展财力一再被压缩。[1]大量进城人口和原本被抑制的住房需求需要释放，地方政府需要发展性财源，土地财政应运而生。面对城市化的巨大需求和《预算法》对地方举债的限制，土地出让收入成为弥补公共财力不足的唯一来源。

土地收入包括三个部分：（1）土地和房地产相关的"五大税"，包括契税、土地增值税、房产税、耕地占用税、城镇土地使用税。这部分收入 2016

---

[1]　1979 年和 1980 年中央财政分别出现了 170.67 亿元和 127.5 亿元的赤字，1981—1989 年中央连续九年向地方借款，其中 1981 年借款总额为 68.41 亿元，占当年中央财政支出 625.65 亿元的 10.9%。1991 年财政工作会议时，中央财政再次要求各省做贡献（李萍，2010）。1994 年和 2002 年两次大的中央收入集中改变了中央地方分配格局。1994 年中央占财政收入的比重直接从 1993 年的 22% 跳升到 56%，地方比重则从 78% 下降到 44%。2002 年和 2003 年中央将所得税增量纳入分享（2002 年中央地方各占 50%，2003 年中央占 60%、地方占 40%），财政收入集中的力度再次加大。

年占本级财政收入的17.2%，目前仍然快速增长。（2）国有土地使用权出让收入。2015年开始，土地出让收支由持续盈余转为连续赤字，土地出让收入已经难以弥补抵补同期的土地购入补偿、平整等支出。（3）以土地抵押贷款为核心的土地金融。

改革开放之初的土地供应是基本免费的审批制。2002年国务院各部委出台多份文件要求各类经营性用地必须招拍挂，追求价格最大化的土地出让模式正式确立。2002年土地出让价格达每公顷195万元（当年价格，下同），比2000年上涨了50%；2004—2006年维持在每公顷350万元；2007年中国经济增速达到14.7%的同时，土地价格也达到创纪录的每公顷520万元。2007年金融危机后经济增速不断下滑，土地价格却连年快速增长。2009年投资刺激时已经达到每亩778万元。高房价等城市化相关高成本对产业竞争力具有挤出特征，特别是中国的低成本工业（中国经济增长前沿课题组，2011），还导致工业税收增长放缓。地方政府对溢价最高的住宅用地供应比例不断上升，意味着这个时期的土地经营的目标是出让收入带来的现金流最大化，属于典型的"土地财政"形态。

中国经济进入新常态以来，不同于以往需求正向冲击导致的"量价双涨"，土地市场表现出供给负向冲击下的"量缩价涨"，与2012年以前的土地财政形成了鲜明对比。土地出让面积在2013年达到峰值37.48万公顷、出让收入达到了4.12万亿元的历史最高点后急剧转变。在土地出让收入维持在3万—4万亿元的格局下，2016年土地出让面积减少了45%。伴随的是土地出让价格的快速上涨，从2013年的每公顷1 167.16万元增加到2016年的每公顷1 810万元，土地市场开始表现为单纯的价格增长。2013—2016年溢价最高的住宅用地供应面积依次为13.81万公顷、10.21万公顷、8.26万公顷和7.29万公顷，占建设用地比重从2013年的25.6%下降到2016年的14.1%。控制和减少土地供给，是新时期地方政府推高土地价格的主要方式。

尽管土地出让面积和收入在2013年后没有增长，但与土地价格上涨相应的是土地抵押贷款和抵押面积的显著增长。全国84个重点城市的土地抵押面积从2009年的21.7万公顷增加到2015年的49.08万公顷，提高了2.26倍；抵押贷款规模从2.59万亿元增加到11.33万亿元，提高了4.37倍。最快的增长出现在2013年以后（见表10.1）。

表 10.1 土地出让与土地抵押

年份	土地出让			重点城市土地抵押			
	收入 （万亿元）	面积 （万公顷）	价格 （万元/公顷）	面积 （万公顷）	贷款总额 （万亿元）	平均价格 （万元/公顷）	边际价格 （万元/公顷）
2009	1.42	22.08	643.12	21.70	2.59	1 191.52	1 519.41
2010	2.94	29.37	1 001.02	25.82	3.53	1 367.16	2 461.50
2011	3.35	33.51	999.70	30.08	4.80	1 595.74	3 031.03
2012	2.85	33.24	857.4	34.87	5.95	1 706.34	2 372.88
2013	4.12	37.48	1 167.16	40.39	7.76	1 921.27	3 320.83
2014	4.26	27.73	1 536.24	45.10	9.51	2 108.65	3 793.86
2015	3.25	22.49	1 445.09	49.08	11.33	2 308.48	4 599.48
2016	3.75	20.82	1 801.15				

注：（1）抵押平均价格＝贷款总额/抵押面积，边际价格＝新增抵押贷款额/新增抵押面积。

（2）土地出让收入数据主要有财政部和国土部两个口径：国土口径是出让合同金额，而财政口径是交易实际入库金额。由于从土地拍卖到资金缴纳有时间间隔，二者在年度数据上一般不相等。从数据内容看，国土数据与出让面积对应，可以计算土地价格，所以本表采用国土数据。财政数据从年度决算看较为准确，但不包括出让面积信息，也不能和国土部门的当年土地出让面积对应。

资料来源：土地出让数据来自历年《中国国土资源年鉴》，2016 年数据来自《2016 中国国土资源公报》，土地抵押数据来自历年《中国国土资源公报》。

从土地出让到土地抵押的转变，是城市化发展的必然。随着城市化率不断提高，城市化增速和土地需求逐步放缓，弥补城市人口增长带来的公共服务需求越来越依靠土地融资。在土地抵押面积和抵押贷款暴涨的背后，推动价格上涨的好处和风险都得到了明确体现：（1）在押土地平均价格和边际价格都快速增长，新增土地抵押价格增长更快。2015 年土地出让价格比 2012 年增长了 65%，抵押土地的边际价格上涨了 94%。（2）在押土地平均价格和边际价格都远远高于出让价格。考虑到 60%—70% 的抵押率，在押土地的价格比表 10.1 数据还要高 43%—67%。这就意味着，用于抵押的土地都是价格最高的住宅用地和商服用地。[1]

---

[1] 2015 年新增抵押土地的边际价格已经达到每公顷 4 600 万元，以抵押率 0.7 计算的土地价格已经达到每公顷 6 578 万元，接近商服用地和住宅用地价格的顶峰。根据《2015 中国国土资源公报》的数据，2015 年全国 105 个主要监测城市综合地价、商服地价、住宅地价和工业地价分别为每公顷 3 633 万元、6 729 万元、5 484 万元和 760 万元，住宅用地价格最低，地价是住宅的 5 倍左右，商服和住宅用地价格是工业用地价格的 8—10 倍，很明显商务用地和住宅用地最"值钱"。2015 年 84 个重点城市的新增土地抵押价格为每公顷 6 578 万元，已经超过了上述住宅用地价格而略低于商服价格。但因为 84 个重点城市是 105 个主要监测城市中价格较高的，例如北京住宅用地价格为 1.667 亿元，因此抵押边际价格高与住宅用地价格并不矛盾。

土地出让收入直接充实了地方财政，而土地金融则更多表现为土地风险和债务风险。围绕土地进行的金融活动有很多，不仅仅包括信贷指标，还有土地信托、融资平台、发债等。土地金融已经从政府部门扩展到了市场和全社会，但不得不全部面对城市化发展阶段和城市分化的约束。

3. 城市分化与公共福利支出均等化匹配

从国际城市化的一般规律看，城市化率在 30%—50% 之间是加速发展期。中国"遍地开花"的城市化，农村工业化和人口就地转移的县域城市化路径，导致中小城市的发展速度快于大城市，这也是城镇化一词的由来。[1]由于小城市批量出现，城市数量的增长远远超过单个城市规模的增长而成为中国城市化的主导力量。2011 年城市化率突破 50%，城市化开始向着一二线城市集中化发展，出现城市分化。

随着城市化率的不断提高，城市分化加快。按 S 形曲线测算（陈昌兵，2013），2019 年中国城市化率超过 60% 后，城市化增长率从城市化率 30%—50% 区间的 3.6% 和 50%—60% 区间的 2%，进一步放缓为 60%—70% 区间的 1.6%。新阶段中国城市化的主要驱动力量，已经不再是以往"乡城迁移"为特征的农民进城，而是以"城城迁移"为特征的城市劳动力再配置。迁徙意愿较强、高人力资本和高生产率的农村劳动力已基本完成市场导向的城市化，剩余农村人口的迁移意愿、人力资本水平和生产率偏弱，进一步向城市转移较为困难，乡村振兴战略具有巨大空间。随着城市圈形成和产业升级，高人力资本和高生产率的城市人口将发生以效率为导向的空间再配置，这是新阶段中国城市化的主导力量。无论从国际经验还是东亚特色看，居住在百万人口以上城市人口总量的增长空间，都远远超过了城市化率的提高空间（王小鲁，2010）。[2]

在城市人口总量难以大幅增长的前提下，单个城市的人口规模增长必然以其他城市的人口流出为代价，这会导致城市分化。从长期看，人口集中导

---

[1] 普查数据显示，1982—2010 年城镇人口从 20 630.92 万增加到 67 000.55 万，其中镇人口从 6 105.61 万增加到 26 624.55 万，城市人口从 14 525.31 万增加到 40 376.00 万人。

[2] 20 世纪中叶以来，世界城市人口一直向大城市集中。以美国为例，1950 年以来 5 万—25 万人的都会区人口比重保持在 10% 左右；25 万—100 万人的都会区人口比重从 15% 小幅上升至 20%；而 100 万以上人口的都会区人口比重则从 26% 激增至 56%。

致的人口密度提高和劳动力在城市间的迁移过程永远不会停止。城市体系内部的人口空间再配置，对于提高总体城市化率没有贡献，但具有很强效率含义。城市化新阶段不会大批量生产新城市，而是在已有城市的基础上展开，包括基本成型的 2015 年 291 个地级（以上）市、361 个县级市等已经实质性具备了城市基础的地区。北上广深等大城市周边承担了城市功能拓展的小城镇发展速度，将会远远超过很多地级市。已有城市的分化和大城市化将成为经济新阶段的主流（张自然等，2016）。[1]城市分化发生在以下四个方面。

第一是人口流动的趋势性分化导致大城市化。城市化新时期的人口流动的突出变化，是在城市化速度趋于平稳甚至变缓的情况下，人口持续大量流入一二线热点城市。流入百万人口大城市的人口持续快速增长，远远超过中小城市。世界银行 WDI 数据显示，2002 年约有 1/3 城镇新增人口进入了百万人口以上大城市，2/3 进入中小城市和镇［图 10.2（a）。随后进入大城市人口的比重不断上升，2014 年进入大城市的人口数量正式超过中小城市和镇。

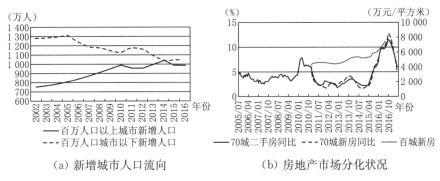

（a）新增城市人口流向　　（b）房地产市场分化状况

图 10.2　新增城市人口流向和房地产市场分化状况

注：人口数据依据世界银行 World Development Indicators 计算得出（单位：万人）；房地产采用月度数据标准差，数据都来自 Wind 资讯金融终端，70 个大中城市新房和二手房采用同比数据，百城新房价采用基数（单位：万元/平方米，采用右坐标轴）。

---

［1］行政力量的整合上也显示出类似趋势。《中国统计年鉴 2016》显示，2011—2015 年地级市却从 284 个增加到 291 个，县级市则从 369 个缩小到 361 个，县更是从 1 456 个减少到 1 397 个。

　　第二是住房市场分化。在城市经济中，住房是居民效用和居民财富的重要来源，也是城市空间市场预期的集中反映。在"三去一降一补"和"分城调控、因城施策"背景下，以北上广深为代表的热点城市住房供不应求和房价快速上涨，与三四线城市住房供给持续过剩之间形成分化。在2014—2016年轮的房价上涨中，70个大中城市二手房和新房价格同比涨幅的标准差都呈现出明显的放大［图10.2（b）］。虽然后期住房调控加码导致住房价格涨幅标准差重新缩小，但房价基数显示百城房价离差到2016年11月依然在持续扩大。[1]

　　第三是土地市场分化。2012年之前的土地价格呈现的是全国性上涨趋势（Deng et al.，2012；Glaeser et al.，2017），2013年后一二线城市土地价格不断暴涨，总价和单价地王频现。从土地用途看，分化主要发生在住宅用地和商住用地，工业地价相对扁平化，差别不大。[2]从一二三线城市的差别看，2008—2013年住宅地价的变异系数一直在0.88以内，各类城市之间的差别比较稳定，2014年起差异系数开始超过1，2016年在不断加码的市场调控下略微缩小到0.94，依然远远超过了前期0.88的稳定值。

　　第四是区域分化。区域分化是人口、住房和土地分化的综合结果，省级层面的城市化路径差别越来越大，主要体现在：（1）以北京和上海为代表的直辖市城市化率已经接近90%，城市化已经基本完成，呈现出高水平稳定特征；（2）以东北三省代表的人口流出地区，在计划经济时期依靠国有制已经具备了较好的城市基础但后续乏力，城市化率可能会终止于70%以下，呈现出中等水平稳定；（3）北上广三大经济区中心城市周边省份的城市化正在快速推进，但模式和速度受到了中心城市规模控制政策的影响；（4）中部、西北和西南地区的省份城市化率正处在50%附近的加速区间，目前是全国城市化推进最快的地区。

　　城市分化和区域分化的同时，全国范围内公共服务支出均等化的步伐快

---

　　［1］与新房价格相比，二手房市场被认为较少受到政府定价政策干预。Fang等（2015）用抵押贷款数据估计的房价走势中已经显示出一定程度的住房市场分化，但他们的数据最多延长到2013年，大部分终止于2012年。

　　［2］在国土部监测的105个城市中，2014年商服用地最高组均值为36 097元/平方米，最低组均值仅为2 213元/平方米；住宅用地最高组均值为37 789元/平方米，最低组均值仅为1 409元/平方米（徐思超，2017）。

速推进。我们根据各省公共服务支出的均等化计算得出以下几个结论：（1）不论按变异系数还是泰尔指数测算，全国的公共服务支出均等化程度都明显提高。变异系数从 2007 年的 0.696 下降到了 0.469；同期泰尔指数从 0.160 2 下降到了 0.035 3，下降都十分明显，意味着中国省级公共服务支出均等化取得了重要进展。（2）东中西部组内差异也明显缩小，中部最低，西部差距缩小最快。（3）东中西部组间收入差异也在持续缩小。公共服务支出的均等化来源于人均财政支出的区域均等化，主要是得益于中央财政转移支付，与地区财力基本不相关。落后地区的财政支出改善完全依赖于中央转移支付，这是区域协调和平衡发展的关键，也是未来中央地方事权重新调整的重要依据。

表 10.2　地区之间公共服务支出的差异

年份	变异系数	泰尔系数				
		东　部	中　部	西　部	跨区域	全　国
2007	0.696 0	0.196 7	0.018 3	0.098 5	0.029 8	0.160 2
2008	0.637 6	0.177 9	0.011 9	0.067 6	0.021 6	0.125 0
2009	0.578 1	0.131 9	0.014 7	0.036 8	0.006 3	0.072 7
2010	0.515 1	0.117 3	0.008 5	0.036 8	0.007 7	0.066 4
2011	0.489 6	0.089 7	0.006 3	0.023 3	0.006 4	0.048 9
2012	0.455 5	0.073 3	0.006 2	0.021 0	0.006 7	0.043 0
2013	0.447 1	0.066 4	0.005 6	0.019 1	0.005 4	0.038 1
2014	0.462 1	0.059 5	0.005 8	0.017 4	0.006 4	0.036 5
2015	0.464 9	0.060 1	0.005 8	0.019 0	0.005 0	0.035 3

注：（1）数据由陆江源博士测算，原始数据来自 Wind 资讯金融终端。
（2）全部采用人均变量，公共服务支出包括教育、科学技术、医疗卫生与计划生育、文化体育和传媒、城乡社区事务、住房保障支出、社会保障和就业。

10.2　面向高质量发展的财政体制改革

城市化增长速度放缓和城市分化的加剧，加之工业税制的缺陷，将促使地方财政风险显现。城市化新阶段的稳定发展，必须对税制做出新的顶层设计，以适应深度城市化和工业转型升级的需要。未来财政体制选择至关重要。

第一，探索向自然人征税。从财政制度的演进看，城市化的重要特征就是市民纳税与公共服务享受相匹配，这才能保证人民群众对美好生活追求中的公共服务诉求与个体税收贡献基本匹配，是面向城市化新阶段的最优财税制度改革或根本性变革。在工业化和城市化快速发展的阶段，工业税收和扩张城市获得的土地财政基本可以兼顾发展和提供公共服务。随着工业份额到达峰值开始下降、城市化进入稳定阶段，土地财政和产业税收产生的现金流，都已不足以支撑日益增长的公共服务需要，还会割裂个人所享受的公共福利与纳税成本之间的关系，造成居民的"财政幻觉"，甚至形成对公共福利的过度需求，违背了福利增长的"量力而行"原则。设计个人纳税与公共服务匹配，是重要的财政体制改革方向。当前征税体系主要针对企业法人，纳税服务也主要针对企业，没有向个人征收的法律体系和人员配置。应该逐步从法律层面修订，逐步从企业法人征税向个人征税体制过渡。

第二，消费环节征税，减少间接税税收过于集中在生产环节造成的财政激励扭曲，是面向城市化新阶段的次优、但在规模上更重要的财税制度改革。城市是消费的中心，城市率不断提高和城市经济的到来使得消费驱动成为可能（Glaeser et al., 2001）。这就要通过调整税基，让消费者分担部分企业的消费税。在不改变间接税税制格局的前提下，适当降低生产环节征税、增加部分消费环节征收，可以使增值税更透明、更稳定（高菲，2015）。征税环节的改变，可以降低企业税负，并缓解由于税收集中在生产环节而造成的地方政府行为模式扭曲（付敏杰、张平，2015）。

第三，降低财税制度成本，提高工业竞争力，保住30%的工业份额底线。保证公共部门的稳健运行，这意味着公共收入的增长和结构必须与经济发展的长期趋势一致。从发展目标看，2050年工业强国的目标还有30多年才能实现；从财政收入结构看，工业税制的主体地位不能坍塌。近年来服务业比重的快速上升是建立在工业比重下降基础上的，难以持续。开放型世界经济新体制下，保持工业份额必须依靠不断提高工业国际竞争力，除了研发加计扣除以鼓励创新外，以工业增值税税率下调的方式平衡工业和服务业税负，为工业企业降低财税等制度性成本远比补贴大企业更加重要。决不能因为追求所谓"土地价值最大化"，将整个社会的资金都吸引到土地上来。

第四，建立全国统一市场，优化要素流动和配置功能。建立统一的土地市场和劳动力市场，推进要素流动和优化配置。中国城市化的基本矛盾，是土地公有制的两种实现形式，即国家所有制和集体所有制之间的矛盾，土地财政、城中村、违章建筑等现象皆由此而来。而劳动力市场则因社保体系分割导致了劳动力市场流动配置的障碍。土地、劳动力等要素市场呈现出制度性、区域性分割特征。土地金融和地方社会福利最大化分割了土地、劳动要素市场，导致区域经济失衡。积极推动统一市场，特别是提高统筹等级，推动劳动要素流动，进而进行土地市场立法等体制改革，抑制土地泡沫。

第五，防范分配结构的租金化和财富陷阱的形成。从政府收入结构看，以土地出让收入为代表的地租收入快速增长，使得政府和居民收入分配结构都呈现出明显的租金化倾向，既损害治理能力，也妨碍创新发展。随着土地经营导致的土地财政和土地价格上涨，税收在政府收入中的比重连年下降。在政府收入法制化程度最高的"一般公共预算"中，税收比重已经从 1995 年的 98.25％下降到 2015 年的 82.04％；地方财政收入的税收比重从 1994 年的 94.88％下降到 2015 年的 75.49％。居民收入分配也有类似特征。美国 20 世纪 80 年代以后收入分配差距拉大，是因为以医生、律师、金融家、公司高管 CEO 等为代表的高人力资本行业在最富有的 10％群体中占据了很大比重。高人力资本行业代表了知识要素参与分配的结果，体现了以"知识租金型"的收入分配结构特征，收入分配差距的拉大很大程度上是因为创新导致的新技术发现，尤其是科技革命、互联网和现代金融（Piketty and Saez, 2003；Kaplan and Rauh, 2010；Aghion et al., 2016）。目前中国的收入分配差距与美国相近（Piketty et al., 2017），但房地产等资源性行业在各种富豪排行榜上始终占据 1/4 份额，中产阶层持有的财产有 60％是房产。与美国的"知识租金型"分配结构相比，我国的收入分配具有以地租为代表的"资源租金型"结构特征，分配结构并不体现创新和技术进步。当前重塑中等收入者的关键，是让引领创新发展和具有更高生产率和财富创造力的知识要素以市场化的方式参与收入分配，让知识工人取代炒房者成为社会的中流砥柱。

第 11 章　金融发展

改革开放以来，中国金融体制成功地进行了渐进改革，构筑了中央银行—商业银行二级银行体系，形成的政府主导型金融体制不仅有效激励了金融机构（银行）信贷投放和信用扩张，加速了企业投资和经济增长，而且同渐进的外汇改革和金融开放相结合，成功地控制了通货膨胀，实现了经济稳定。本章内容为：货币化和资本化事实、中国金融发展历程、金融发展与经济增长及小结。

11.1　货币化和资本化事实

在现代市场经济中，金融体系的作用越来越大。中国作为一个发展中国家，处于快速经济增长阶段，金融市场不发达，社会生产体系不完善，企业在一段时间内资本积累水平不高，生产经营与其他市场信息不透明，企业发展所需资金没有足够的利润自筹（企业自有资金少），也很难通过直接融资等方式获得。这时，企业生产经营的环境是有劳动力而没有资金，生产和投资主要靠外部融资，特别是银行的信贷来解决。在此前提下，中国政府设计了一套动员社会金融资源的特殊机制，通过国家隐性担保银行不破产的全民储蓄动员，最大限度地集中全社会的金融资源；同时，利用金融机构信用扩张手段将金融资源大量输入企业，促进了投资扩张和经济快速增长。以下是在该制度环境下，中国金融发展和经济增长关系的几个典型化事实。

（1）信用扩张激励了经济增长。中国改革开放开始后，面对人均收入和储蓄水平低下的局面，为解决经济增长所需要的资金，通过财政资金向银行信贷的转移，建立了以国家银行为主的金融体系。自 20 世纪 80 年代以来，中国自上而下地建立了一个庞大的货币金融体系来刺激经济发展，截至 2017 年底，我国银行业金融机构总资产首次突破 250 万亿元，达到 252 万亿元。广义货币（M2）余额 167.68 万亿元，狭义货币（M1）余额 54.38 万亿元，流通中货币（M0）余额 7.06 万亿元，金融资源"作为一个真实的决定因素进入了经济体系"。

金融深化指数（M2/GDP）自改革开放以来，特别是 20 世纪 90 年代中期后迅速攀升，不仅大大高于主要发达国家，并超过与中国发展水平相近的发展中国家。图 11.1 显示，1992 年为 0.9，此后在不断上升，1997 年为 1.22，2016 年底，中国的 M2 与 GDP 之比已超过 2。中国货币供给（M2）与经济增长有大致相同的变动趋势，说明货币对产出有激励，这与国际上的理论与实证都是相一致的。如图 11.2 所示，自改革开放以来，GDP 与投资增长保持了较高的同步性。同时，统计数据表明，中国资本形成率从 1952—1978 年的 14.6％上升到 1979—1998 年的 23.1％，对经济增长贡献比改革开放前上升 1.2 个百分点；在 1978—2005 年的 28 年间，投资对 GDP 的平均贡献率为 36.3％，1995—2005 年则达到 40.2％，2006—2016 年投资对 GDP 拉动平均贡献率为 51.7％。

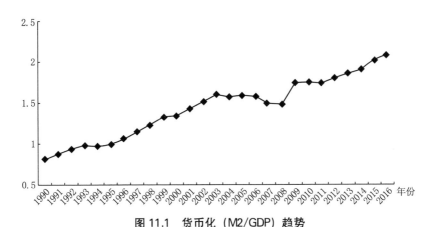

图 11.1　货币化（M2/GDP）趋势

资料来源：《中国统计年鉴》（2017 年）。

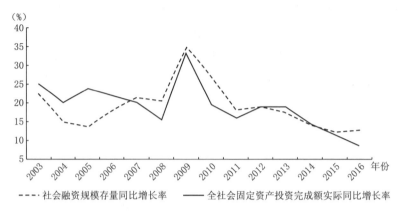

图 11.2　社会融资规模与投资之间的同步性

资料来源：Wind 金融资讯终端。

图 11.2 表明，改革开放以来国内贷款与投资增长具有同向性，且从中国经济波动周期的关系看，GDP 基本上与投资同步，但却滞后于金融机构贷款变动，所以中国投资增长又主要由信贷扩张来支持。信用扩张的源头则来自全民储蓄动员。由于中国有着古老的储蓄传统，劳动力的年龄结构偏轻，在转型期诸多不确定性因素影响下，居民的储蓄倾向很高。从金融体系来看，由于存在国家对银行不破产的隐性担保机制，银行体系具备了强大的国民储蓄动员能力。

（2）资本化进程加快。所谓资本化，就是指包括股票等金融资产在内的资本资产价格膨胀，并对经济运行产生日益重要影响，通常由股票市值占国内生产总值（GDP）的比重来衡量。鉴于股票等资本资产根据投资项目预期现金流贴现值进行定价，资本化过程实质上就是对投资项目融资成本的差别化定价，自然会对资本配置和经济增长产生重要影响。[1]如图 11.2 所示，在 20 世纪 90 年代初期，股票市值占 GDP 的比重不足 30％，2015 年最高曾达到 3.5 左右，而且从筹资渠道上看，也在逐步拓宽（表 11.1）。

----

[1]　需要指出的是，与此同时，房地产价格膨胀也属于资本化过程的主要组成部分，不过由于其涉及土地这一较为特殊的资本要素配置问题，对投资项目融资成本主要通过套利过程间接影响，本书对此不做专门分析。

表 11.1　股票发行量和筹资额

年份	股票发行量（亿股）	A 股	H 股	B 股	股票筹资额（亿元）	A 股	♯配股	H 股	B 股
1991	5.00	5.00			5.00	5.00			
1992	20.75	10.00		10.75	94.09	50.00			44.09
1993	95.79	42.59	40.41	12.79	375.47	276.41	81.58	60.93	38.13
1994	91.26	10.97	69.89	10.40	326.78	99.78	50.16	188.73	38.27
1995	31.60	5.32	15.38	10.90	150.32	85.51	62.83	31.46	33.35
1996	86.11	38.29	31.77	16.05	425.08	294.34	69.89	83.56	47.18
1997	267.63	105.65	136.88	25.10	1 293.82	825.92	170.86	360.00	107.90
1998	109.06	86.30	12.86	9.90	841.52	778.02	334.97	37.95	25.55
1999	122.93	98.11	23.05	1.77	944.56	893.60	320.97	47.17	3.79
2000	512.04	145.68	359.26	7.10	2 103.24	1 527.03	519.46	562.21	13.99
2001	141.48	93.00	48.48		1 252.34	1 182.13	430.63	70.21	
2002	291.74	134.20	157.54		961.75	779.75	56.61	181.99	
2003	281.43	83.64	196.79	1.00	1 357.75	819.56	74.79	534.65	3.54
2004	227.92	54.88	171.51	1.53	1 510.94	835.71	104.54	648.08	27.16
2005	567.05	13.80	553.25		1 882.51	338.13	2.62	1 544.38	
2006	1 287.77	351.11	936.66		5 594.29	2 463.70	4.32	3 130.59	
2007	637.24	413.27	223.97		8 680.17	7 722.99	227.68	957.18	
2008	180.34	114.96	65.38		3 852.21	3 457.75	151.57	317.26	
2009	400.05	244.47	155.58		6 124.69	5 004.90	105.97	1 073.18	
2010	920.99	553.95	367.04		11 971.93	9 606.31	1 438.25	2 365.62	
2011	272.36	163.99	108.37		5 814.19	5 073.07	421.96	741.12	
2012	299.81	78.86	220.95		4 134.38	3 127.54	121.00	1 006.84	
2013	259.92		259.92		3 868.88	2 802.76		1 066.12	
2014	354.50	70.10	284.40		7 087.44	4 834.04	137.98	2 253.40	
2015	595.67	175.86	444.15		10 974.85	8 295.14	36.43	2 679.71	
2016	390.14	137.47	252.67		16 257.42	15 020.79	298.51	1 236.63	

注：表中股票发行量仅指 IPO 数量，A 股股票筹资额不含资产项。
资料来源：《中国统计年鉴》（2017 年）。

　　总的说来，中国货币化进程较为顺利，M2 占 GDP 的比重稳步上升；资本化过程则较为曲折，不仅在 2001 年、2008 年和 2015 年前后均出现明显的倒退，且其迅速进展主要集中在 2006—2007 年度。中国资本化过程的曲折主要由单边市场及其相应的股价过度波动引起，这一点还可从股市资本化价值结构中得到进一步佐证。如图 11.4 所示，中国股市资本化价值与沪市资本化价值高度重合表明，价格波动更为剧烈的沪市是决定中国股市资本化价值的最重要组成部分。

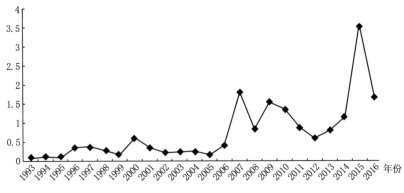

图 11.3 资本化（股票市值/GDP）趋势

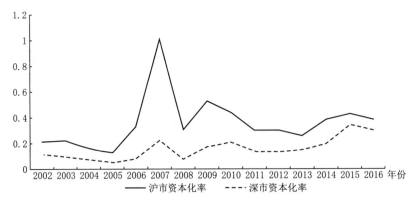

图 11.4 中国股市资本化率

资料来源：Wind 金融资讯终端。

11.2 中国金融发展历程

根据上面的分析，改革开放以来，中国金融发展在货币化和资本化进程方面呈现出明显的不平衡特征。同其他市场取向的改革一样，中国的金融改革是从计划经济时期的投融资体制开始起步的。计划经济投融资体制可以通过如式（11.1）所示的资金流量恒等式进行剖析。

$$I \equiv S + \Delta Ms \qquad (11.1)$$

式中 I 代表企业固定资产投资，S 代表国民储蓄，ΔMs 代表货币供给增加。在计划经济中，为了同政府作为近乎唯一的储蓄和投资主体相适应，构筑了被称为财政、信贷资金分口管理体制和大一统的银行体系的投融资体制。所谓财政、信贷资金分口管理体制，系指财政部门以财政拨款方式满足企业固定资产投资资金和定额流动资金需要。高度集中的金融体系则仅限于以银行信贷方式，满足企业临时性和季节性超定额流动资金需要。此外，由于流动资金定额确定的困难，为了防止财政部门向银行转嫁流动资金供给任务，又实行了大一统的银行体系。大一统的银行体系的核心内容为存贷分离，即总行掌握全部的信贷决策权，其分支机构只有吸收存款，而没有单独发放贷款的权利。由此可见，在大一统的银行体系中，分支机构没有独立发放贷款进行信用扩张的可能。如式（11.1）所示，在计划经济中，通过财政、信贷资金分口管理体制和大一统的银行体系相结合，银行体系不仅被剥夺了将储蓄（S）转化为投资（I），直接提供固定资产投资贷款的权利，而且还有效控制了银行体系通过信用扩张，即增加货币供给（ΔMs），提供流动资金贷款，对固定资产投资的间接参与。很显然，在计划经济中，以银行信贷为代表的债权融资原则上被排除在企业投资活动之外，财政拨款方式的国家股权投资成为近乎唯一的企业投融资方式。

不过，随着市场化改革的不断推进，主要受国民收入分配格局变化的影响，早在 1981 年以后，中国储蓄和投资结构就已发生深刻变化。在这场变革中，政府部门储蓄长期以来不敷自身支出所用，企业部门在留成利润中扣除再分配给职工的一部分收入之后，其储蓄也满足不了自身投资的要求。于是，储蓄和投资的缺口只能靠家庭部门的储蓄来填补。很显然，储蓄—投资差异日益扩大需要深化企业投融资体制改革，使得金融业在储蓄—投资过程中成为储蓄者与投资者不可缺少的"媒人"，推动政府集中投资为中心的财政主导型经济向以企业分散投资为特征的金融主导型经济演化。总的说来，中国企业投融资体制改革主要沿着构筑中央银行—国有商业银行二级银行体系，规范和发展资本市场，特别是股票市场，以及推进外汇管理体制改革和金融对外开放展开。

11.2.1 构筑中央银行—国有商业银行二级银行体系

中国的企业投融资体制改革是率先从构筑中央银行—国有商业银行二级

银行体系开始的。鉴于企业投资存在经营者和投资者的信息不对称,在资本市场欠发达的情况下,信息生产和资本配置能力不足可能引发企业投资过度和相应的经济波动。相比较而言,由于债权融资只要企业不能按时还本付息就可以提前清算投资项目,而股权融资原则上需要企业破产时才会清算投资项目,兼之债权的优先受偿权也增加了债权人提前清算的激励,债权融资无疑能够对投资项目实行更加严格的流动性约束。很显然,在企业投资信息生产不足的情况下,债权融资较之股权融资更加有利于抑制企业过度投资,并控制投资风险。由此可见,正是为了提高资源配置效率,并控制企业投资风险,中国率先进行了以构筑中央银行—国有商业银行二级银行体系为核心内容的企业投融资体制改革,实现企业投融资体制由单一的财政拨款方式的国家股权投资向以国有银行信贷方式的债权融资为主的转变。

构筑中央银行—国有商业银行二级银行体系主要经历了两个阶段的改革。

1. 20世纪80年代的构筑中央银行—国有专业银行二级银行体系的改革

经过改革银行信贷制度(以恢复银行企业固定资产投资贷款职能为核心内容)和建立中央银行制度,特别是实贷实存的信贷资金管理体制改革,中国中央银行—国有专业银行二级银行体系得以建立,而且也使得企业投融资体制发生了从单一的财政拨款方式的国家股权投资向以国有金融机构(银行)信贷方式的债权融资为主的转变。很显然,上述中央银行—国有专业银行二级银行体系构成中央银行—国有商业银行二级银行体系的基础。然而,一方面,由于国有银行商业化改革尚未实质性展开,国有专业银行更多地仍属于对企业投资提供充分信贷支持的政策工具,使得银行资本配置效率低下,信用扩张过度屡禁不止,并导致不良信贷资产累积,加剧了银行系统金融风险;另一方面,中央银行宏观调控职能同样存在严重欠缺,使得通货膨胀较为严重。由此可见,为了进一步提高资本配置效率,稳定投资项目质量,并在此基础上化解金融风险和控制通货膨胀,需要继续深化国有银行商业化和完善中央银行宏观调控职能改革,实现由中央银行—国有专业银行二级体系向中央银行—国有商业银行二级银行体系的过渡。

2. 20世纪90年代以来的构筑中央银行—国有商业银行二级银行体系改革

20世纪90年代以来,构筑中央银行—国有商业银行二级银行体系主要包括国有银行商业化改革和强化中央银行宏观调控职能两方面内容。其中，中国国有银行商业化改革在一系列方面取得进展：（1）组建政策性银行，促进国有银行政策性业务和商业性业务分离，特别是组建金融资产管理公司专业化处置国有银行的既有不良信贷资产，不仅能够促进金融风险的化解，而且有利于合理考核商业化改革后的国有银行经营绩效。（2）通过推动国有商业银行内部的统一法人管理改革，以及成立中共中央金融工委和金融机构系统党委，改变了中国国有商业银行名义上一直是一级法人，但受以省为单位的金融管理体制影响，其分行实际上以法人资格进行经营管理的原有格局。这不仅有利于国有商业银行经营绩效的合理考核，而且能够减轻各部门和各级地方政府对国有商业银行分支机构的过度干预，促进国有商业银行政企分开。（3）形成分业金融监管体系和金融机构市场退出机制，并根据国际规范对商业性银行实施资产负债比例管理和资产风险管理，全面推行贷款质量"五级分类"制度自然有助于提高金融监管水平，促进国有商业银行审慎经营。（4）从以国有独资公司方式初步完成产权制度改革开始，历经股份制改造和股票上市的国有商业银行产权和治理结构改革取得阶段性成果。经过产权和治理结构改革，国有商业银行不仅资本充足率、资产质量和盈利能力等指标均明显改善，而且内部治理结构也取得一定程度的进步。（5）引入银行业内部和非银行金融机构的竞争在一定程度上对国有商业银行的发展产生有益影响。尽管其他股份制银行和保险公司的竞争有助于改善国有商业银行资本配置效率，但农村和城市信用合作社，以及信托投资公司等非银行金融机构的竞争却可能起到相反作用。由于农村和城市信用合作社一度分别由农业银行和工商银行负责监管，大大限制了信用社与国有银行间的信贷市场竞争，以致农村和城市信用合作社成为资金净供应者，向银行体系借出的资金通常大大超过其向银行体系借入的资金。这种状况直到 2003 年开展俗称"花钱买机制"的农村信用社改革以后才有所改变。至于信贷投资公司更是成了逃避金融监管，违规经营，引发包括信贷市场在内的金融市场不正当竞争的代名词。很显然，经过上述对国有银行经营和财务重组，统一法人管理，金融监管，产权和治理结构，以及引入信贷市场竞争等一系列改革，国有银行商业化程度明显提高，国有商业银行从原来偏重于对企业投资提供充分的信贷支持，转而强调其与稳定信贷质量、控制信贷风险的平衡。这有助于银行更加有效地事后调整投资项目，稳定投资项目质量，提高资本配置效率。国有银行商业化改革以后，国有商业银行不良信贷资产的比重不断下降就充分证明了这一点。如图 11.5 所示，中国国有商业银行不良贷款比重由 2004 年的约 20％下降到 2016 年的不足 2％。

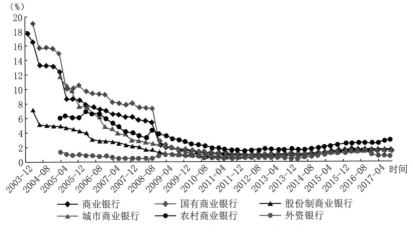

图 11.5　中国各类银行不良贷款比重

资料来源：Wind 金融资讯终端。

　　20 世纪 90 年代以来，强化中央银行宏观调控职能的改革同样取得长足进步。强化中央银行宏观调控职能的改革主要包括三方面内容：（1）从 1993 年开始围绕提高中央银行独立性展开一系列金融体制改革：确立"保持货币稳定，并以此促进经济发展"的货币政策目标和禁止以向中央银行透支方式弥补财政赤字，提高了中央银行对中央政府的独立性；中央银行宏观调控体系从多层调控转化为强调调控权集中，提高了中央银行对地方政府的独立性。（2）从 1998 年开始，在贷款规模最高限额管理的货币政策直接调控工具逐步淡出的同时，发展和完善中央银行间接调控工具体系。（3）1993 年还改革了利润留成的财务制度，有助于消除中央银行营利动机，促使中央银行更加专业化于宏观调控。很显然，上述一系列增强中央银行宏观调控职能的改革对控制通货膨胀具有深远影响。其中提高中央银行独立性和发展以间接调控工具为主的货币政策工具体系有助于改善宏观调控效率，建立消除中央银行营利动机的财务制度则促进中国人民银行更加专业化于宏观调控。这两者均有助于有效控制通货膨胀。

　　经过 20 世纪 80 年代和 90 年代企业投融资两轮改革，中国的中央银行—国有商业银行二级银行体系得以形成。中央银行—国有商业银行二级银行体系的建立不仅实现了企业投融资体制向以国有银行信贷方式的债权融资为主的转变，加强了企业投资的流动性约束，而且使得国有银行能够在对企业投资提供充分的信贷支持与稳定信贷质量、控制信贷风险之间保持平衡。此外，考虑到企业投资存在提前清算成本，为企业投资提供配套流动资金贷款系货币内生供给的重要渠道之一，由国有银行商业化改革带来的投资信贷质量稳定还能够促进对通货膨胀的有效控制。因此，中央银行—国有商业银行二级银行体系的形成还有助于有效控制通货膨胀。

　　上述国有银行信贷主导的企业投融资体制在理论上可概括为政府主导型金融体制，具有对金融中介，特别是大型国有银行免于破产的国家隐性担保，利率种类单一的信贷利率管制和将利率压低至市场均衡水平以下的信贷利率扭曲等特征。这种政府主导型金融体制本质上属于由国家隐性担保配合利率管制形成信贷集中性均衡。所谓信贷集中性均衡，就是风险程度不同的借款人（企业家）支付相同的利率。政府主导型金融体制最大优点在于能够在金融欠发达的情况下（此时，市场化金融体制可能无法支付配置资本的昂贵信息成本）跨越金融发展阶段约束，对所有合格借款人（企业家）提供充分信贷支持，加速投资推动型经济增长。另一方面，政府主导型金融体制可通过投资项目的事后调整在一定程度上控制借款人（企业家）的逆选择和道德风险，稳定投资项目的质量。这是因为尽管存在对金融中介（银行）免于破产的国家隐性担保（实质上也是对投资项目的国家隐性担保），但只要具有投资项目质量事后信号显示机制（由竞争性产品市场结构形成），国家所提供的隐性担保程度却是可以事后调整的。过度进行逆选择行为的借款人将可能丧失声誉，并失去继续获得国家隐性担保借款的权利，这就对借款人的逆选择行为形成一定的制约。这种政府主导型金融体制之所以能够顺利实现中国货币化进程，并有效支持经济增长，关键在于中国改革开放后所处的干中学与投资推动的经济发展阶段和金融欠发达的初始条件，需要在国家隐性担保支持下，有效激励银行信贷投放和信用扩张，加速企业投资和经济增长。

11.2.2 以股票市场为代表的资本市场发展

发展资本市场，特别是股票市场则构成企业投融资体制改革另一重要内容。根据上面的分析，国有银行信贷主导的企业投融资体制存在着对企业创新投资支持不足的弱点。首先，国有银行信贷主导的企业投融资体制由国家隐性担保配合利率管制形成信贷集中性均衡的本质决定了其与利率市场化背道而驰，无法对投资项目实现有效的事前差别化定价，自然不利于企业创新投资。其次，国有银行信贷主导的企业投融资体制借助投资项目事后调整和形成借款人（企业家）声誉配置资本决定了企业初始融资必然面临信贷歧视，进一步缩小了企业创新投资范围。[1]最后，国有银行信贷主导的企业投融资体制形成的债权融资在强化流动性约束和控制投资风险的同时，不可避免地会对企业创新投资产生一定程度的负面影响。这就是通常所说在股权融资欠发达的情况下，可能出现资本金不足问题。

正是为了缓和国有银行信贷主导的企业投融资体制对企业创新投资的激励不足问题，中国在 20 世纪 90 年代以后，还进行了规范和发展资本市场，特别是股票市场的金融改革，并取得一定程度的进步：（1）股票发行制度逐步实现了市场化。这不仅表现在股票发行规模由额度审批制转变为资质核准制，并将向基于信息披露的注册制过渡上，而且表现在新股发行价格也由高度行政管制转向基于市场竞争的询价制上。（2）上市公司退市制度的形成有助于控制二级市场系统风险。（3）股权分置改革顺利完成使得同一上市公司不同种类普通股票市场分割问题得到有效解决，降低了中国资本市场发展的政策风险（由国有股减持试验的失败可见一斑），并提高了定价效率。（4）以风险监控为核心内容的证券公司综合治理有助于激励证券公司谨慎经营和防范风险。（5）基金业市场化改革以及保险、社保基金和企业年金等 3 类资金入市至少在技术上有助于提高投资者信息处理能力，鼓励价值投资。（6）强化资本市场以及上市公司信息披露方面监管更是降低中国资本市场系统风险的基础。这一系列制度改进在一定程度上促进了中国股票市场运行效率的提高。主流的实证研究成果证实大致在 1997 年和 1998 年以后，中国股票市

---

[1] 信贷歧视可由所有制或产业政策形成。

场已达到弱式有效。[1]

　　然而，中国股票市场的单边市场特征意味着，迄今为止，有效实现投资项目融资成本差别化定价和相应的资本化进程这一规范和发展资本市场的初衷尚未完全达到。毕竟单边市场势必导致系统风险偏高，从长期看，不仅会提高企业平均融资成本，而且可能造成不同质量的投资项目融资成本差别不大，无法有效配置资本。

　　中国股票市场资本配置效率不足，究其原因，主要有两点：

　　其一，信贷利率市场化改革严重滞后和企业债市场发展不足使得新兴股票市场信息生产能力不足问题更加突出，不可避免地引发单边市场。考虑到在信贷市场、企业债市场和股票市场之间可能存在信息生产成本递增现象，规范和发展资本市场应遵循如下的次序：首先，推进信贷利率市场化改革，实现信贷分离均衡。其次，加速发展企业债市场，更加有效地实现投资项目融资成本差别化定价，激励企业创新投资。最后，适度发展股票市场，有效缓和企业创新投资资本金不足问题。资本市场的信息生产成本递增现象得到融资次序理论的支持。Fama 等发现 1951—1996 年间美国上市公司的融资结构如下：留存收益 47.23%，长期债权融资 29.82%，外部股权融资 13.72%，短期债权融资9.23%。[2]很显然，美国上市公司更偏爱内部融资，而且在外部融资方式中也通常优先选择长期债权融资，股权融资和短期融资则相对受到冷落。美国公司的融资偏好被主流的财务理论（又称融资次序理论）解释为由于管理者与投资者的信息不对称而引起公司股票价格扭曲，增大股票融资的资本成本，因此公司优先考虑内部融资与债务融资。

　　然而，受经济和金融发展水平等多种因素掣肘，中国改革开放后规范和发展资本市场的实践与上述金融发展次序产生了较大偏离。首先，受制于以资本充足为基础的金融监管水平低下和信贷市场竞争不足，银行信贷利率市场化改革虽取得重大进展，但仍不能适应经济发展需要（表 11.2）。其次，

　　[1]　沈艺峰、吴世农：《中国证券市场过度反应了吗?》，《经济研究》1999 年第 2 期；张兵、李晓明：《中国股票市场的渐进有效性研究》，《经济研究》2003 年第 1 期；陈梦根：《中国股市长期记忆效应的实证研究》，《经济研究》2003 年第 3 期。

　　[2]　Fama, Eugene and Kenneth French, 1999, "The Cost of Capital and The Return on Corporate Investment", *Journal of Finance*, 54.

多层次资本市场体系建设滞后，企业债和股票融资落后，影子银行体系发展规模庞大，影响了金融业健康发展，企业融资难、融资贵问题得不到缓解。同银行中长期贷款相比，国债融资规模偏小标志着国债市场深度不足，可能对基准利率的形成产生负面影响，阻碍包括企业债在内的债券市场发展。

表 11.2　全国金融机构法定贷款利率（年利率%）

日　期	短期贷款利率			中长期贷款利率	
	6个月(含)	6个月至1年(含)	1至3年(含)	3至5年(含)	5年以上
1989-02-01	11.34	11.34	12.78	14.40	19.26
1990-03-21	9.00	10.08	10.80	11.52	11.88
1990-08-21	8.64	9.36	10.08	10.80	11.16
1991-03-21	9.00	10.08	10.80	11.52	11.88
1991-04-21	8.10	8.64	9.00	9.54	9.72
1993-05-15	8.82	9.36	10.80	12.06	12.24
1993-07-11	9.00	10.98	12.24	13.86	14.04
1995-01-01	9.00	10.98	12.96	14.58	14.76
1995-07-01	10.08	12.06	13.50	15.12	15.30
1996-05-01	9.72	10.98	13.14	14.94	15.12
1996-08-23	9.18	10.08	10.98	11.70	12.42
1997-10-23	7.65	8.64	9.36	9.90	10.53
1998-03-25	7.02	7.92	9.00	9.72	10.35
1998-07-01	6.57	6.93	7.11	7.65	8.01
1998-12-07	6.12	6.39	6.66	7.20	7.56
1999-06-10	5.58	5.85	5.94	6.03	6.21
2002-02-21	5.04	5.31	5.49	5.58	5.76
2004-10-29	5.22	5.58	5.76	5.85	6.12
2006-04-28	5.40	5.85	6.03	6.12	6.39
2006-08-19	5.58	6.12	6.30	6.48	6.84
2007-03-18	5.67	6.39	6.57	6.75	7.11
2007-05-19	5.85	6.57	6.75	6.93	7.20
2007-07-21	6.03	6.84	7.02	7.20	7.38
2007-08-22	6.21	7.02	7.20	7.38	7.56
2007-09-15	6.48	7.29	7.47	7.65	7.83
2007-12-21	6.57	7.47	7.56	7.74	7.83
2008-09-16	6.21	7.20	7.29	7.56	7.74
2008-10-09	6.12	6.93	7.02	7.29	7.47
2008-10-30	6.03	6.66	6.75	7.02	7.20
2008-11-27	5.04	5.58	5.67	5.94	6.12
2008-12-23	4.86	5.31	5.40	5.76	5.94
2010-10-20	5.10	5.56	5.60	5.96	6.14
2010-12-26	5.35	5.81	5.85	6.22	6.40
2011-02-09	5.60	6.06	6.10	6.45	6.60
2011-04-06	5.85	6.31	6.40	6.65	6.80
2011-07-07	6.10	6.56	6.65	6.90	7.05

续表

日　　期	短期贷款利率			中长期贷款利率	
	6 个月(含)	6 个月至 1 年(含)	1 至 3 年(含)	3 至 5 年(含)	5 年以上
2012-06-08	5.85	6.31	6.40	6.65	6.80
2012-07-06	5.60	6.00	6.15	6.40	6.55
2014-11-22	5.60	5.60	6.00	6.00	6.15
2015-03-01	5.35	5.35	5.75	5.75	5.90
2015-05-11	5.10	5.10	5.50	5.50	5.65
2015-06-28	4.85	4.85	5.25	5.25	5.40
2015-08-26	4.60	4.60	5.00	5.00	5.15
2015-10-24	4.35	4.35	4.75	4.75	4.90

资料来源：Wind 金融资讯终端。

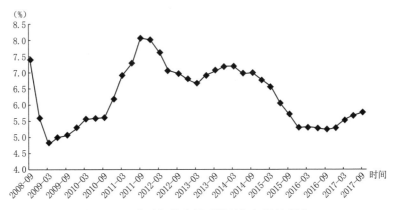

图 11.6 金融机构人民币贷款加权平均利率

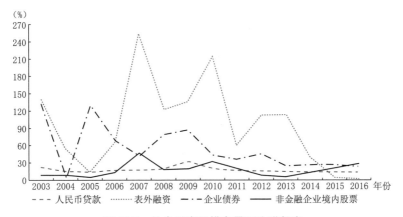

图 11.7 社会融资规模存量同比增长率

注：表外融资为委托贷款、信托贷款、未贴现的银行承兑汇票三者之和。

资料来源：Wind 金融资讯终端。

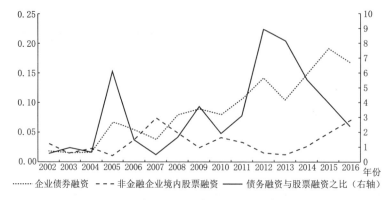

图 11.8 中国股票融资和企业债融资比率

注：企业债券融资为社会融资规模中企业债券所占比例，非金融企业境内股票融资为社会融资规模中非金融企业境内股票融资所占比例，债务融资与股票融资之比为企业债券融资与非金融企业境内股票融资之比。

资料来源：Wind 金融资讯终端。

其二，从政府主导型金融体制承继过来的刚性管制惯性削弱了股票市场监管能力，加剧了单边市场问题。正如我们在前面的分析中所指出的那样，规范、发展资本市场就是为了弥补政府主导型金融体制对创新投资融资不足的缺陷，本质上属于构筑市场主导型金融体制。中国股票市场监管体制一直带有过多的刚性管制色彩。从股票发行、上市、配股权，一直到退市资格的确认，都体现出这一点。殊不知在监管机构和上市公司存在信息不对称的情况下，这样的刚性管制反而会激励上市公司行为扭曲，为了迎合监管机构的偏好而损害公司价值和投资者利益。相反，本应成为股票市场监管重点的扩大强制信息披露范围和保证信息披露真实性的工作却被忽略了。由于更多地带有替代市场管制色彩，而对扩大强制信息披露范围和保证信息披露的真实性要求不足，中国上市公司信息披露制度规范、发展资本市场、增强资本配置功能的作用受到很大局限。

综上所述，受制于资本市场发展次序的扭曲和市场化监管能力的不足，中国股票市场呈现出单边市场特征，损害资本配置效率并阻碍资本化进程顺利发展。

11.2.3 外汇管理体制改革和金融对外开放

随着对外开放程度的不断提高，外汇管理体制改革和金融开放对中国金融发展产生日益重要的影响。中国外汇管理体制改革主要沿着形成更为灵活的人民币汇率决定机制，并稳定汇率水平的方向展开。1994 年 1 月 1 日，中国外汇管理体制进行了改革，一方面实现了人民币在经常项目下的有条件可兑换；另一方面，人民币汇率由原来的官方汇率与调剂市场汇率并存的体制合并为以市场为基础的、有管理的单一汇率，同时将人民币大幅贬值。2005 年 7 月 21 日，中国人民银行发布公告，即日起中国开始实行以市场供求为基础、参考一篮子货币进行调节、有管理的浮动汇率制度。人民币汇率不再钉住单一美元，形成更富弹性的人民币汇率机制。2015 年 8 月 11 日，中国人民银行宣布调整人民币对美元汇率中间价报价机制，做市商参考上日银行间外汇市场收盘汇率，向中国外汇交易中心提供中间报价。这一调整使得人民币兑美元汇率中间价机制进一步市场化，更加真实地反映了当期外汇市场的供求关系。

外商直接投资—金融账户—证券投资的放松资本管制顺序对中国利用外资方式产生重要影响。如图 11.9 所示，20 世纪 80 年代外商直接投资成为利用外资的主要方式，而到了 20 世纪 90 年代以后金融账户资金流入逐步成为资金流入的主要渠道，另外，近年来证券投资流入也构成资金流入的一个重要方面，特别证券投资资金和金融账户也是构成金融波动的主要原因之一，如图 11.9 和图 11.10 所示，2015 年金融账户资金和证券投资资金大幅外流也是"大股灾"的推手。

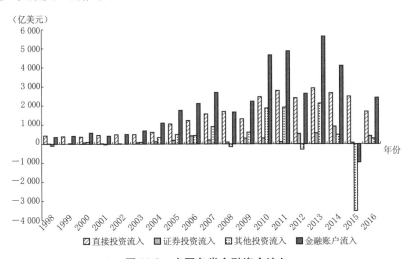

图 11.9　中国各类金融资金流入

注：取国际收支金融账户下分项负债净产生累计金额作为资金流入的表征。
资料来源：Wind 金融资讯终端。

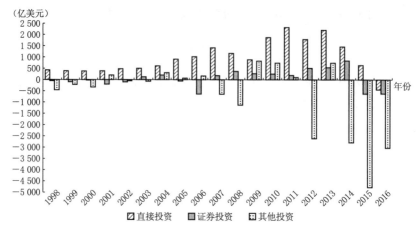

图 11.10　金融资金净流入

资料来源：CEIC 数据库。

　　上述渐进的外汇管理体制改革和金融对外开放对形成国有银行信贷主导的企业投融资体制（实质上是政府主导型金融体制）具有重要的意义。为了便于分析，我们可以引入一个附加交易成本的无抵补套利公式：

$$r = r^f + \Delta E^e + P \tag{11.2}$$

　　式中 r 为本国利率，ΔE^e 为汇率变动率，外汇按直接标价法计价，r^f 为外国利率，P 为资本管制带来的交易成本。[1]中国之所以长期以来实行钉住美元的固定汇率制，其关键在于受制于金融体制信息生产和资本配置能力不足的外汇市场不完善使得企业套期保值成本偏高，只能通过采取固定汇率制，保持汇率稳定（意味着 $\Delta E^e = 0$）来规避汇率风险。在固定汇率制下，为了缓和国内金融市场的外部冲击（在模型中，集中于利率冲击），实行资本流动管制，提高资本套利的交易成本显然是个可行选择。换言之，交易成本的存在使得只有在中外利差足够高的情况下，才会激励大规模资本流动。由于需借助信贷利率管制机制，若没有资本流动管制的支持，以国有银行信贷为代表的政府主导型金融体制将很难有效运行。由此可见，中国长期以来实行的钉住美元的固定汇率制和严格的资本流动管制正是在开放经济条件下

　　[1]　抵补套利和无抵补套利公式的主要区别在于前者假定投资者风险厌恶，而后者则是风险中性，且抵补套利时需引入一个外汇远期市场，但在反映国际金融市场套利行为的影响因素时并无实质区别。

形成政府主导型金融体制不可或缺的配套制度安排。

渐进的外汇管理体制改革和金融对外开放主要通过两个途径促进了资本配置效率提高：其一，以外商直接投资方式为主引进外资不仅最大限度地减轻了对政府主导型金融体制的流动性冲击，而且相当于借助较为完善的国际资本市场配置了资源，提高了投资项目的整体质量；其二，基于资本管制的固定汇率，更是为开放条件下通货膨胀的治理找到了一个"基准锚"，提高了货币政策的调控效果。[1]很显然，渐进的外汇管理体制改革和金融对外开放有助于借助国际金融市场提高资本配置效率，并在此基础上有效控制通货膨胀，同时促进了货币化和资本化。

根据上面的分析，中国改革开放以来金融体制主要由两部分组成。其一，通过构筑中央银行—国有商业银行二级银行体系，并得到渐进的外汇管理体制改革和金融对外开放有力配合形成的国有银行信贷主导的企业投融资体制是中国目前金融体制的主体部分，带有明显的政府主导特征。其二，通过规范和发展资本市场，特别是股票市场形成的更加市场化的企业投融资体制则是中国目前金融体制的重要部分。在国有银行信贷主导的企业投融资体制推动下，中国顺利地实现了货币化进程。然而，受制于资本市场发展次序的扭曲和市场化金融监管能力的欠缺，更加市场化的企业投融资体制尚未能够实现资本有效配置功能和推进相应的资本化进程。此外，渐进的外汇管理体制改革和金融对外开放还借助较为完善的国际金融市场配置资本和控制通货膨胀，成为货币化和资本化进程的有益补充。

11.3 金融发展与经济增长

根据上面的分析，中国金融改革和发展在不同程度上推动了货币化和资本化进程。鉴于货币化进程的推进有助于降低交易成本，资本化进程的推进则能够促进资本配置效率提高，中国金融改革和发展将不可避免地对经济增长产生重要影响，并在经济结构变动中面临新的挑战。

---

[1] 中国经济增长与宏观稳定课题组：《金融发展与经济增长：从动员性扩张向市场配置的转变》，《经济研究》2007 年第 4 期。

11.3.1 中国金融改革和发展对经济增长的影响

1953 年以来，中国经济增长始终保持着投资推动型特征，但在经济增长绩效上却大相径庭。1953 年以来，中国不仅始终保持着高投资率，而且投资推动型经济增长特征十分明显。不过，在改革开放前，中国投资和经济增长波动偏大，整体的经济增长速度并不快。1961—1963 年和 1967—1969 年均出现了严重的经济负增长，70 年代经济增长速度还出现明显下滑。在 80 年代，尽管投资增长率平均高达 30%（此前除极个别年份，投资增长率多保持在 20% 左右），但经济增长波动和速度显著改善。如图 11.11 和图 11.12 所示，到了 90 年代以后，高增长的稳定性进一步提高，并突出表现在改革开放后一度困扰中国经济运行的通货膨胀（个别年份通胀率高达两位数）得到较为有效控制，与此同时，投资和经济增长趋势自 2010 年后出现分化。

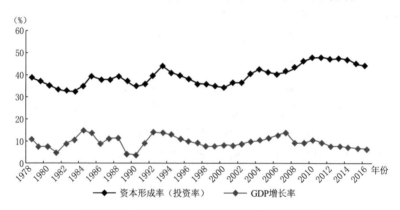

图 11.11　中国经济增长和投资率（资本形成）

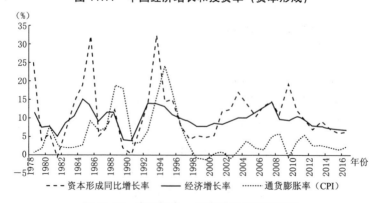

图 11.12　中国投资、经济增长和通货膨胀

　　显然，在投资对经济增长作用减弱情况下，金融发展对经济的支持更多体现在创新支持上，进一步而言，主要体现在中小企业和民营企业的融资问题上。然而，受制于资本市场发展次序的扭曲和市场化金融监管能力的欠缺，由股票市场所代表的更加市场化的企业投融资体制却尚未能实现资本有效配置功能并推进相应的资本化进程，其对经济增长的影响也较为有限。股市更多的是实体经济的反映，体现了财富分配功能，尚无证据表明股市已经发挥了资本配置功能，并对经济增长具有明显推动作用。[1]

　　中国股市尚未充分发挥资本配置功能同样可从上市公司的反常的融资次序偏好中得到佐证。在上面的分析中，我们已从宏观角度揭示了中国上市公司过度偏好股权融资的现象，大多数研究成果也证实中国上市公司股权融资成本同样高于债权融资成本，上市公司股权融资偏好并不能由股权融资成本低来解释。[2]

　　综上所述，中国国有银行信贷主导的企业投融资体制不仅成功地推进了货币化进程，降低了经济运行的交易成本，而且同渐进的外汇管理体制改革和金融对外开放相配合，形成了特殊的机制，较为有效地配置了资本，并加速投资和增长。作为更加市场化的企业投融资体制，股票市场的发展对经济稳定和经济增长的影响基本上是负面的。受到单边市场和股价过度变动的干扰，中国股票市场不仅没有有效实现投资项目融资成本差别化定价和推进相应的资本化进程，而且提高了融资系统风险和成本，阻碍了投资和经济增长。由此可见，至少中国目前的股市更多体现的是财富分配功能，尚未充分达到有效配置资本和加速经济增长的目的，反而可能加剧金融和经济不稳定。总之，中国国有银行信贷主导的企业投融资体制实现了资本有效配置，加速了投资和经济增长，由此形成的财富又通过包括不成熟的股票市场在内的资本资产市场进行了分配。

11.3.2　中国金融改革和发展面临的新挑战

　　根据上面的分析，国有银行信贷所主导的企业投融资体制在渐进的外汇

　　[1]　吕江林：《中国的货币政策是否应对股价变动做出反应?》，《经济研究》2005 年第 3 期。
　　[2]　沈艺峰、田静：《中国上市公司资本成本的定量研究》，《经济研究》1999 年第 11 期；陆正飞、叶康涛：《中国上市公司股权融资偏好分析——偏好股权融资就是缘于融资成本低吗?》，《经济研究》2004 年第 4 期。

管理体制改革和金融对外开放配合下，能发挥有效配置资本、加速投资和经济增长的作用，其关键有二：（1）干中学构成中国改革开放以来最主要的经济增长源泉；（2）中国经济体系一度相对封闭。前者使得国有银行信贷主导的企业投融资体制能够对所有合格借款人（企业家）提供充分的信贷支持，加速投资推动型经济增长。后者使得能以较低成本实行外汇和资本管制，保证国有银行信贷主导的企业投融资体制有效运行。

然而，随着经济增长和结构变动，国有银行信贷主导的企业投融资体制得以有效运行的两大前提条件也在逐步发生变化，致使中国金融改革和发展面临新的挑战。

1. 中国经济增长源泉的悄然改变

中国在改革开放开始时人均 GDP 偏低，并有大量的农村剩余劳动力等待转移，干中学构成了最主要的经济增长源泉。直到 20 年代 90 年代初，中国人均 GDP 也只有 400 美元左右，仍处于世界后列。截至 20 年代 90 年代末，12 亿人口仍有 9 亿生活在农村。由此可见，中国在改革开放开始时依然面临突破马尔萨斯陷阱，实现出生率与死亡率由高到低的人口转型的经济发展任务，形成知识和人力资本（相对于原始劳动力）严重稀缺的初始禀赋。正是由于劳动力构成当时最为丰富的资源，这才需要增加生产和投资，发挥干中学对生产率的有益影响，加速经济增长。

然而，随着经济增长，特别是实现出生率与死亡率由高到低的人口转型的经济发展任务基本完成，干中学的经济增长阶段终将结束，并需引入技术进步等新的经济增长源泉。当干中学为技术进步等新的经济增长源泉所替代时，国有银行信贷主导的企业投融资体制（实质上是政府主导型金融体制）及其所形成的信贷集中性均衡并不能有效地为新的经济增长源泉提供信贷支持。与干中学效应推动的经济增长不同，技术进步推动的经济增长速度并非由社会总投资规模决定，而取决于以蓝图或设计等知识生产数量，以及在此基础上的差异化资本品种类增多或质量提高。由此可见，能够为技术进步的经济增长源泉提供有效信贷支持的金融体制只能是更加市场化的金融体制，以实现信贷分离均衡和投资项目融资成本差别化定价。表 11.3 和表 11.4 正好揭示了中国经济增长源泉的悄然变化。如表 11.3 所示，得益于人口出生率和死亡率的双重稳步下降，中国人口自然增长率从 20 世纪 90 年代开始出现明显的下降，1998 年下降到 10‰以下，2003 年以后则进一步下降到不足6‰。在人口转型和人口自然增长率稳步下降的作用下，中国人口老龄化开始出现加速趋势。如表 11.4 所示，65 岁及 65 岁以上人口占总人口的比重由1990 年的 5.6％上升到 2016 年的 10.9％，而 0—14 岁人口占总人口的比重则从 1990 年的 27.7％下降到 2016 年的 16.7％，15—64 岁人口比重在 2010 年达到 74.5％的顶峰后逐步下降，2016 年占总人口的比重为 72.5％，六年下降 2个百分点。很显然，中国人口老龄化的加速将造成干中学的经济增长源泉逐步枯竭，并对引入技术进步等新的经济增长源泉和形成更加市场化的金融体制提出了要求。

表 11.3　中国人口出生率、死亡率和自然增长率（‰）

年　份	出生率	死亡率	自然增长率
1978	18.25	6.25	12
1980	18.21	6.34	11.87
1981	20.91	6.36	14.55
1982	22.28	6.6	15.68
1983	20.19	6.9	13.29
1984	19.9	6.82	13.08
1985	21.04	6.78	14.26
1986	22.43	6.86	15.57
1987	23.33	6.72	16.61
1988	22.37	6.64	15.73
1989	21.58	6.54	15.04
1990	21.06	6.67	14.39
1991	19.68	6.7	12.98
1992	18.24	6.64	11.6
1993	18.09	6.64	11.45
1994	17.7	6.49	11.21
1995	17.12	6.57	10.55
1996	16.98	6.56	10.42
1997	16.57	6.51	10.06
1998	15.64	6.5	9.14
1999	14.64	6.46	8.18
2000	14.03	6.45	7.58
2001	13.38	6.43	6.95
2002	12.86	6.41	6.45
2003	12.41	6.4	6.01
2004	12.29	6.42	5.87
2005	12.4	6.51	5.89
2006	12.09	6.81	5.28
2007	12.1	6.93	5.17
2008	12.14	7.06	5.08

续表

年　份	出生率	死亡率	自然增长率
2009	11.95	7.08	4.87
2010	11.9	7.11	4.79
2011	11.93	7.14	4.79
2012	12.1	7.15	4.95
2013	12.08	7.16	4.92
2014	12.37	7.16	5.21
2015	12.07	7.11	4.96
2016	12.95	7.09	5.86

资料来源：CEIC 数据库。

表 11.4　中国的老龄和年轻依存度（%）

年份	总抚养比	少儿抚养比	老年抚养比
1982	62.6	54.6	8.0
1987	51.8	43.5	8.3
1990	49.8	41.5	8.3
1991	50.8	41.8	9.0
1992	51.0	41.7	9.3
1993	49.9	40.7	9.2
1994	50.1	40.5	9.5
1995	48.8	39.6	9.2
1996	48.8	39.3	9.5
1997	48.1	38.5	9.7
1998	47.9	38.0	9.9
1999	47.7	37.5	10.2
2000	42.6	32.6	9.9
2001	42.0	32.0	10.1
2002	42.2	31.9	10.4
2003	42.0	31.4	10.7
2004	41.0	30.3	10.7
2005	38.8	28.1	10.7
2006	38.3	27.3	11.0
2007	37.9	26.8	11.1
2008	37.4	26.0	11.3
2009	36.9	25.3	11.6
2010	34.2	22.3	11.9
2011	34.4	22.1	12.3
2012	34.9	22.2	12.7
2013	35.3	22.2	13.1
2014	36.2	22.5	13.7
2015	37.0	22.6	14.3
2016	37.9	22.9	15.0

2. 中国对外开放程度的显著提高

中国经济结构另一重大变化则是对外开放程度的显著提高，这既体现在以对外贸易额占 GDP 比重衡量的贸易依存度的上升上，又体现在资本流动规模不断扩大上。分别以 1994 年汇率改革、2001 年加入 WTO 和 2005 年汇率改革为标志，中国对外开放程度得到迅速提高。根据前面的分析，中国在 2001 年加入 WTO 以后的 3 年过渡期期间，资本流动管制放松明显加速，2006 年完全实现了入关时的金融对外开放承诺，现有的资本管制集中在外债规模和期限上。此外，2005 年汇改也大大增加了人民币汇率弹性。加速放松外汇和资本流动管制无疑有助于促进中国对外开放程度提高。其中 1994 年的外贸依存度由 1993 年的略高于 30% 提高到 42.31%，2001 年加入 WTO 推动外贸依存度从当年略低于 40% 迅速上升至 2003 年的超过 50%，2005 年汇率改革后则进一步上升到超过 60%。资本流入占 GDP 比重在 1994 年汇率改革后首次超过 10%，2001 年加入 WTO 后则从当年的 7.51% 上升至 2005 年的 18.49%，2005 年汇率改革后更是上升至超过 20%。与资本流入相比，资本流出占 GDP 的比重在改革开放后的大部分时期相对较低，但也呈现出类似的变动趋势。1994—2001 年，资本流出占 GDP 的比重一直在 10% 以下徘徊。只是从 2001 年开始，资本流出占 GDP 的比重才由当年的不足 5%，稳步上升到 2006 年的超过 20%。另一方面，中国对外开放程度提高又在很大程度上使得放松外汇和资本流动管制变得不可逆。这是因为对外贸易和资本流动规模日益扩大将急剧提高资本流动管制的成本，使得恢复资本流动管制的难度加大，同时为了减轻利率外部冲击，汇率弹性加大的趋势也将难以逆转。

外汇和资本流动管制放松的难以逆转最终将可能危及现行的国有银行信贷主导的企业投融资体制有效运行。再次运用附加资本管制交易成本的无抵补套利公式（2），我们可以发现当外汇和资本流动管制明显放松时，汇率变动 ΔE^e 不再趋近于 0，而由资本流动管制引发的交易成本 P 的绝对值却趋于显著下降。这就意味着外汇和资本流动管制放松不仅给国内金融体系带来了新的汇率外部冲击，而且资本流动管制作为外部冲击的缓冲机制功能也将大打折扣。鉴于本质上属于由国家隐性担保配合利率管制形成信贷集中性均衡，外汇和资本流动管制放松进程难以逆转将造成利率和汇率外部冲击加剧，使得国有银行信贷主导的企业投融资体制有效运转变得困难重重。由此可见，外汇管理体制改革和金融对外开放的加速使得即使干中学的经济增长源泉仍然存在，也迫切需要形成更加市场化的企业投融资体制。

综上所述，随着人口转型任务行将结束和人口老龄化时代的悄然来临，干中学的经济增长源泉势必被技术进步等新源泉所替代。为了实现中国经济增长方式由干中学和投资推动的"汗水经济"向主要由技术进步推动的创新经济的转变，必须加速构筑更加市场化的企业投融资体制，顺利推进资本化进程，实现投资项目融资成本差别化定价，为企业创新投资提供充分的长期资本支持。外汇管理体制改革和金融对外开放进程的加速和难以逆转进一步增加了金融体制市场化转型的迫切性。

得益于改革开放开始时干中学的经济增长和相对封闭的经济体系，中国形成了与当时生产力发展水平相适应的国有银行信贷主导的企业投融资体制，对迄今为止的投资推动型经济增长提供了充分的信贷支持。不过，随着人口老龄化时代的悄然来临，经济增长源泉由干中学向技术进步转变，以及外汇管理体制改革和金融对外开放的加速，国有银行信贷主导的企业投融资体制面临市场化转型的新挑战。

11.4　小结

根据上面的分析，中国改革开放以来金融发展存在明显的不平衡，货币化进程较为顺利，资本化进程则波折较大。金融发展不平衡无疑与现有的金融制度具有密切关系，并对经济增长和稳定产生重要影响。中国现有的金融制度主要由国有银行信贷主导的企业投融资体制所代表的政府主导型金融体制和由资本市场，特别是股票市场所代表的更加市场化的金融体制组成。在渐进的外汇管理体制和金融对外开放的有力配合下，国有银行信贷主导的企业投融资体制得以对所有合格借款人（企业家）提供充分的信贷支持，顺利地推进了货币化进程，加速了干中学和投资推动的经济增长。受制于资本市场发展次序的扭曲和市场化金融监管能力的欠缺，由资本市场，特别是股票市场所代表的更加市场化的企业投融资体制更多发挥的是财富分配功能，尚未能够实现资本有效配置功能和推进相应的资本化进程，无法对企业投资和经济增长有所裨益。更有甚者，在单边市场和股价过度波动干扰下，不完善的股票市场还有加剧金融和经济波动的风险。

不过，在人口老龄化和对外开放程度不断提高的共同压力下，缺乏市场化的企业投融资体制将严重制约对企业创新投资提供充分的长期资本支持，无法促进技术进步推动的经济增长。这就对实现企业投融资体制市场化转型提出了迫切要求。只有构筑更加市场化的企业投融资体制，才能有效地提高资本配置效率，顺利推进资本化进程，激励企业创新投资，实现经济增长方式由干中学和投资推动的"汗水经济"向主要由技术进步推动的创新经济转变。因此，为了构筑更加市场化的企业投融资体制，需采取如下一系列对策：

（1）按照大力推进信贷利率市场化改革，加速发展包括企业债在内的债券市场，稳步培育股票市场的顺序规范和发展资本市场，激励资本市场对企业创新投资提供充分的长期资本支持。特别需要指出的是尽管形成较为完善的股票市场有助于激励企业创新投资，但如果忽略经济发展水平和相应的信息生产能力的制约，在缺乏信息成本较低的资本市场其他组成部分配合的情况下，超常规优先发展股票市场，极有可能诱发严重的单边市场问题，加剧系统风险，反而会损害资本配置效率。

（2）探索市场化的金融监管体制，促进资本市场的规范和发展。由于资本市场信息不对称和不完全问题最为突出，形成市场化的监管体制是由国有银行信贷主导的企业投融资体制向更加市场化的体制成功转变的核心内容之一。这是因为国有银行信贷主导的企业投融资体制本质上属于由国家隐性担保和利率管制相配合复制信贷集中性均衡，其监管的刚性特征无疑是内生的。相反，规范和发展资本市场，实现向更加市场化的企业投融资体制转变就是要实现对投资项目融资成本的差别化定价，需要发展市场化的金融监管体制，扩大强制性信息披露范围和保证信息披露的真实性要求，而不是制定僵化的管制标准，直接干预资本配置行为。

（3）坚持以我为主的渐进式外汇管理体制改革和金融对外开放，为构筑更加市场化的国内金融体制创造良好的外部环境。尽管对外开放程度的显著提高及其进程的难以逆转加大了外汇和资本流动管制的成本，但是考虑到国内金融改革受到经济发展（增长）水平的很大制约，必须合理安排外汇管理体制改革和金融对外开放的次序和速度，使其与国内资本市场规范和发展的程度相适应。只有首先实现国内资本市场规范和发展，才可能促进外汇市场完善，降低外汇市场套期保值成本（国内资本资产的涉外交易所产生的外汇派生需求显然是人民币汇率最重要的决定因素之一），并在此基础上放松资本流动管制。在实现国内资本市场规范和发展之前，通过政府干预保持人民币汇率水平的相对稳定，并保持适度的资本流动管制十分必要。

第三篇

展　望

第 12 章 中国经济增长的未来——二次转型

12.1 引言

在向发达经济收敛的增长过程中，后发国家一般要经历低收入陷阱突破和中等收入陷阱突破这两个关键环节。就传统二元经济而言，通过大规模工业化实现的低收入陷阱突破，可以看作经济现代化的第一次大转型；之后，随着城市化发展和内生动力的培育，突破中等收入陷阱的过程可视为第二次转型。国际增长经验对比表明，虽然工业化在大多数后发国家发生并在很多情况下取得了成功，但是二次转型成功的案例并不多，因为二次转型涉及原有经济模式的重塑，增长方式与以前有质的不同。

改革开放以来，依托于劳动力资源禀赋和国内外有利的市场条件，中国实现了快速资本积累，以规模效率促进经济持续高速增长是其主要特征。但是，这种建立在外生性、外向性和外部性基础上的结构性加速，在面对人口结构转型、资源环境刚性和外部市场饱和的压力下，近年来日益演化为结构性减速趋势，中国经济新常态理论的提出，即是对这种系统性变化的反应。

作为新常态经济的内在趋势和调整阶段，二次转型要求在增长模式上实现新的突破，即，内生性替代外生性，内部化替代外向性，外溢性取代外部性。在这种要求下，创新不再是简单意义的新技术、新产品创新，而是体现在增长联系当中的效率模式的重新塑造：包括资本积累路径调整、消费模式调整、服务业发展方式调整。因此，从长期来看，增长方式也由工业主导转换到服务业和消费主导，城市化时期消费社会的到来——以广义人力资本提高为核心的社会开发替代资本驱动的不可持续路径，是实现二次转型成功的重要保障。

12.2 资本驱动工业化模式的终结及其冲击

从长期增长的阶段性变化角度来看，中国改革开放以来的快速工业化过程，可以看作经济现代化的第一次大转型。正如传统发展理论所预言的那样，依赖物质资本积累这个关键性条件的突破，中国经济实现了农业社会向工业社会的成功转型和持续40多年的高增长。中国工业化过程具有外生性、外向性和外部性三个基本特点，经济增长整体上也表现出经由规模扩张促进效率提高的趋势。特定时期的增长绩效总是建立在经济系统的特定结构之上，当相应高增长因素消失，结构性减速也必然发生，面对这种趋势变化，如果没有更加有效的替代因素重塑新的效率模式，减速冲击将妨害增长可持续性。

12.2.1 支持资本驱动增长模式的三个基本经济条件正在消失

（1）外生性问题：剩余劳动力资本化过程接近尾声。外部技术资源和国内廉价劳动力的生产组合，推动了中国资本积累进程。数量众多、素质低下的庞大剩余劳动力，构成了资本化的有利条件，这种人口结构特征既是资本驱动模式的基础，也是数量型、高速度经济规模扩张的根本动因。具体而言，改革开放以后劳动力流动限制的逐步解除，使人口红利得以释放，至2012年劳动年龄人口出现下降、人口红利窗口关闭，中国人口结构转型过程正好与工业化高增长阶段重叠。但是，近年来发生的人口红利消失趋势，意味着剩余劳动力资本化的规模效率模式的终结，一方面是劳动力供给拐点的发生将拉低资本积累速度，进而拉低经济增长速度，另一方面，随着低技能的劳动力被新一代高技能劳动力的逐步替代，更高的工资期望也不可能让粗放型生产资本得以再生产。

（2）外向性问题：规模扩张的市场化过程面临约束。外生性技术加上人口红利机会，只是构成了资本积累循环中的生产性环节，循环的另一半即资本利润的实现还需要庞大市场。实际上，生产的外向性或国际市场的外部依赖性，贯穿了中国 40 多年的高增长。外部动力的获得来源于低成本竞争优势，并被两次有远见的经济政策进一步放大：第一次是 20 世纪 90 年代中期的人民币汇率贬值，以此确立了轻工品生产的国际市场地位；第二次是加入WTO，使得中国极大拓展了能源、原材料和重化工业品的大进大出空间，进而把资本积累阶段从初级品生产出口推向复杂品生产出口，为工业化向深度加工化和创新阶段过渡奠定了坚实基础。但是，随着国内劳动力成本上升和新兴工业化国家低端市场的参与，这种外向性的规模效率也趋于消失。

（3）外部性问题：资源环境资本化过程面临约束。中国快速资本积累过程同时也是资源环境的资本化过程，持续高增长最终造成了对环境的负向冲击。据估计，1978—2008 年平均 9.5％的潜在增长速度中，有 1.3 个百分点是牺牲环境的代价（袁富华，2010）。可以比较的案例是 20 世纪 60 年代的日本。鉴于当时快速工业化所导致的环境污染问题的集中爆发，日本政府不得不加强立法管制，以此促使经济理念从强调高增长向多重目标转变（Nakamura，1981），在这样的背景下，高增长之后，消费者优先的政策思路开始出现，社会开发被提上规划日程（宫崎勇，2009：126—127）。

12.2.2　结构性减速趋势下的"新二元经济"问题

（1）从结构性加速到结构性减速。上述三个基本条件的变化可以具体化为增长核算的四要素动态：物质资本积累速度变化、劳动力供给速度变化、干中学（规模经济）效应变化，以及与经济发展阶段相联系的资本贡献和劳动贡献的变化。从某种意义上来说，城市化进程的推进，是外生性、外部性和外向性增长条件失灵的原因。根据工业化追赶国家的普遍经验，大规模工业化结束之后，随着"消费社会"在城市化过程中兴起，工业化主导的经济结构性加速，将转向服务业和消费主导的结构性减速。在这个转型过程中，新的效率模式如果建设滞后，原有的城乡"旧二元经济"有可能演化为城市化"新二元经济"。

（2）劳动力的部门平移。上述趋势意味着，随着城市化和服务业的发

展，原有高积累高增长的动力将消失，但是，接下来将发生的问题很可能
是：随着投资引致的规模效率模式的终结，新的效率模式短时期内难以建立
起来。根据我们的估算，2003 年以来，中国农业部门每年的就业增量出现
了持续大幅度的负值，就业吸收能力较强的服务业部门已经接替农业部门成
为新的劳动力贮水池。我们之所以说劳动力的这种部门再配置是"平移"，
原因是正在发生的庞大劳动力的流动，依然没有摆脱低人力资本的困扰（袁
富华，2014）。如果这种状况持续下去，城市将替代农村吸收过剩劳动力，
但是这种低技能和低就业能力的劳动力资源再配置，很可能再次变为城市部
门的过剩劳动力。

（3）效率非平衡。快速工业化结束之后的"新二元经济"问题，更加突
出表现在工业部门与服务业部门的效率非平衡上。关于这一点，拉美学派的
庞杂理论中存在不少线索，如有人认为拉美第三产业的"早熟"，是导致非
正规部门大量存在的原因，言下之意似乎是，比起可贸易部门而言，早熟的
服务业部门劳动生产率较低（Kay，1989：117—118）。不仅是拉美国家，当
前东（南）亚新兴工业化国家均有类似问题（中国经济增长前沿课题组，
2012）。以中国为例，根据联合国统计数据库（UNdata）2005 年美元不变价
数据，20 世纪 80 年代中国服务业相对于工业的劳动生产率平均为 1.1，两部
门效率基本持平；但是，90 年代以来，服务业相对劳动生产率却呈现出快
速下降趋势，第二产业和服务业之间的效率差异逐步拉大。

12.3　二次经济转型的经验事实及其障碍

对于上述可观察的趋势和事实，进一步的追问是：新二元经济发生的深
层原因是什么？换句话说，如果把部门效率不平衡或异质性归因于高增长惯
性，那么，是什么结构性因素使得这种惯性得以持续，以及这种持续的后果
是什么？由此引出本节关于二次转型经验事实的分析。

12.3.1　二次转型作为大规模工业化阶段结束后的一种典型事实

（1）典型事实。战后日本大规模工业化历经了剩余劳动力资本化、资源

环境资本化，至 20 世纪 70 年代重化工业化让位于较少依赖能源原材料、较多依赖于技术进步的"机械工业和服务业"，到 80 年代基本完成经济的二次转型（Nakamura，1981）。总的看来，日本二次转型成功有以下经验：工业部门与服务业部门劳动生产率异质性低、趋于均衡；二次转型期间人力资本积累较快、作用突出；消费结构和服务业结构升级显著。相比较起来，拉美国家的二次转型过程挫折较多，鉴于其饱受诟病的劳动力素质提高的缓慢（Hofman，2000），城市化过程出现了类似于上文所说的"平移效应"，低素质劳动力大量涌进城市不仅不能为经济转型提供效率贡献，反而演变为新二元经济下城市过剩劳动力，最终导致拉美"走走停停"的工业化后经济徘徊现象。

（2）二次转型发生的关键机制：内部化过程重要性的诠释。发生在不同情境之下的典型化事实的对比表明，大规模工业化结束至二次转型发生，必有一种成长迅速的经济机制——既作为继往开来的衔接，又作为内生性动力的根基。为直观起见，我们不妨称之为"内部化"机制。这种机制充当了转化工业化时期外生性、外部性、外向性的管道，内生性动力通过它而建立起来，显然，消费模式升级——消费结构中与（科教文卫等）广义人力资本形成有关的消费比重的上升——是最直接的内部化机制。原因在于，消费模式升级，一方面要求资本积累方式随经济阶段不同而发生变化，即从工业化阶段的物质资本驱动，转向城市化时期人力资本驱动，以实现增长速度与内生动力的再平衡，以低速度换取高效率和可持续；另一方面，消费模式升级将促进服务业结构突破传统模式，减少以吸收低素质劳动力为主的成本型传统服务业比重，注重以人力资本为支撑的效率型服务业发展。

（3）二次转型的关键性临界条件的表征：就像其他工业化追赶国家那样，中国突破传统农业社会和"旧二元经济"靠的是资本积累，持续高增长即得益于这个关键临界条件的跨越，但是，随着经济增长阶段的变化，基于内部化过程的内生性动力，成为城市化时期有待突破的关键一环。按照这种假设，二次转型的关键临界条件的突破具有以下特征：内生性替代外生性；消费升级替代资本驱动，或者内部化替代外向性；服务业升级以发挥其对工业部门的带动作用，即外溢性取代外部性。按照这种理解，创新不再是新技术、新产品意义上的简单理解，而是体现在增长联系当中的效率模式的重新塑造，即城市化新阶段的持续增长需要克服一系列瓶颈：包括资本积累路径调整、消费模式调整、服务业发展方式调整。于是，从长期来看，增长方式也由工业主导转换到服务业和消费主导，消费社会的到来，其利弊尽管存在广泛争论，但是它替代生产社会是经济追赶绕不过的阶段。

12.3.2　中国二次转型的瓶颈：人力资本与消费模式

（1）狭义人力资本：中国低层次人力资本"壅塞"问题。首先来看以受教育程度来衡量的狭义人力资本。相关研究中，我们把新兴工业化国家经济追赶和经济转型，看作人力资本积累能力的追赶和人力资本结构的梯度升级过程。人力资本追赶模式大致可以归纳为三类（袁富华、张平、陆明涛，2015a）：一类是较为顺利实现二次转型的国家，其人力资本结构升级中，显著表现出工业化结构性加速时期初等和中等人力资本主导、向城市化时期高等人力资本主导的动态；一类是拉美模式，在大规模工业化结束后，初中等人力资本主导向高等人力资本主导增长的内生路径始终没有建立起来，经济表现出前文所述的迷惘和徘徊；一类是中国模式，初中等文化程度劳动力占据了绝对比重，低层次人力资本"壅塞"问题突出，根据 Barro-Lee（2014）的数据，20 世纪 80 年代，中国 35—54 岁的主要储蓄者中，初级及以下文化程度的人数比重约为 80％。人们普遍认为，中国奇迹的一个十分值得赞叹之处，恰在于仅仅依赖低价、半熟练劳动力支撑起了庞大的工业化过程。然而，若把这种人力资本模式放在二次转型的视角下观察，低层次人力资本"壅塞"问题也在于很难为创新提供必要的环境，毕竟这种人力资本模式是与粗放的规模效率模式相匹配的。

（2）广义人力资本：中国消费模式升级滞后问题。中国低素质劳动力的累积源于资本驱动的工业化模式，这种狭义人力资本格局的固化与消费升级滞后有关。发达国家的经验显示，伴随着长期增长过程中生产结构的变化，消费结构发生相应升级，尤其是后工业化时期，城市化的发展促使消费结构中科教文卫等项目的支出比重增加，物质消费支出比重下降但绝对数额增加（一些最基本的项目如衣食绝对支出趋于饱和）。以发达国家为参照，经济追赶国家消费模式变化中，包括两个基本的趋势：一是消费结构中，物质品消费由衣食为主到耐用品为主，再到知识消费为主；二是消费数额中，无论是物质品消费还是知识消费，均表现出增加趋势，全部物质品消费和服务品消费数额虽然表现出新古典理论所谓的"不餍足",但是当人均收入达到较高水平时,衣食住行等物质品支出数额也会出现饱和。日本、韩国等成功追赶的经验显示,二次转型发生且得以持续的重要条件是,消费模式发生倾向于科教文卫等项目的变化,而这些项目支出均与包括教育、健康、心智发展等广义人力资本提升密切相关(中国经济增长前沿课题组,2015)。不同的是,包括中国在内的大多数经济追赶国家,在二次转型的关键时期却遇到了困难,包括:第一,工业结构的深加工度化难以实现,要么出现拉美国家那样的以技术进步衰退为特征的"去工业化",要么发生像中国这样的被资源密集所统治的"后工业化";第二,消费结构升级遇到了难以突破的边界,典型的是中国依靠初级劳动要素所导致的"低收入—低消费—低技能"循环。

(3)中国二次转型的关键临界条件:内部化和内生性的困难。以中国二次转型面临的困难为例,整体来看,受生产供给主导增长的惯性和理论认识滞后的影响,即使我们看到了现实中城市化的发展,但是进入城市的大部分"人"却没有从工业化时期的劳动力转化为城市化时期的广义人力资本。此时,主导产业形态虽然也发生了向服务业的转变,但是服务业仍以传统的成本型业态为主,囿于人力资本的缺乏无法实现向知识型、技能型的业态转变。这种意义上的服务业仍然是工业部门的延伸,服务业部门就业的"平移"问题、相对劳动生产率低下问题等,为内部化和内生性带来新的阻碍。进一步的研究表明,在中国现有体制框架下,如果任由物质资本积累主导增长,将会导致租金抽取模式的发生以及结构性减速螺旋的形成(袁富华、张平、陆明涛,2015b)。

12.4 二次转型路径:基于广义人力资本和消费视角

12.4.1 二次转型的主线:大国效应倒逼机制

(1)大国效应的弊端:与日本、韩国等经济追赶成功的经验比较起来,受人口规模、经济规模和资本驱动模式惯性的影响,中国经济二次转型的压力更大,表现在:第一,受庞大的农村人口规模的制约,劳动力拐点出现较晚，规模效应阻碍了劳动力素质的快速提高。在这一点上，中国与日本和韩国的经验不同（Shinohara，1970）。更为严重的是，劳动力的规模效应阻碍了劳动力素质的快速提高。第二，"清理房间"滞后，外部机会少。受益于国内技术开发能力和外部经济环境，1968年以后，日本转移国内低端产业链的"清理房间"过程启动。相比较而言，中国资本驱动模式行将结束的现阶段，"清理房间"过程还没有真正开启，且受制于国内外技术、市场因素，这种前景也不是那么令人乐观。第三，体制转型滞后，缺乏应对新经济阶段要求的反应灵活性。

（2）二次转型的主线：减速时期中国经济所面临的增长无效率问题，以及大国效应的自身弊端，迫使经济二次转型进行再平衡，尤其应当注重规模经济阶段被严重忽视的内部经济潜力的挖掘，以避免可能的减速循环。二次转型的主线可以概括为相互关联的三个方面：以资本配置方式的改变扭转增长的外向性、以消费模式升级强化增长的内部化效应、以服务业升级带动经济增长的外溢性。换言之，需要进行资本积累路径调整、消费模式调整、服务业发展方式调整。

（3）二次转型的核心环节：重塑效率路径。站在二次转型要求及理想情景上，回溯原有资本驱动的工业化，可以认为二次转型的核心环节在于重塑效率路径。其中包括两个递进的逻辑层次：第一，原有规模效率模式的典型特点是，技术、规模和效率容易获得，鉴于国内充分的剩余劳动力禀赋，只要抓住了外部技术和市场，从规模扩张中获得劳动生产率的快速增长不是难事，因此，中国工业化高增长时期只需要关注如何最大限度利用剩余劳动力就足够了，正是出于这种考虑，中国经济增长前沿课题组（2015）把这个时期的产业特点归结为标准化、规模化的通用技术部门的发展，而资本驱动的粗放型大生产正是适应于这种经济结构建立起来的。第二，当基于这种历史条件的结构性加速过程结束，面对系统性、结构性经济条件的变化，效率路径重新建立自然成为新时期的核心问题，此时，效率模式的塑造不可能只是个别产品和个别生产环节的创新，而是与经济结构和系统转换相关的整体绩效模式的再造。这个核心环节统摄了二次转型中投资激励模式调整、消费模式调整和服务业发展方式调整，调整的成功与否关系到二次转型的成败和绩效评价。

12.4.2　服务业发展方式调整：知识部门作为效率模式重塑的支撑点

（1）路径对比：为了突破结构性减速之后规模效率模式退化的障碍，理想途径是尽力打破"新二元经济"困境，为此，需要重新定位服务业的作用。就老牌发达国家的经验来看，在经历了商业发展和工业发展的漫长演化之后，部门间利润率趋同规律已经根植于现代发达市场经济之中，并直观表现为工业部门和服务业部门的效率平衡。而且，正如 Buera 和 Kaboski（2012）从发达国家服务业所观察到的那样，伴随着服务业份额的提高，服务业也越来越趋向于技能密集。我们把这一理想图景放在二次转型的大背景下进行认识，就意味着后发国家大规模工业化结束之后，需要发展以服务业为主导的效率模式，以便实现经济转型的顺利过渡。但是，受后发国家初始发展条件和经济演化路径的局限，"新二元经济"问题的发生可以说是不得已的"偏差"。因此，对于像中国这样的转型经济而言，"新二元经济"态势的扭转成为二次转型的重要任务。换句话说，当工业化主导的规模效率模式结束，城市化过程中服务业要能担当起新的效率模式的创建任务，就需要至少不低于原有增长路径的效率改进方式，否则，城市化过程只能以整体效率下降为代价，并迫使经济进入减速螺旋。

（2）如何发展服务业：是替代还是溢出？前期研究中，我们曾就中国服务业在整体经济中的地位问题进行过分析，提出服务业作用的"结果说"和"条件说"（袁富华，2014）。"结果说"认为，现阶段"新二元经济"问题，源于资本驱动模式下服务业对工业的从属地位（即作为传统工业发展的分工结果存在），此时服务业的发展以传统业态的规模扩张为主，对初级劳动力的吸收削弱了其效率改进和业态升级潜力。服务业作为经济整体增长"条件"，其重要性在于该部门的存在，有利于促进工业部门的持续发展。显然，处于分工结果之下的服务业，很大程度上受到工业部门外部性的影响，这种影响短期内虽然有助于服务业部门扩张，但长期却有可能削弱其可持续增长潜力；处于"条件"链条中的服务业，其作用不仅体现在自身发展上，而且体现在对其他部门的外溢性上，并成为城市化时期的效率源泉。

（3）知识过程与服务业调整：通过发达国家服务业与发展中国家服务业发展的对比，我们可以对一些实质性差异做出具体说明。实际上，能让服务业成为整体经济发展"条件"的依据,在于城市化阶段知识过程的突出作用。知识过程赖以发挥作用的基础,一方面是服务业结构中知识部门比重上升,另一方面是知识部门对通用技术部门的溢出效应增强,也正是从这种表现上来说,服务业足可以摆脱大规模工业化时期的从属地位,进而以其整合能力接替工业部门成为新效率模式的支撑。知识部门作用的凸显,与城市化阶段工业化部门比重下降、服务业部门比重上升的趋势有关,不论从增加值角度还是从就业吸收角度看,服务业主导发达国家或经济发达阶段的态势显而易见,这种趋势与城市化时期资本积累路径的特殊性和广义人力资本发展有关。

12.4.3　资本积累路径调整:消费模式与广义人力资本

(1)投资与消费的再平衡:重新回到消费结构升级路径的观察上来,看看不同增长阶段投资与消费的关系及其再平衡问题。由于其本身的外生性和外向性特征,为了保持高增长和对冲非生产部门规模扩张的成本,中国资本驱动模式日益陷入"低效率—高投资—更低的效率—更高的投资"的增长循环,尤其是垄断部门——不论是生产性部门还是非生产性部门,坐地生财、亏损国家补偿所导致的抽租问题越来越显著,原有增长理念和战略已经到了不得不扭转的地步。"重生产、轻消费""重外向、轻内需"是规模效率的合理逻辑,但是随着经济增长条件的变化和市场、资源环境等约束的日益增强,投资与消费再平衡理应受到重视。作为二次转型的重要机制,消费问题的重要性如下:

消费的效率补偿是投资消费再平衡得以实现的基础:结构性减速时期,要想避免"去投资依赖"的二次转型所隐含的增长退化风险,就需要建立"有效率"的消费模式,这是二次转型以质量换速度的核心标志。短期来看,投资消费之间是此消彼长的替换关系,二者不存在替换;长期则不然,原因在于,国民收入分配向劳动力和消费的倾斜,有助于消费结构中新的效率源泉的培育,这种新的源泉即寓于与广义人力资本有关的消费者创新当中。发达国家的经验表明,越是现代化的经济,越需要消费者的开放性、主动性和品味多样性,这一切离开教育、健康、娱乐等高端消费几乎不会成为现实。简言之,在外向性、外生性、外部性经济受到刚性制约时,要想突破资本效率递减和避免减速螺旋，必须进行投资消费的跨期再平衡以培育新的效率源泉。

（2）时间配置模式的再平衡：投资与消费的再平衡，蕴含了效率模式改进机制的变化，即由原先资本驱动的外生的规模效率模式，向与消费结构升级有关的广义人力资本驱动的效率模式的转化。这就意味着转型过程中资本分布状态需要再评价，即资本积累向人力资本的倾斜和权衡。这种认识同时意味着，以往经常被作为规范性和制度性框架的时间配置模式需要进行修正。因为消费结构中居于高端的一些项目，具有像生产过程那样资本化时间资源的作用，典型的如娱乐，分布在时间阶段上的消费直接生成新的效率和业态。毫不夸张地说，类似的时间配置再平衡机制，也是城市化的本来旨趣。

12.4.4　消费模式调整：消费与生产一体化

二次转型过程中新的效率模式的重塑，具体体现在生产过程与消费过程一体化上（中国经济增长前沿课题组，2015），包括以下方面：第一，传统工业化社会中，生产与消费虽然经由市场媒介，但是对于个体消费来说，由于服务品消费比重相对较低且大多局限于传统服务项目，生产与消费的同时性不是经济活动的主要特征。只有在消费模式出现知识技术消费占主导的情况下，消费与生产一体化中体现的高效率才能充分显现。情景之一是，随着个体把工作时间之外的休闲时间向文化娱乐的消费配置，很自然地延伸了"生产性"和效率，表现为上文所说的新业态的繁荣；情景之二是，随着消费经验的积累和消费学习，消费者对于制造品内含的技术知识要求提高，物品特性而非物质品本身越来越受到关注，物质品使用的"服务性"特征受到关注，消费与"售后"一体化要求增强，倒逼生产者注重质量和创新。第二，消费结构向知识技术密集消费品的升级，客观上促进了金融、健康、教育等现代服务业发展和技术创新，发挥互联网在整合消费和供给中的优势。发达国家在这方面起到了很好的示范作用。第三，消费模式升级充当了产业升级的过滤器，消费的内部化效应使得高效率模式不可逆，消除了增长退化的隐患。供给创造需求的传统增长观点，只是在特定需求模式之下才能成立，就如中国现阶段产能过剩所呈现的那样。但在现有消费模式已经达到饱和的困境下，需要借助不同的路径，即通过需求侧的疏导和培育，来发掘新的增长机会。从二次转型的成功经验看,通过消费能力培育提高广义人力资本,是实现产业结构升级的根本途径。

12.5 结论

对于中国或长或短的经济转型而言,关键是实现增长观念的转变,包括转变工业化时期的生产供给主导思维,把增长目标转到"人"的发展上来。当我们意识到,为了应对城市化时期经济减速的各种系统性问题,除了物质资本动力之外,更需要重新积累和培育广义人力资本潜力,那么,针对现有增长约束的制度、组织环境进行变革,都是顺理成章的事情了。中国二次转型的初期,虽然有大国效应的不利制约,但是,转型过程中如果采取适当的疏通政策,大国效应的弊端也可以转化优势,潜在的优势体现在:第一,城市经济结构调整将成为内生性增长的新突破。城市化进程的推进,尤其是大城市和以大城市为纽带的城市群的崛起,成为二次转型新增长动力的动力源,这种模式不同于原有以农村劳动力供给为基础的资本化模式。基于此,中国大城市在消费结构升级和人力资本积累方面具有较大潜力,城市经济在产业结构和要素积累调整方面,也具有较好的基础和较大的创新外溢潜力。第二,人力资本积增长潜力大。进入 21 世纪以来,中国年轻人口组(典型如 20—24 岁、25—29 岁)大学教育比重提高的态势较为显著。尽管短期内不可能达到日本、韩国 70%—80% 的普及性,但是在对年轻人口普及高层次技能教育方面,中国凭借自己的经济能力可以办到,而且,在二次转型的预计较长的整个过渡时期里,以高层次技能人力资本为依托、以高等教育为龙头的人力资本结构,可能更加符合中国实际。第三,政府作用应该调整到支持广义人力资本积累上来。面对二次转型新的要求,政府的作用也将转移到"社会开发"上来,尤其应加大教育体系的建设和规划。

参考文献

Adelman, I., and Morris, C. T., 1967, *Society, Politics and Economic Development: A Quantitative Approach*, Baltimore: Johns Hopkins University Press.

Aghion, P., U. Akcigit, A. Bergeaud, Richard Blundell, and David Hemous, 2015, "Innovation and Top Income Inequality", NBER Working Paper No.21247.

Australian Industry Commission, 1995, *Research and Development, Report No.44*, Canberra: Government Publishing Service.

Barro-Lee, 2014, BL2013 _ MF _ v1.3.xls, Barro-Lee educational attainment dataset _ 2014.

Becker, G. S., 1964, *Human Capital*, Chicago: University of Chicago Press.

Bernanke, B. S., 2005, "The global saving glut and the U. S. current account deficit", available at http//www. federalreserve. gov/boarddocs/speeches/2005/200503102/default.htm.

Boadway, Robin, and Anwar Shah, 2009, *Fiscal Federalism: Principles and Practices of Multiorder Governance*, Cambridge University Press.

Borpujari, J. G., 1977, "Production and monetization in the subsistence sector with some implications for financial programming", IMF Mimeo graph.

Buera, F.J., and J.P.Kaboski, 2012, "The Rate of the Service Economy", *The American Economic Review*, 102 (6): 2540—2569.

Cheung, Kuiyin, and Lin Ping, 2004, "Spillover Effects of FDI on Innovation in China: Evidence From the Provincial Data", *China Economic Review*, 15: 25—44.

Clower, R. W., 1966, *Growth Without Development: An Economic Survey of Liberia*, Northwestern University Press.

CSFB, 2005, "China's Capacity Expansion", *Equity Research*, Credit Suisse First Boston, May 27.

Dees, S., 1998, "Foreign Direct Investment in China: Determinants and Effects", *Economics Planning*, (31): 175—194.

DeLong, J. Bradford, and Lawrence H. Summers, 1991, "Equipment Investment and Economic Growth", *Quarterly Journal of Economics*, Vol.106 (2): 445—502.

DeLong, J.Bradford, Lawrence H.Summers, and Andrew B.Abel, 1994, "Equipment Investment and Economic Growth: How Strong is the Nexus?" *Brookings Papers on Economic Activity*, Vol.1992 (2): 157—211.

Deng, Yongheng, Joseph Gyourko, and Jing Wu, 2012, "Land and House Price Measurement in China", in Heath A., Packer F., and Windsor C.eds., *Property Markets and Financial Stability*, Bank of International Settlement and Reserve Bank of Australia.

Dollar, David, 1992, "Outward-Oriented Developing Economies Really Do Grow More Rapidly: Evidence from 95 LDCs, 1976—1985", *Economic Development and Cultural Chance*, 40 (April): 523—544.

Dooley, M.P. and P.M.Garber, 2005, "Is It 1958 or 1968? Three Notes on the Longevity of the Revived Bretton Woods System," *Brookings Papers on Economic Activity*, 1: 147—209.

Engle, R.F., and C.W.J.Granger, 1987, "Co-integration and Error Correction: Representation, Estimation and Testing", *Econometrica*, 55: 251—276.

Fama, Eugene F. and Kenneth, 1999, "The Corporate Cost of Capital and The Return on Corporate Investment", *Journal of Finance*, 54.

Fang, Hanming, Quanlin Gu, Wei Xiong, and Li-An Zhou, 2015, "Demystifying the Chinese Housing Boom" , Chap. 2 in Martin Eichenbaum and Jonathan Parker, eds., *NBER Macroeconomics Annual 2015* （30）, University of Chicago Press.

Fung, K. C., 2004, "Trade and Investment among China, the United States, and the Asia-Pacific Economies: An Invited Testimony to the US-China Economic and Security Review Comission".

Glaeser, Edward L., 2013, "Urban Public Finance", *Handbook of Public Economics*, 5: 195—256.

Glaeser, Edward, Wei Huang, Yueran Ma, and Andrei Shleifer, 2017, "A Real Estate Boom with Chinese Characteristics", *Journal of Economic Perspectives*, 31 (1): 93—116.

Glaeser, E., Kolko, J., and Saiz, A., 2001, "Consumer city", *Journal of Economic Geography*, 1: 27—50.

Goulet, D., 1971, *The Cruel Choice: A New Concept in the Theory of Development*, New York: Atheneum.

Harding, April and Alex Preker, 2003, *Private Participation in Health Services*, Washington, D.C.: World Bank.

Hart, Oliver, Andrei Shleifer, and Robert W. Vishny, 1997, "The Proper Scope of Government: Theory and an Application to Prisons", *Quarterly Journal of Economics*, Nov., 1127—1161.

Hirschman, A.O., 1978, *The Strategy of Economic Development*, W.W. Norton & Company.

Hodrick, Robert, and Edward Prescott, 1980, "Post-war Business Cycles: An Empirical Investigation," Working Paper, Carnegie Mellon University. (Published in *Journal of Money, Credit and Banking*, 1997, Vol.29 (1): 1—16.)

Hofman, A., 2000, *The Economic Development of Latin America in the*

Twentieth Century, Cheltenham: Edward Elgar.

Hoxby, Caroline Minter, 1995, "Is There an Equity-Efficiency Trade-off in School Finance? Tiebout and a Theory of the Local Public Goods Producer", *NBER Working Paper 5265*.

Hu, Albert, G. Z., Jefferson, G. H., and Qian Jinchang, 2005, "R&D and Technology Transfer: Firm-Level Evidence from Chinese Industry", *Review of Economics and Statistics*, 87 (4): 780—786.

Hu, Albert, G. Z., 2001, "Ownership, Government R&D, Private R&D, and Productivity in Chinese Industry", *Journal of Comparative Economics*, 29 (1): 136—157.

Huang, Yasheng, 2003, *Selling China: Foreign Direct Investment during the Reform Era*, New York: Cambridge University Press.

IEA, 2004, "Analysis of the Impact of High Oil Prices on the Global Economy", International Energy Agency, May.

Jefferson, G. and Rawski, T., 1995, "How Industrial Reform Worked in China: The Role of Innovation, Competition, and Property Rights", Proceedings of The World Bank Annual Conference on Development Economics 1994, pp.129—156, Washington, D.C.: World Bank.

Jefferson, G. H., Bai Huamao, Guan Xiaojing, and Yu Xiaoyun, 2004, "R&D Performance in Chinese Industry", *Economics of Innovation and New Technology*, 13 (1/2).

Kaplan, Steven N., and Joshua Rauh, 2010, "Wall Street and Main Street: What Contributes to the Rise in the Highest Incomes?", *Review of Financial Studies*, 23 (3): 1004—1050.

Kay, C., 1989, *Latin American Theories of Development and Underdevelopment*, London and New York: Routledge.

King, R. and R. Levine, 1993, "Finance and growth: Schumpter may be right", *Quarterly Journal of Ecomomics*, 108 (3): 717—738.

Krueger, O., 1981, *Trade and Employment in Developing Countries: Individual Studies*, Chicago: The University of Chicago Press.

Krueger, O., 1983, *Trade and Employment in Developing Countries: Synthesis and conclusions*, Chicago: The University of Chicago Press.

Krugman, Paul, 1997, *The Age of Diminished Expectations: U.S.Economic Policy in the 1990s*, Cambridge: MIT Press.

Kydland, Finn E., and Edward C.Prescott, 1990, "Business Cycles: Real Facts and A Monetary Myth", *Federal Reserve Bank of Minneapolis Quarterly Review*, 14 (2): 3—18.

Lewis, W.A., 1955, *The Theory of Economic Growth*, Allen & Unwin.

Lindert, P. H., 2004, *Growing Public*, vol. 1, Cambridge University Press.

Lin, Justin Yifu, 1992, "Rural Reforms and Agricultural Growth in China", *American Economic Review*, 82 (1): 34—51.

Li, Wei, 1997, "The Impact of Economic Reform on the Performance of Chinese State Enterprises, 1980—1989", *Journal of Political Economy*, 105 (5): 1080—1106.

Li, Xiaoying, Ming Xia and D.Parker, 2001, "Foreign Direct Investment and Productivity Spillovers in the Chinese Manufacturing Sector", *Economic Systems*, 25: 305—321.

Lucas, Robert E., Jr., 1988, "On the Mechanics of Economic Development", *Journal of Monetary Economics*, 22: 3—42.

Lucas, Robert, 1988, "On the Mechanics of Economic Development", *Journal of Monetary Economics*, 22 (1): 3—42.

Ma, Jun, 1997, *Intergovernmental Relations and Economic Management in China*, England: Macmillan Press.

Merton, R.K., 1968, *Social Theory and Social Structure*, The Free Press.

Mirrlees, James A., 2009, *Welfare, Incentives and Taxation*, Oxford University Press.

Musgrave, R.A., and Musgrave, P.B., 1988, *Public Finance in Theory and Practice*, New York: McGraw-Hill.

Musgrove, Philip, 1996, *Public and Private Roles in Health：Theory and Financing Patterns*, Washington, D.C.：World Bank.

Nakamura, Takafusa, 1981, *The Postwar Japanese Economy：Its Development and Struture*, Tokyo：University of Tokyo Press.

Naughton, Barry, 1994, "Chinese Institutional Innovation and Privatization from Below", *American Economic Review*, 84 (2)：266—270.

Oates, W.E., 2008, "On the Theory and Practice of Fiscal Decentralization", in A.J.Auerbach and D.N.Shaviro eds., *Institutional Foundations of Public Finance：Economic and Legal Perspectives*, Harvard University Press.

Oates, W.E., 1972, *Fiscal Federalism*, New York：Harcourt Brace Jovanovich.

Pack, H., 1988, "Industrialization and Trade", in H.Chenery and T.N. Srinivasan, *Handbook of Development Economics*, Vol.I, Elsevier Science Publisher B.V..

Pagano, M., 1993, "Financial Markets and Growth：An Overview", *European Economic Review*, 37 (2—3)：613—622.

Perroux, F., 1983, *A New Concept of Development：Basic Tenets*, London：Croom Helm.

Piketty, T., and E.Saez, 2003, "Income Inequality in the United States, 1913—1998", *Quarterly Journal of Economics*, 118 (1)：1—39.

Piketty, Thomas., Li Yang, and Gabriel Zucman, 2017, "Capital Accumulation, Private Property and Rising Inequality in China：1978—2015", NBER Working Paper No.23368.

Preker, Alexander S., April Harding, and Navin Girishankar, 1999, *The Economics of Private Participation in Health Care：New Insights from Institutional Economics*, Washington, D.C.：World Bank.

Rajan, R. and L.Zingales, 1998, "Finance Dependence and Growth", *American Economic Review*, 88 (3)：559—586.

Romer, Paul M., 1986, "Increasing Returns and Long-Run Growth", *Journal of Political Economy*, 94 (5) (October)：1002—1037.

Romer, P.M., 1986, "Increasing Returns and Long-run Growth", *Journal of Political Economy*, 94 (5): 1002—1037.

Rostow, W.W., 1960, *The Stages of Economic Growth*, Cambridge University Press.

Sachs, Jeffrey, and Andrew Warner, 1995, "Economic Reform and the Process of Global Integration", Brookings Papers on the Economic Activity, pp.1—95.

Schultz, T.W., 1961, "Investments in Human Capital", *American Economic Review*, 51 (1): 1—17.

Seers, D., 1969, "The Meaning of Development", *International Development Review*, 11 (4): 3—4.

Sen, A., 1999, *Development as Freedom*, New York : Alfred A.Knopf Inc..

Share, Mathew, and Fred Gale, 2004, *China: A Study of Dynamic Growth*, USDA-ERS Outlook Report No.WRS-04-08.

Shinohara, Miyohei, 1970, *Structural Changes in Japan's Economic Development*, Tokyo: Kinokuniya Bookstore Co., Ltd..

Singer, H.W., 1965, "Social Development: Key Growth Sector", *International Development Review*, 7 (1): 5.

Solow, Robert M., 1997, "Is There a Core of Usable Macroeconomics We Should All Believe In", *American Economic Review*, 87 (2): 230—232.

Stock, James H., and Mark W.Watson, 1999, "Business Cycle Fluctuations in US Macroeconomic Time Series," In Taylor and Woodford, *Handbook of Macroeconomics*, Vol.1A: 3—64.

Tiebout, C., 1956, "A Pure Theory of Local Expenditures", *Journal of Political Economy*, 64 (5): 416—424.

Todaro, M.P., 1977, *Economic Development in the Third World*, Longman.

United Nations Development Program, 1996, "Economic Growth and Human Development" (*Human Development Report 1996*), http: //hdr.undp.org/.

United Nations Development Program, 2007, "Fighting Climate Change:

Human Solidarity in a Divided World" (*Human Development Report 2007*), http://hdr.undp.org/.

United Nations Development Program, 2005, "International Cooperation at a Crossroads: Aid, Trade and Security in an Unequal World" (*Human Development Report 2005*), http://hdr.undp.org/.

United Nations Research Institute on Social Development, 1970, *Contents and Measurements of Socioeconomic Development*, Geneva: UNRISD.

Wagner, A., 1958, *Three Extracts on Public Finance*, in R.A.Musgrave and A.T.Peacock eds., *Classics in the Theory of Public Finance*, MacMillan.

Walder, Andrew, 1995, "Local Governments as Industrial Firms: An Organizational Analysis of China's Transitional Economy", *American Journal of Sociology*, 101 (2): 263—301.

Whalley, J. and X.Xin, 2006, "China's FDI and Non-FDI Economies and the Sustainability of Future High Chinese Growth", *NBER Working Paper* No.12249.

World Bank, 2005, "A Better Investment Climate for Everyone", *World Development Report*.

World Bank, 1997, "Expanding the Measure of Wealth: Indicators of Environmentally Sustainable Development", *The Environment Department*.

World Bank, 2005, "Equity and Development" (*World Development Report 2006*), Washington, D.C.: World Bank.

World Bank, 2003, "Making Services Work for Poor People" (*World Development Report 2004*), Washington, D.C.: World Bank.

World Bank, 1997, "The State in a Changing World" (*World Development Report 1997*), Washington, D.C.: World Bank.

Xiao, G., 2004, "People's Republic of China's Round-tripping FDI: Scale, Causes, and Implications", *Asia Development Bank Institute Discussion Paper* (No.7).

Zhang, Anming, Yimin Zhang and Ronald Zhao, 2003, "A Study of the R&D Efficiency and Productivity of Chinese Firms", *Journal of Comparative*

Economics，31：444—464.

Zhang, Tao and Heng-fu Zou, 1997, "Fiscal Decentralization, Public Spending and Economic Growth in China", *Journal of Public Economics*，67：221—240.

安格斯·麦迪森：《中国经济的长期表现——公元 960—2030 年》，上海人民出版社 2008 年版。

安格斯·麦迪逊：《世界经济二百年回顾》，改革出版社 1997 年版。

安体富：《完善公共财政制度　逐步实现公共服务均等化》，《财经问题研究》2007 年第 7 期。

白和金：《社会主义市场经济体制若干重要问题研究》，中国计划出版社 2002 年版。

北京师范大学经济与资源管理研究所编：《中国市场经济发展报告》，中国商务出版社 2005 年版。

滨下武志：《近代中国的国际契机——朝贡贸易体系与近代亚洲经济圈》，朱荫贵、欧阳菲译，中国社会科学出版社 1999 年版。

蔡昉编：《人口转变的社会经济后果》，社会科学文献出版社 2006 年版。

蔡昉：《人口转变、人口红利与经济增长可持续性——兼论充分就业如何促进经济增长》，《人口研究》2004 年第 2 期。

曹尔阶、李敏新、王国强：《新中国投资史纲》，中国财政经济出版社 1992 年版。

陈昌兵：《城市化率"S"型增长曲线估计及预测》，载《中国经济增长报告 2012—2013》，社会科学文献出版社 2013 年版。

陈共：《财政学》，中国人民大学出版社 2007 年版。

陈小文、蒋荣兵：《东亚三角形国际分工网络的演变及趋向：以纺织服装产业为例》，《国际贸易问题》2005 年第 9 期。

陈志武：《重新思考中国奇迹》，《经济观察报》2008 年 2 月 18 日。

程连升：《中国反失业政策研究（1950—2000）》，社会科学文献出版社 2002 年版。

戴园晨：《利改税是经济体制改革的关键一步》，《经济研究》1984 年第 9 期。

邓小兰、李铮:《公债货币化对货币供应量的影响研究——基于国际面板数据》,《经济科学》2015 年第 4 期。

《邓小平文选》(第二、三卷),人民出版社 1993、1994 年版。

丁霄泉:《农村剩余劳动力转移对中国经济增长的贡献》,《中国农村观察》2001 年第 2 期。

董辅礽主编:《中华人民共和国经济史》,经济科学出版社 1999 年版。

董进:《宏观经济波动周期的测度》,《经济研究》2006 年第 7 期。

董锁成编:《中国百年资源、环境与发展报告》,湖北科学技术出版社 2002 年版。

杜婷:《中国经济周期波动的典型事实》,《世界经济》2007 年第 4 期。

樊纲:《论改革过程》,载于盛洪主编,《中国的过渡经济学》,第 35—63 页,上海三联书店、上海人民出版社 1990 年版。

樊纲、张晓晶:《面向新世纪的中国宏观经济政策》,首都经济贸易大学出版社 2000 年版。

费景汉、古斯塔夫·拉尼斯:《劳动力剩余经济的发展——理论与政策》,经济科学出版社 1992 年版。

费景汉、古斯塔夫·拉尼斯:《增长和发展:演进的观点》,商务印书馆 2004 年版。

付敏杰:《市场化改革进程中的财政政策周期特征转变》,《财贸经济》2014 年第 10 期。

付敏杰、张平:《新常态下促进消费扩大和升级的税收政策》,《税务研究》2015 年第 3 期。

高菲:《流转税对中国地方政府行为的影响——基于生产环节征税的视角》,中央财经大学 2015 年博士学位论文。

高培勇:《公共财政,贯穿中国财政改革与发展的一条主线》,《中国经济前景分析——2008 年春季报告》,社科文献出版社 2008 年版。

高培勇:《论完善税收制度的新阶段》,《经济研究》2015 年第 2 期。

格罗斯曼、赫尔普曼:《全球经济中的创新与增长》,中国人民大学出版社 2003 年版。

宫崎勇:《日本经济政策亲历者实录》,中信出版社 2009 年版。

郭树清：《中国经济的内部平衡与外部平衡问题》，《经济研究》2007 年第 12 期。

国家教育督导团：《国家教育督导报告 2005》，《教育发展研究》2006 年第 5 期。

国家统计局：《2007 年国民经济和社会发展统计公报》，国家统计局网站，2008 年。

国家统计局：《中国教育统计年鉴（2006）》，中国统计出版社 2006 年版。

国家统计局：《中国统计年鉴（2007）》，中国统计出版社 2007 年版。

国务院发展研究中心农村经济研究部：《中国农村调查报告》，山西经济出版社 2005 年版。

何振一：《1994 年财税改革举措效果及问题剖析》，《经济研究》1994 年第 4 期。

胡书东：《经济发展中的中央与地方关系——中国财政制度变迁研究》，上海三联书店、上海人民出版社 2001 年版。

胡永泰：《中国全要素生产率：自农业部门劳动力再配置的首要作用》，《经济研究》1998 年版。

华中轩：《加速提高乡镇企业的技术装备水平》，《江苏乡镇企业》1993 年版。

黄少安、陈斌开、刘姿彤：《"租税替代"、财政收入与政府的房地产政策》，《经济研究》2012 年第 8 期。

江小娟等：《中国经济的开放与增长：1980—2005 年》，人民出版社 2007 年版。

杰弗里·法兰克尔、彼得·奥萨格编：《美国 90 年代的经济政策》，中信出版社 2004 年版。

金荦：《中国资本管制强度研究》，《金融研究》2004 年第 12 期。

金祥荣、林承亮：《对中国历次关税调整及其有效保护结构的实证分析》，《世界经济》1999 年第 8 期。

赖明勇、许和连、包群：《出口贸易与经济增长》，上海三联书店 2003 年版。

李翀：《论美国次级抵押贷款危机的原因和影响》，《经济学动态》2007年第9期。

李萍：《财政体制简明图解》，中国财经出版社2010年版。

李实、奈特：《中国财政承包体制的激励和再分配效应》，《经济研究》1996年第5期。

李扬：《城市基础设施投资资金的筹措》，《经济研究》1992年第10期。

李扬等：《中国国家资产负债表2015：杠杆调整与风险管理》，中国社会科学出版社2015年版。

联合国开发计划署：《中国人类发展报告2005：追求公平的人类发展》，中国对外翻译出版公司2005年版。

林毅夫、蔡昉、李周：《中国的奇迹：发展战略与经济改革》，上海三联书店、上海人民出版社1994年版。

林毅夫、蔡昉、李周：《中国的奇迹：发展战略与经济改革（增订版）》，上海三联书店、上海人民出版社1999年版。

林毅夫：《发展与转型：思潮、战略和自生能力》，《文汇报》2007年11月4日（邓一婷整理）。

林毅夫、郭国栋、李莉、孙希芳、王海琛：《中国经济的长期增长与展望》，北京大学中国经济研究中心讨论稿，2003年。

林毅夫、李永军：《出口与中国的经济增长需求导向的分析》，北京大学中国经济研究中心讨论稿No.C2002008，2002年。

林毅夫：《李约瑟之谜韦伯疑问与中国的奇迹：自宋以来的长期经济发展》，北京大学中国经济研究中心工作论文No.C2006019，2006年。

林毅夫，刘志强：《中国的财政分权与经济增长》，《北京大学学报：哲社版》2000年第4期。

刘传江、程建林：《中国农民工的代际差异与市民化》，《经济纵横》2007年第7期。

刘国光等：《80年代中国经济体制改革与发展》，经济管理出版社1991年版。

刘国光、刘树成：《论"软着陆"》，《人民日报》1997年1月7日第9版，载刘树成：《繁荣与稳定》，第102—111页，社会科学文献出版社2000年版。

刘溶沧、马拴友：《赤字、国债与经济增长关系的实证分析——兼评积极财政政策是否有挤出效应》，《经济研究》2001 年第 2 期。

刘世锦：《增长模式转型压力与战略选择》，《经济学动态》2005 年第 9 期。

刘世锦：《增长模式转型压力与战略选择》，《经济学动态》2005 年第 9 期。

刘树成：《把握宏观调控的来龙去脉》，《中国经济前景分析——2005 年春季报告》，社会科学文献出版社 2005 年版。

刘树成：《繁荣与稳定》，社会科学文献出版社 2000 年版。

刘树成：《经济周期与宏观调控》，社会科学文献出版社 2005 年版。

刘树成：《论又好又快发展》，《经济研究》2007 年第 6 期。

刘树成：《论中国经济周期波动的新阶段》，《经济研究》1996 年第 11 期，载刘树成：《繁荣与稳定》，第 86—101 页，社会科学文献出版社 2000 年版。

刘树成、张晓晶、张平：《实现经济周期波动在适度高位的平滑化》，《经济研究》2005 年第 11 期。

刘树成：《中国经济波动的新轨迹》，《经济研究》2003 年第 3 期。

刘树成：《中国五次宏观调控比较分析》，《经济学动态》2004 年第 9 期。

刘树成主编：《中国经济周期研究报告》，社会科学文献出版社 2006 年版。

刘霞辉：《从马尔萨斯到索罗：工业革命理论》，《经济研究》2006 年第 11 期。

刘霞辉：《论中国经济的长期增长》，《经济研究》2003 年第 5 期。

刘霞辉：《人民币已经进入了长期升值的预期阶段了吗?》，《经济研究》2004 年第 2 期。

刘霞辉、张磊、张平、王宏淼：《金融发展与经济增长：从动员性扩张向市场配置的转变》，《经济研究》2007 年第 4 期。

刘易斯：《二元经济论》，北京经济学院出版社 1989 年版。

刘志诚：《国营企业实行利改税的几个问题》，《经济研究》1983 年第 7 期。

陆正飞、叶康涛：《中国上市公司股权融资偏好分析——偏好股权融资就是缘于融资成本低吗?》，《经济研究》2004年第4期。

吕光明、齐鹰飞：《中国经济周期波动的典型化事实：一个基于CF滤波的研究》，《财经问题研究》2006年第7期。

罗伯特·蒙代尔：《蒙代尔经济学文集》（第四卷：宏观经济学与国际货币史），中国金融出版社2003年版。

麦迪森：《世界经济二百年回顾》，改革出版社1996年版。

尼古拉斯·R.拉迪：《中国未完成的经济改革》（隆国强等译），中国发展出版社1999年版。

平新乔、李自然：《上市公司再融资资格的确定与虚假信息披露》，《经济研究》2003年第2期。

浦田秀次郎：《FDI—贸易关联的出现及东亚的经济增长》，载Joseph E. Stiglitz and Shahid Yusuf编：《东亚奇迹的反思》，中国人民大学出版社2000年版。

钱士春：《中国宏观经济波动实证分析：1952—2002》，《统计研究》2004年第4期。

乔宝云：《增长与均等的取舍》，人民出版社2002年版。

饶晓辉、刘方：《政府生产性支出与中国的实际经济波动》，《经济研究》2014年第11期。

热若尔·罗兰：《转型与经济学》（张帆等译），北京大学出版社2002年版。

尚明、吴晓灵、罗兰波：《银行信用管理与货币供应》，中国人民大学出版社1992年版。

石建民：《股票市场、货币需求与总量经济》，《经济研究》2001年第5期。

世界银行：《东亚的复苏与超越》，中国人民大学出版社2003年版。

世界银行：《东亚奇迹的反思》，约瑟夫·斯蒂格利茨、沙希德·尤素福编，中国人民大学出版社2003年版。

世界银行：《东亚奇迹：经济增长与公共政策》，中国财政经济出版社1995年版。

世界银行：《东亚创新　未来增长》（中译本），中国财政经济出版社2004年版。

世界银行：《金融与增长——动荡条件下的政策选择》，经济科学出版社2001年版。

世界银行：《2020年的中国：新世纪的发展挑战》，中国财政经济出版社1997年版。

世界银行：《2003年世界发展报告》，中国财政经济出版社2003年版。

世界银行：《1996世界发展报告：从计划到市场》，中国财政经济出版社1996年版。

世界银行：《中国"十一五"规划的政策》。

宋洪远、马永良：《使用人类发展指数对中国城乡差距的一种估计》，《经济研究》2004年第11期。

孙琳琳、任若恩：《中国资本投入和全要素生产率的估算》，《世界经济》2005年第12期。

索罗：《增长理论》（中译本），中国财政经济出版社2003年版。

汤铎铎：《三种频率选择滤波及其在中国的应用》，《数量经济技术经济研究》2007年第9期（2007b）。

汤铎铎：《真实经济周期理论综述》，中国社会科学院研究生院硕士论文，2004年。

汤铎铎：《中国经济周期波动的经验研究：描述性事实和特征事实（1949—2006）》，中国社会科学院研究生院博士论文，2007年（2007a）。

汪红驹、刘霞辉：《高投资、宏观成本与经济增长的持续性》，《经济研究》2005年第10期。

汪小勤、汪红梅：《"人口红利"效应与中国经济增长》，《经济学家》2007年第1期。

王艾青、安立仁：《中国人力资本存量分析》，《学术研究》2004年第9期。

王诚：《从零散事实到典型化事实再到规律发现——兼论经济研究的层次划分》，《经济研究》2007年第3期。

王诚：《中国宏观经济分析面临新挑战》，《经济研究》2004年第11期。

王国静、田国强：《金融冲击和中国经济波动》，《经济研究》2014 年第 3 期。

王红领、李稻葵、冯俊新：《FDI 与自主研发：基于行业数据的经验研究》，《经济研究》2006 年第 2 期。

王宏淼：《金融危机警示与宏观政策选择》，《国际经济合作》2008 年第 3 期（2008a）。

王宏淼：《全球失衡下的中国双顺差之谜：基于 FDI—贸易（经常项目）宏微观模型的一种经济学描述》，中国社科院经济研究所博士后工作报告，2007 年。

王宏淼：《西方发达国家经济增长方式的历史演变及对当今的启示》，《现代经济探讨》2006 年第 6 期。

王宏淼：《中国的新重商主义及其改进思路：对外开放模式的一个审视》，《经济与管理研究》2008 年第 4 期（2008b）。

王梦奎：《中国经济转轨二十年》，外文出版社 1999 年版。

王梦奎主编：《中国中长期发展的重要问题：2006—2020》，中国发展出版社 2005 年版。

王小鲁、樊纲主编：《中国经济增长的可持续性》，经济科学出版社 2000 年版。

王小鲁：《改革 20 年和今后 20 年：投资对经济增长的贡献》，《国家行政学院学报》2001 年第 4 期。

王小鲁：《中国城市化路径与城市规模的经济学分析》，《经济研究》2010 年第 10 期。

维托·坦齐、卢德格尔·舒克内希特：《20 世纪的公共支出》，胡家勇译，商务印书馆 2005 年版。

吴敬琏：《当代中国经济改革》，上海远东出版社 2004 年版。

吴敬琏：《中国增长模式抉择》，上海远东出版社 2005 年版。

吴晓灵等：《新一轮改革中的中国金融》，天津人民出版社 1998 年版。

吴延兵：《R&D 存量、知识函数与生产效率》，《经济学（季刊）》2006 年第 5 卷第 4 期（2006a）。

吴延兵：《R&D 与生产率：基于中国制造业的实证研究》，《经济研究》

2006 年第 11 期（2006b）。

吴延兵：《创新的决定因素：基于中国制造业的实证研究》，《世界经济文汇》2008 年第 2 期（2008b）。

吴延兵：《中国工业 R&D 产出弹性测算：1993—2002》，《经济学（季刊）》2008 年第 7 卷第 3 期（2008a）。

武力主编：《中华人民共和国经济史》，中国经济出版社 1999 年版。

项怀诚：《走向新世纪的财政改革和发展》，《中国财政》2000 年第 12 期。

熊彼特：《经济分析史》（第 1 卷），商务印书馆 1988 年版。

徐思超：《中国城市土地市场分化研究》，中国农业大学 2017 年博士学位论文。

亚当·斯密：《国民财富的性质和原因的研究》，商务印书馆 1996 年版。

亚历山大·格申克隆：《经济落后的历史透视》，商务印书馆 2009 年版。

杨国涛：《中国人力资本存量的估算：1952—2004 年》，《乡镇经济》2006 年第 12 期。

杨俊杰：《房地产价格波动对宏观经济波动的微观作用机制探究》，《经济研究》2012 年第 S1 期。

杨帅、温铁军：《经济波动、财税体制变迁与土地资源的资本化——对中国改革开放以来“三次圈地”相关问题的实证分析》，《管理世界》2010 年第 4 期。

易刚、樊纲、李岩：《关于中国经济增长与全要素生产率的理论思考》，《经济研究》2003 年第 8 期。

易纲：《中国的货币供求与通货膨胀》，《经济研究》1995 年第 5 期。

于学军：《中国经济改革二十年货币和信用周期考察》，中国社会科学出版社 2000 年版。

俞可平：《海外学者论中国经济改革》，中央编译出版社 1997 年版。

袁富华等：《劳动力供给效应与增长路径的转换》，《经济研究》2007 年第 8 期。

袁富华：《低碳经济约束下的中国潜在经济增长》，《经济研究》2010 年第 8 期。

袁富华、张平、陆明涛：《长期增长过程中的人力资本结构》，《经济学动态》2015 年第 5 期。

袁富华、张平、陆明涛：《规模效率模式向租金抽取模式的退化》，《天津社会科学》2015 年第 4 期。

袁富华：《中国经济"结构双重性"问题分析》，《经济与管理评论》2014 年第 3 期。

约翰·史密斯：《货币经济学前沿：论争与反思》，柳永明、王蕾译，上海财经大学出版社 2004 年版。

约瑟夫·E.斯蒂格里茨：《改革向何处去？：论十年转轨》，《中国国情分析研究报告》2002 年第 44 期。

约瑟夫·E.斯蒂格里茨：《社会主义向何处去——经济体制转型的理论与证据》，周立群等译，吉林人民出版社 1998 年版。

曾旺达等：《中国经济改革的新阶段》（国际货币基金组织《不定期刊物》选编 114，彭刚等译），中国金融出版社 1995 年版。

占少华：《阻止农民工的社会排斥：中国农村发展的新视角》，http：//www.ziliaonet.com，2006 年 3 月 30 日。

张兵、李晓明：《中国股票市场的渐进有效性研究》，《经济研究》2003 年第 1 期。

张海洋：《R&D 两面性、外资活动与中国工业生产率增长》，《经济研究》2005 年第 5 期。

张军、吴桂英、张吉鹏：《中国省际物质资本存量估算：1952—2000》，《经济研究》第 10 期。

张军：《资本形成、工业化与经济增长：中国轨迹的特征》，《经济研究》2002 年第 6 期。

张平、刘霞辉：《城市化、财政扩张与经济增长》，《经济研究》2011 年第 11 期。

张平、刘霞辉、袁富华、陈昌兵、陆明涛：《中国经济长期增长路径、效率与潜在增长水平》，《经济研究》2012 年第 11 期。

张平、刘霞辉、袁富华、陈昌兵：《突破经济增长减速的新要素供给理论、体制与政策选择》，《经济研究》2015 年第 11 期。

张平、刘霞辉、袁富华、王宏淼、陆明涛、张磊：《中国经济增长的低效率冲击与减速治理》，《经济研究》2014 年第 12 期。

张平、刘霞辉、袁富华：《中国经济转型的结构性特征、风险与效率提升路径》，《经济研究》2013 年第 10 期。

张平、刘霞辉主编：《中国经济增长前沿》，社会科学文献出版社 2007 年版。

张平、王宏淼：《"双膨胀"的挑战与宏观政策选择》，《经济学动态》2007 年第 12 期。

张平：《在增长的迷雾中抉择：行难知亦难》，《经济研究》2006 年第 2 期。

张神根：《党的农村劳动力转移政策的演变》，《中共党史研究》2006 年第 2 期。

张晓晶、常欣、汪红驹：《增长失衡与政府责任：社会性支出角度的分析》，《经济研究》2006 年第 10 期。

张晓晶、汪红驹：《外部冲击与中国的通货膨胀》，《经济研究》2008 年第 5 期。

张晓晶、张平：《开放中的经济增长与政策选择》，《经济研究》2004 年第 4 期。

张卓元：《改革开放以来中国经济理论研究的回顾与展望》，《经济研究》1997 年第 6 期。

张卓元主编：《论争与发展：中国经济理论 50 年》，云南人民出版社 1999 年版。

张自然、张平、刘霞辉：《中国城市化模式：演进机制和可持续发展研究》，中国社会科学出版社 2016 年版。

章均：《论中国现阶段的财政困境》，《经济研究》1990 年第 12 期。

赵人伟：《作为改革的方向和目标应是经济性分权和行政性分权的结合》，《经济研究》1987 年第 4 期。

赵志君：《金融资产总量、结构与经济增长》，《管理世界》2000 年第 3 期。

中国财政年鉴编纂委员会：《中国财政年鉴（2006）》，中国财政杂志社出版社 2007 年版。

中国教育部：《2006 年全国教育经费执行情况统计公告》，中国教育部网站，2007 年。

中国教育部：《2007 年全国教育事业发展统计公报》，中国教育部网站，2008 年。

中国教育统计年鉴编纂委员会：《中国教育统计年鉴 2005》，人民教育出版社 2006 年版。

中国经济增长前沿课题组：《城市化、财政扩张与经济增长》，《经济研究》2011 年第 11 期。

中国经济增长前沿课题组：《高投资、宏观成本与经济增长的持续性》，《经济研究》2005 年第 10 期。

中国经济增长前沿课题组：《经济增长、结构调整的累积效应与资本形成》，《经济研究》2003 年第 8 期。

中国经济增长前沿课题组：《突破经济增长减速的新要素供给理论、体制与政策选择》，《经济研究》2015 年第 11 期。

中国经济增长前沿课题组（汪红驹、刘霞辉执笔）：《财政政策的供给效应与经济发展》，《经济研究》2004 年第 9 期。

中国经济增长前沿课题组张平、刘霞辉：《城市化、财政扩张与经济增长》，《经济研究》2011 年第 11 期。

中国经济增长前沿课题组张平、刘霞辉、袁富华、陈昌兵、陆明涛：《中国经济长期增长路径、效率与潜在增长水平》，《经济研究》2012 年第 11 期。

中国经济增长前沿课题组张平、刘霞辉、袁富华、陈昌兵：《突破经济增长减速的新要素供给理论、体制与政策选择》，《经济研究》2015 年第 11 期。

中国经济增长前沿课题组张平、刘霞辉、袁富华、王宏淼、陆明涛、张磊：《中国经济增长的低效率冲击与减速治理》，《经济研究》2014 年第 12 期。

中国经济增长前沿课题组张平、刘霞辉、袁富华：《中国经济转型的结构性特征、风险与效率提升路径》，《经济研究》2013 年第 10 期。

中国经济增长前沿课题组张平、张晓晶：《经济增长、结构调整的累积效应与资本形成》,《经济研究》2003 年第 8 期。

中国经济增长前沿课题组（张晓晶、汪红驹、常欣执笔）：《增长失衡、政府责任与宏观前景——基于社会性支出角度的分析》,《经济研究》2006 年第 10 期。

中国经济增长前沿课题组张晓晶、张平《开放中的经济增长与政策选择》,《经济研究》2004 年第 4 期。

中国经济增长前沿课题组：《中国经济长期增长路径、效率与潜在增长水平》,《经济研究》2012 年第 11 期。

中国经济增长与宏观稳定课题组：《劳动力供给效应与中国经济增长路径转换》,《经济研究》2007 年第 10 期。

中国经济增长与宏观稳定课题组：《增长失衡与政府责任》,《经济研究》2006 年第 10 期。

中国经济增长与宏观稳定课题组张磊、刘霞辉、张平、王宏淼：《金融发展与经济增长：从动员性扩张向市场配置的转变》,《经济研究》2006 年第 4 期。

中国劳动力市场信息网监测中心：《职业供求分析报告》,《中国劳动保障》2007 年版。

中国人民银行、中共中央文献研究室编：《金融工作文献选编（1978—2005）》,中国金融出版社 2007 年版。

中国经济增长与宏观稳定课题组张平、刘霞辉：《干中学、低成本竞争机制和增长路径转变》,《经济研究》2006 年第 4 期。

中国经济增长前沿课题组：《高投资、宏观成本与经济增长的持续性》,《经济研究》2005 年第 10 期。

中国经济增长前沿课题组：《经济增长、结构调整的累积效应与资本形成》,《经济研究》2003 年第 8 期。

中国经济增长与宏观稳定课题组：《干中学、低成本竞争机制和增长路径转变》,《经济研究》2006 年第 4 期。

《中国统计年鉴》各年度,中国统计出版社。

中国卫生部：《2017 年我国卫生健康事业发展统计公报》,中国卫计委网站,2018 年。

中国证券监督管理委员会：《中国资本市场发展报告》，中国金融出版社2008年版。

朱高峰编：《全球化时代的中国制造》，社会科学文献出版社2003年版。

朱利安·西蒙：《人口增长拖了经济发展的后腿吗?》，载詹姆斯·道、史迪夫·汉科、阿兰·瓦尔特斯：《发展经济学的革命》，上海三联书店2000年版。

图书在版编目(CIP)数据

改革年代的经济增长与结构变迁/刘霞辉,张鹏,
张平著.—上海:格致出版社:上海人民出版社,
2018.12
(中国改革开放 40 年研究丛书)
ISBN 978 - 7 - 5432 - 2937 - 2

Ⅰ.①改⋯　Ⅱ.①刘⋯　②张⋯　③张⋯　Ⅲ.①中国经
济-经济增长-研究 ②中国经济-经济结构-研究　Ⅳ.
①F124.1 ②F121

中国版本图书馆 CIP 数据核字(2018)第 255830 号

责任编辑　张苗凤
装帧设计　人马艺术设计·储平

中国改革开放 40 年研究丛书
改革年代的经济增长与结构变迁
刘霞辉　张　鹏　张　平　著

出　　版　格致出版社
　　　　　上海人民出版社
　　　　　(200001　上海福建中路 193 号)
发　　行　上海人民出版社发行中心
印　　刷　常熟市新骅印刷有限公司
开　　本　720×1000　1/16
印　　张　18
插　　页　3
字　　数　279,000
版　　次　2018 年 12 月第 1 版
印　　次　2018 年 12 月第 1 次印刷
ISBN 978 - 7 - 5432 - 2937 - 2/F·1170
定　　价　72.00 元